U0945290

本书系中共厦门市思明区委宣传部委托课题：
“思明区公共文明行为指数调查分析”政策研究成果

地方治理现代化中的公共文明行为研究

——思明区公共文明行为指数调查报告:2018

厦门大学出版社 XIAMEN UNIVERSITY PRESS　国家一级出版社　全国百佳图书出版单位

图书在版编目(CIP)数据

地方治理现代化中的公共文明行为研究:思明区公共文明行为指数调查报告:2018.黄新华主编.—厦门:厦门大学出版社,2019.7
(地方治理丛书)
ISBN 978-7-5615-7402-7

Ⅰ.①地… Ⅱ.①黄… Ⅲ.①市民—社会公德教育—指数—调查报告—厦门—2018 Ⅳ.①D648.3

中国版本图书馆 CIP 数据核字(2019)第 086743 号

出 版 人 郑文礼
责任编辑 高　健
封面设计 李嘉彬
技术编辑 朱　楷

出版发行 厦门大学出版社
社　　址 厦门市软件园二期望海路 39 号
邮政编码 361008
总 编 办 0592-2182177　0592-2181406(传真)
营销中心 0592-2184458　0592-2181365
网　　址 http://www.xmupress.com
邮　　箱 xmup@xmupress.com
印　　刷 厦门市万美兴印刷设计有限公司

开本 720 mm×1 000 mm　1/16
印张 17.25
插页 2
字数 323 千字
版次 2019 年 7 月第 1 版
印次 2019 年 7 月第 1 次印刷
定价 89.00 元

厦门大学出版社
微信二维码

厦门大学出版社
微博二维码

序

思想凝聚发展共识，精神汇聚前进力量。

“实现中国梦，是物质文明和精神文明均衡发展、相互促进的结果。”“实现中国梦，是物质文明和精神文明比翼双飞的发展过程。”在改革开放和社会主义现代化建设的实践中，精神文明建设一直占有非常重要的战略地位，在实现中国梦的进程中也承担着非常重要的历史使命。

作为厦门经济特区的中心城区，思明区坚持深入学习贯彻习近平总书记关于宣传思想工作重要思想，紧紧围绕举旗帜、聚民心、育新人、兴文化、展形象的使命任务，大力培育和践行社会主义核心价值观，着力深化群众性精神文明创建活动，不断提高市民文明素养和社会文明程度，为厦门市夺得“全国文明城市五连冠”作出了重要贡献。

思明区的精神文明建设实践让市民共享了创建成果，创建效益不断提升，影响日益广泛。新时代新使命新要求，在备受赞誉的同时，思明区的精神文明建设工作也面临着新的挑战：优化提升市民文明素质和社会文明程度的理论内涵是什么，着力点在哪？如何构建精神文明建设的政策体系和长效机制，才能让市民更有获得感和幸福感？

唯有将理论联系实际，科学理性严谨地分析历史和现状，才能准确地夯实理论基础，提升创建能力，突出思明特色，进一步提升创建惠民的效用及影响力。公共文明行为指数是评估一座城市文明程度的基本标尺，2018 年，中共思明区委宣传部、思明区委文明办委托厦门大学公共事务学院从公共文明行为角度切入开展课题调研。专家们在总结相关理论的基础上，开展了大量的问卷调查、实地观测及深度访谈，运用实证研究方法，科学、客观地评价和分析了思明区公共文明行为指数，厘清了思明区精神文明建设的成效、问题及影响因素，并据此提出有针对性的政策建议，形成《地方治理现代化中的公共文明行为研究——思明区公共文明行为指数调查报告：2018》一书。该书具有较高的实践意义，也具有较高的学术价值，对于思明区乃至其他城市的公共文明建设实践都具有积极的指导作用。

感谢专家们的辛勤努力！我们期望借此书的出版，展示思明区在丰富精神文明建设理论、充实精神文明建设政策体系上的责任和担当，也真诚地期待关注、关心思明区建设与发展的广大朋友、专家学者们积极建言献策，为加快建设高素质高颜值现代化国际化的幸福思明而共同努力！

中共厦门市思明区委宣传部

厦门市思明区精神文明建设办公室

2019 年 4 月

目录
Contents

引 言

党的十九大报告指出要提高人民思想觉悟、道德水准、文明素养，提高全社会文明程度。作为社会文明的重要组成部分，精神文明在新时代中国特色社会主义建设中发挥着极为重要的作用。全国文明城市创建是中国特色社会主义精神文明建设的一种创新路径，也是推进国家治理体系和治理能力现代化的中国智慧。公共文明行为指数作为全国文明城市创建的一项核心内容，是评估一座城市社会文明水平的基本标尺。厦门市始终坚持以习近平新时代中国特色社会主义思想为指导，认真贯彻落实党中央关于精神文明建设工作的战略部署，围绕创建为民、创建惠民和创建靠民的工作思路，走出了一条具有厦门特色的文明城市创建之路，成为全国文明城市创建中最为璀璨的明星。在实现全国文明城市“五连冠”的基础上，厦门市继续坚持“共同缔造”之理念，凝聚全市之力量，向全国文明城市“六连冠”、“全国公共文明行为典范城市”和高素质、高颜值的城市的新目标进发，建设更高水平、更高层次的全国文明城市。

思明区作为厦门市的行政中心区和全国文明城市创建的先锋区，以建设“幸福思明”为目标，始终把创建全国文明城市作为城区治理体系和治理能力现代化的重要抓手，坚持“高素质、高颜值、现代化、国际化”的理念，着力打造公共文明行为示范城区，在精神文明建设工作上取得了显著的成效。党的十九大报告指出，经过长期的努力，中国特色社会主义进入了新时代。新时代新使命新要求，在更高的起点上，思明区必须抓住新一轮全国文明城市创建的新机遇，践行社会主义核心价值体系，弘扬优秀传统文化，进一步提升居民文明素养和社会文明水平。思明区公共文明行为指数的调查分析，就是期待能够从学理上把握公共文明行为及其指数的科学内涵，借助合理、全面和有效的公共文明行为指数的分析，客观把握思明区公共文明行为指数的基本情况，总结工作成效和不足，剖析其影响因素，构建思明区公共文明行为指数提升的政策体系及长效机制，推进地方治理体系和治理能力现代化建设，推动文明城市建设向纵深发展，不断提升人民的获得感、幸福感和安全感，满足新时代人民对美好生活的向往需求。

第一章　公共文明行为指数调查的基础理论

一、公共文明行为指数调查的概念界定

（一）公共文明

公共文明是一个抽象复杂、内涵丰富、外延宽泛的概念，从属于人类文明，是人类文明的形态之一。该概念既具有“文明”的性格特征，是文明在公共领域的具体表现形态，也具有“公共”的特质，可以具化为公共生活中“有礼貌”“有教养”的表现和态度等。[①] 通俗地来说，公共文明可以被看作是公共领域内的人类文明，因此，为了更好地理解公共文明这一概念，我们可以将其拆分为“文明”与“公共”这两个词语进行逐个解析。

1. 文明

“文明”这一词语在中西方世界中出现得比较早。在西方世界中，“文明”一词来源于拉丁文“Civilidas”，原指公民的、国家的、社会的意思，最早由英国启蒙思想家托马斯·霍布斯（Thomas Hobbes）提出，并于 1835 年被收入法兰西学院的字典中。在霍布斯看来，“文明”是与未开化、野蛮状态相对立的概念，而我国早在明代的《尚书·舜典》中就有了“浚哲文明”的记载。《易经》的《乾卦》与《贲卦》中也分别有“见龙在田，天下文明”“文明以止，人文也”的说法，意思是指有龙出现在田野时，仿佛阳气上升到地平线上来，因而天下“文明”普照。[②] 就现代意义而言，“文明”是个内涵和外延十分广泛的概念，在狭义层面与广义层面上有着不同的解释。

---

① 沙莲香.“北京市民公共行为”的理论核心和研究思路[J].北京社会科学，2010(04)：4-7.

② 蒋冰海.精神文明引论[M].上海：上海人民出版社，1993：3.

从狭义层面来说，文明总是被视作与“野蛮”状态相对的，与礼仪、礼貌联系在一起的一种社会状态。诺贝特·艾利亚斯(Norbert Elias)基于对用餐语言以及餐具使用在内的餐桌礼仪行为的具体分析提出“有教养的”“有礼貌的”“开化的”等概念与文明的概念非常接近。艾利亚斯认为“‘文明’使人类行为发生了特殊变化”，“在(文明)这个概念中，人们创造了一个普遍意义上与社会发展的另一阶段即‘野蛮’状况相对的概念。”①塞缪尔·亨廷顿(Samuel P. Huntington)通过回顾人类文明的发展历程，基于其对人类历史的深刻理解去把握当代文明社会的基本走向。他在《文明的冲突与世界秩序的重建》一书中以文明与文化相关联的视角提出了他对“文明”的见解，他认为唯一能够填补冷战后意识形态留下的真空的是文明，世界秩序将通过人民的文化认同获得重组，全球性的政治由原先的意识形态政治又恢复到文明政治，人类的差异性体现为文明或文化之间的差异。②

亨廷顿也将“文明”的概念置于社会状态的语境中考量，他在书中表明“文明的观点是由18世纪法国思想家相对于‘野蛮状态’提出的。文明社会不同于原始社会，因为它是定居的、城市的和识字的。文明化的是好的，非文明化的是坏的。文明的概念提供了一个判断社会的标准。”③这一视角的“文明”概念实际上又可以追溯到1651年霍布斯在《利维坦》一书中对契约法的论述中提出的“文明社会”的概念，“在文明社会的时代以前，或在战争使文明社会状态中断时，除开各人对自己崇拜如神并看作在背信弃义时会对自己进行报复的那种不可见的力量所感到的畏惧以外，就没有其他东西可以加强通过协议订立的和平条约，使之不为贪婪、野心、肉欲或者其他强烈欲望的引诱所危害”④。在霍布斯语境中的“文明社会”既是与战争状态相对立的和平状态，也是与“贪婪”“野心”等欲望相反的品质。

从广义层面来说，“文明”有着更为丰富的内涵，既不等同于餐桌等社会行为中的礼仪、礼貌，也不仅指与“野蛮”状态相对的“文明社会”。阿诺德·约瑟夫·托因比(Arnold Joseph Toynbee)认为文明是社会的整体，威尔·杜兰特

① 理查德·伊斯比.文明的起源[M].陈华明，高淑芳，译.北京：外语教学与研究出版社，2006：103，113.

② 塞缪尔·亨廷顿.文明的冲突与世界秩序的重建[M].周琪，等译.北京：新华出版社，2002：24.

③ 塞缪尔·亨廷顿.文明的冲突与世界秩序的重建[M].周琪，等译.北京：新华出版社，2002：24.

④ 托马斯·霍布斯.利维坦[M].黎思复，黎廷弼，译.北京：商务印书馆，1995：107.

(Will Durant)认为文明是社会秩序,菲利普·巴格比(Philip Bargby)认为文明是都市化的文化,弗里德里希·冯·恩格斯(Friedrich Von Engels)认为文明是实践和社会品质。[①] 塔尔克特·帕森斯(Talcott Parsons)认为所谓的文明指的是文学、艺术、科学的繁荣,如在古代雅典或文艺复兴时期的意大利所发生的那样。[②]

在关于"文明"概念的广义层面界定中,学者们对于"文明"的发展性特质达成了一定的共识。19世纪法国文明史家弗朗索瓦·皮埃尔·吉尧姆·基佐(François Pierre Guillaume Guizot)认为进展与发展是"文明"的第一事实,文明是"国民生活的不断完善,严格意义上的社会的发展,人与人之间的关系的发展"。除了社会生活的发展,个人活动的发展和人性的进步也是文明发展的重要事实之一,具体包括了个人的发展、内心生活的发展、人本身的发展,人的各种能力、感情、思想的发展等。[③] 19世纪的日本学者福泽谕吉认为,"文明"的概念是至大至重的,其范围之大是无边无际、包罗人间一切事物的,因此只能说它是摆脱野蛮状态而逐步前进的东西,其在《文明论概略》中提出了"文明"的发展论,"文明并不是死的东西,而是不断变化发展着的。变化发展着的东西就必然要经过一定的顺序和阶段,从野蛮进入半开化,从半开化进入文明。现在的文明也正在不断发展进步中"[④]。此外,福泽谕吉基于文明的发展论又提出了谋求文明的顺序,他认为文明包括外在的事物文明与内在的精神文明这两个方面:所谓的外在文明是指包括人的身体安乐与衣食富足在内的衣服饮食器械居室甚至是政令法律等能够耳闻目睹的事物,而所谓的精神文明是指普遍渗透于全国人民之间的、广泛表现于各种事物之上的人民的"风气",也可以称为一国的"人情风俗"。外在文明易取,内在文明难求,在谋求文明的过程中通常是先外在而后内在的。

除了从狭义与广义层面来理解"文明","文明"也涉及多重维度,我们可以按照"文明"存在的不同领域将其划分为物质文明、精神文明、政治文明、生态文明,也可以按照国别将其划分为希腊文明、印度文明、美国文明、中国文明……

---

① 许启贤.《世界文明论研究》导言(上)[J].山西高等学校社会科学学报,2001(02):2-3.

② 塔尔克特·帕森斯.社会行动的结构[M].张明德,夏翼南,彭刚,译.南京:译林出版社,2003:325.

③ 弗朗索瓦·皮埃尔·吉尧姆·基佐.欧洲文明史[M].程洪逵,沅芷,译.北京:商务印书馆,1998:9-10.

④ 福泽谕吉.文明论概略[M].北京编译社,译.北京:商务印书馆,1959:30.

也可以按照时间尺度将其划分为古代文明与现代文明，还可以根据地理地形将其区分为东方文明与西方文明，或是海洋文明与大陆文明。① 本书将重点介绍不同时代、不同人群对"文明"这一术语使用的差别，具体可以包括以下三种意义上的文明。②

第一种意义上的文明是指技术文明或者物质文明。恩格斯从技术和工艺的角度来理解人类文明，强调人与自然的关系对人与人之间关系所起到的决定作用。类似的，奥古斯特·孔德（Isidore Marie Auguste François Xavier Comte）认为文明状态决定社会状态，其在《实证政治体系》中指出："文明一方面是指人类理性的发展；另一方面又指由此而来的人们对自然的影响的发展。换句话说，文明这个观念的构成要素是科学、美术和实业。"③

第二种意义上的文明是社会秩序文明，它可以涵盖一个国家的政治文明、制度文明与国际关系间的秩序文明等。福泽谕吉从政治文明和社会秩序的角度把握文明，他认为文明一词英语叫作"civilization"，来自拉丁语的"Civilidas"，即国家的意思。所以"文明"这个词，是表示人类交际活动逐渐改进的意思，它和野蛮、无法、孤立完全相反，是形成一个国家体制的意思。同时，他认为一国国民所达到的文明程度可以用来评论政治体制的好坏：世界各国的政治体制依然处于试验之中，没有标准能够判定它是好是坏，只能说对于文明有较多好处的政府被称为好政府，较少的甚至有害的政府叫作坏政府。世界上既没有达到文明顶峰的国家，也没有尽善尽美的政治。④ 亨廷顿则从国际秩序的视角对 19 世纪欧洲人的政治文明观进行了剖析，他认为："19 世纪期间，欧洲人把许多思想能量、外交能量和政治能量投入于详细阐述一个标准，根据它来判断非欧洲人的社会是否充分'文明化'到可以被接受为欧洲人所支配的国际体系的成员。"⑤这一视角中，社会秩序文明主要指涉人与人、人与集团、集团与集团之间关系的状态，表现为一定的行为规范体系。

第三种意义上的文明是精神文明。基佐在《欧洲文明史》中提出"文明就像海洋，它构成一民族的财富，该民族生命的一切要素、支持它存在的一切力

---

① 杨伟清.公共文明的四个基本向度[J].中国人民大学学报，2008(06):45-51.

② 谢军.伦理意义上的"公共文明"浅探[J].道德与文明，2008(03):46-49.

③ 奥古斯特·孔德.实证政治体系[M]//圣西门.圣西门选集：第 2 卷.董果良，译.北京：商务印书馆，1982:89.

④ 福泽谕吉.文明论概略[M].北京编译社，译.北京：商务印书馆，1959:40.

⑤ 塞缪尔·亨廷顿.文明的冲突与世界秩序的重建[M].周琪，等译.北京：新华出版社，2002:24.

量,都集中并团结在它的内部”,“文明由两大事实组成:人类社会的发展和人自身的发展,一方面是政治和社会的发展,另一方面是人内在的和道德的发展”①。基佐所指的人内在的和道德的发展指的是人性的进步,这显然属于精神文明的范畴。文明的这一层含义在中国人的道德生活中表现得较为明显。中国自古就是“礼仪之邦”,中华传统文明的“礼”是以“敬让他人”为精神、以“温良恭俭让”为态度的。受到中国传统伦理的影响,我们在言及道德文明时,往往是指人们的心灵状态或道德境界与思想境界。相应地,我们过去的道德建设主要是提升个体的道德境界与思想境界。

通过前文对“文明”一词起源与概念内涵的简述,我们得以对“文明”有了基本的认知。本书所研究的“公共文明”中的“文明”不包括技术文明与物质文明,而是聚焦于社会秩序文明与精神文明,重点探究公众个人层面的精神文明,以及公众之间的既包括个人与个人之间的,也包含个体与组织、集体之间的社会秩序文明。

2. 公共

在英文中,“公共”最早是与社会的共同利益联系起来的,如 1470 年托马斯·马洛礼(Thomas Malory)曾说的“卢奇乌斯皇帝……罗马公共福利的独裁者或者获取者”②。在法语中,“公共”一词的书面意义则大同小异,在文艺复兴时期主要用于指称共同利益和政治群体,而后逐渐演变成一个特殊的社会交际领域。当“公共”一词获得其现代意义时,它则意味着一个处于家人和好友之外的,包括一群相互之间差异较大的,由熟人和陌生人构成的社会生活领域,即公共领域。③

“公共文明”是发生并实现在公共领域之中的。目前学者们对于“公共领域”尚没有统一明确的定义,但是可以肯定的是,公共领域并不是一个拥有固定边界的空间实体,不能够被定义为单纯的公共建筑或者公共场所,而是一个附加上许多外在属性并与具体的实体空间相区别的范畴。在研究公共生活与公共领域的理论家之中,汉娜·阿伦特(Hannah Arendt)和尤根·哈贝马斯(Jürgen Habermas)、理查德·桑内特(Richard Sennett)鼎足而立,分别代表

---

① 弗朗索瓦·皮埃尔·吉尧姆·基佐.欧洲文明史[M].程洪逵,沅芷,译.北京:商务印书馆,1998:9,232-233.

② 理查德·桑内特.公共人的衰落[M].李继宏,译.上海:上海译文出版社,2008:20.

③ 理查德·桑内特.公共人的衰落[M].李继宏,译.上海:上海译文出版社,2008:18-19.

了西方公共领域理论的三种不同学派。

汉娜·阿伦特最早涉及对公共领域的政治学分析，阿伦特基于古希腊政治经验中的“公共/私人”的二元对立，于 1958 年在《人的境况》一书中首先提出现代意义上的“公共领域”概念，也常被人称作“古典型的公共领域”①。阿伦特的公共领域是与私人领域相对而言的，并且二者分别与政治和家庭领域相对应。她将人的活动分为劳动、工作和行动，劳动基本属于私人领域，工作则是私人领域和公共领域的中介，行动基本属于公共领域。政治从属于行动并且是公共领域最重要的一个方面，因此，阿伦特的公共领域是政治性的。

阿伦特强调“公共领域”中“共同”的特质，以“公开性”和“公共性”作为“公共领域”的基本特质，用以规定公共行为的空间特征。一方面，“公共”意味着任何在公共场合出现的东西能被所有人看到和听到，具有最大限度的公开性，公共空间或领域所展现的任何东西都可以为人所见所闻，都是“有他人在场”。在这一角度中，人与人之间的个性品质获得了“在场”资格，公共领域为每一个公民的参与提供了舞台，是一个人们展示独特自我的场所。每一个公民在公共领域中的言论和行为都在其他公民面前展示着他是“谁”。因为人们的现实感完全是依赖于呈现的，也是依赖于一个公共领域的存在的，所以来源于公共领域“耀眼的光芒”将使事物走出被遮蔽的存在之黑暗并一展其貌，但同时阿伦特也指出：“只有那些被认为与公共领域相关的，值得被看和值得被听的东西，才是公共领域能够容许的东西，从而与它无关的东西就自动变成了一个私人的事情。”②

另一方面，“‘公共’一词表示世界本身，就世界对我们所有人来说是共同的，并且不同于我们在它里面拥有的一个私人处所而言”③。这里提及的世界不等同于地球或自然世界，而是一个由人创造的，由相互交往的人、事、物及其相互关系所构成的复杂世界，呈现着人们生存的关系域和意义域。“在世界上一起生活，根本上意味着一个事物世界(a world of things)存在于共同拥有它们的人们中间，仿佛一张桌子置于围桌而坐的人们之间。这个世界，就像每一个‘介于之间’(in-between)的东西一样，让人们既相互联系又彼此分开。”④公共领域打破了封闭的个人空间，将人们凝聚在一起，使得社会生活变得恒久。

① 汉娜·阿伦特.人的境况[M].王寅丽，译.上海：上海人民出版社，2009.

② 汉娜·阿伦特.人的境况[M].王寅丽，译.上海：上海人民出版社，2009：32-33.

③ 汉娜·阿伦特.人的境况[M].王寅丽，译.上海：上海人民出版社，2009：34.

④ 汉娜·阿伦特.人的境况[M].王寅丽，译.上海：上海人民出版社，2009：34.

如其所言,“正是公共领域的公开性,能历经几百年的时间,把那些人们想从时间的自然侵蚀下挽救出来的东西,包容下来,并使其熠熠生辉”①。在阿伦特的语境中,她将公共领域视为社会生活的本质,提出了公共生活的意义在于每个人在公共世界里占有不同的位置,人们的位置各不相同,因此每个人被他人看到或者听到的角度都是不同的。这一点之所以至关重要是因为“当共同世界只在一个立场上被观看,只被允许从一个角度上显示自身时,它的终结就来临了”②。

哈贝马斯对阿伦特的“公共领域”概念进行了继承和发展。1964 年,哈贝马斯在《公共领域》中对“公共领域”做出了明确的界定:“所谓‘公共领域’,我们首先意指我们的社会生活的一个领域,在这个领域中,像公共意见这样的事物能够形成。公共领域原则上向所有公民开放。公共领域的一部分由各种对话构成,在这些对话中,作为私人的人们来到一起,形成了公众。那时,他们既不是作为从事业务的或职业的人来处理私人行为,也不是作为合法联合体接受国家官僚机构的法律规章并有责任去服从。当他们在不从属于强制的情况下处理普遍利益问题时,公民们作为一个群体来行动;因此这种行动具有这样的保障,即他们可以自由地集合和组合,可以自由地表达和公开他们的意见。”③一方面,他也认为公共领域和私人领域是相对而言的,并重视公共领域语言的公开性特点;另一方面,哈贝马斯将公众和公众意见引入公共领域,提出公众在公共领域对话中形成,是公共意见的载体。他在《公共领域的结构转型》中提出,“公共性本身表现为一个独立的领域,即公共领域,它和私人领域是相对立的。有些时候,公共领域说到底就是公共舆论领域,它和公共权力机关直接相抗衡”④。

在哈贝马斯的语境中,公共领域被界定为存在于国家制度和私人利益之间,并由市民通过平等交往而形成舆论的领域。哈贝马斯认为只有从整个市民社会的历史发展这一特殊阶段才能理解公共领域,他通过对公共领域的历史性追溯,首先指明公共领域是一个特定的历史范畴,指的是资产阶级公共领域,其次则是一个社会思想史问题。哈贝马斯认为既不能割裂市民社会与公

① 汉娜·阿伦特.人的境况[M].王寅丽,译.上海:上海人民出版社,2009:36.

② 汉娜·阿伦特.人的境况[M].王寅丽,译.上海:上海人民出版社,2009:39.

③ 尤根·哈贝马斯.公共领域[J].汪晖,译.天涯,1997(03).

④ 尤根·哈贝马斯.公共领域的结构转型[M].曹卫东,王晓珏,刘北城,宋伟杰,译.上海:学林出版社,1999:2.

共领域之间的关系,也不能简单地将两者合一。他认为公共领域的一层意义是国家的公共权力机关,担负着为全体公民谋幸福的一种使命,另一层意义是市民社会中特有的由私人集合而成的群体,为一些公共问题同权力机关展开讨论。①

理查德·桑内特则不同于阿伦特和哈贝马斯,他对"公共领域"的论述是从公共空间和人格两个方面展开的。一方面,和阿伦特抽象的"公共领域"不同,桑内特更多的是从公共空间、具体的建筑公共空间论述,如他在《死亡的公共空间》中分析了"能见度"和"隔离"对人的行为所产生的影响。他认为"如果每个人都相互监视,社会交往就会减少,沉默变成了彼此防备的唯一形式","如果一个人觉得在公共领域中他必须为自己抵御他人的监视,那么作为补偿,他就会向那些他想与之发生联系的人敞开心扉"②。另一方面,桑内特将舞台与角色的表演艺术和社会关系联系起来,借助戏台上的"角色"描绘人们在公共场合的形象。他认为戏院和城市社会拥有关于观众的共同问题,即人们在陌生人的环境中如何看待彼此外表的问题。当共同的观众问题通过一套相同的信念系统得到解决时,一个公共领域就此形成;当公共领域依然存在时,"公共角色"在公共领域中进行"社会表达",将不再是自我情感向他人的真实呈现(representation),而是自我情感向他人的表述(presentation)。③

综观三位学者对公共领域的论述,我们可以明确,公共领域是与私人领域相对而言的,具有显著的公开性与公共性:"公开性"表示人的"在场"而不被忽视、不被遗忘、不被歧视,它对于在场的每个人是可见可闻,可以感受、共觉、共鸣和共享的;"公共性"规定行为空间在个人之间既相互区别又"共同拥有",不同个人对所见所闻的不同感知成就了公共生活的意义。简而言之,公共领域是人与人之间共同拥有且相互见证、相互影响的场所,人们既在公共领域中展现自我个性,也在公共领域中交往沟通,形成公共意见。

3. 公共文明

(1)公共文明的内涵

"公共文明"从属于"文明",是文明在社会秩序与精神层面的具体表现,本书所研究的"公共文明"中的"文明"不包括技术文明与物质文明,而是聚焦于

---

① 周威锋.公共领域的概念:从阿伦特到哈贝马斯[J].浙江学刊,2002(03):220-222.

② 理查德·桑内特.公共人的衰落[M].李继宏,译.上海:上海译文出版社,2008:17,19.

③ 理查德·桑内特.公共人的衰落[M].李继宏,译.上海:上海译文出版社,2008:46.

社会秩序文明与精神文明,重点探究公众个人层面的精神文明,以及公众之间的既包括个人与个人之间的,也包含个体与组织、集体之间的社会秩序文明。中国语境中对“公共文明”这一概念的解析以伦理学为主,涉及了法学、管理学等学科领域,学者们从不同学科、不同视角给出了各自的定义:

华薇在国际化城市建设视野之下,将公共文明界定为公共场所、社会公共生活空间的文明状态,以及公民及其他社会公共生活主体在其中的文明观念与文明行为表现。① 谢军从伦理类型角度解析,他认为公共文明属于行为论伦理范畴而非品德论伦理范畴,公共文明特指公共生活领域的非野蛮秩序状态,正义是其价值原则,法治是其形式原则,对他人的、自己的尊严与权利的平等尊重与维护是其本质。② 赵爱玲则基于社会公德建设视角指出,公共文明是人类进步的产物,它包括公民意识、公共精神和公共行为文明三个方面,这三个方面也是衡量一个国家公民素质与社会风气的标杆。公共生活和公民社会是公共文明的诉求空间,公民气质则是其人格化的表现。在建设现代公共文明的过程中,公民意识是前提和基础,公共精神是关键和核心,养成公共行为习惯则是目标与愿景。③ 陈桂蓉认为,公共文明属于精神文明的范畴,是精神文明在公共生活领域的体现,是作为主体的公民在社会公共生活领域中表现出来的精神生活进步与开化的状态,既包括人们公共生活的价值观、信念、觉悟、道德风貌等思想方面的内容,又包括由这种思想观念指导的人们的公共行为风尚、公共生活制度、法规、设施等文化方面的内容。④

综合学者们不同视角的解析并结合前文所述的“公共”与“文明”的概念,我们可以将公共文明定义为,公民及其他社会公共生活主体在公共场所、公共生活空间等公共生活领域中的非野蛮秩序状态,包括文明观念与文明行为表现。

(2)公共文明的特性

公共文明不仅指公民这一单一主体的文明观念与文明行为表现,还包含了众多影响人的行为的更为宏观的社会因素。在主体方面,除了公民,还包含了能够影响公共文明的政府部门与相关机构及其工作人员;在内容方面,除了

---

① 华薇.国际化城市建设视野下公共文明的内涵与维度:以深圳为例[J].特区经济,2015(10):24-26.

② 谢军.伦理意义上的“公共文明”浅探[J].道德与文明,2008(03):46-49.

③ 赵爱玲.从公民意识到公共文明:基于社会公德建设视角的分析[J].学校党建与思想教育(高教版),2008(02):18-20.

④ 陈桂蓉.公共文明建设价值新议[J].道德与文明,2008(03):43-45.

公民的文明观念与行为表现，还包括了公共管理、公共服务、法律法规制度的建立与实施水平等内容。

公共文明具有系统性与整体性特征。北京伦理学会在《世界城市与公共文明》研究报告中提出，理解公共文明应当着眼于其系统性、整体性。公共文明是公共生活领域市民文明素质和城市文明程度的集中体现，是社会风尚、公共秩序、社会服务、精神面貌、环境生态的综合反映。正如汤因比所说，文明"乃是一个整体，它们的局部彼此相依为命，而且都相互发生牵制作用……这是处于生长过程中文明的特点之一，它们的社会生活的一切方面和一切活动都彼此调合成为一个社会整体，在这个整体里经济的、政治的和文化的因素都保持着一种非常美好的平衡关系"①。

（二）公共文明行为

社会是由人的行动产生并再生产出来的，人的行动则以象征体系作为中介、手段和参照网络，而社会本身实质上就是象征性的，因此，想要了解、把握社会，就不得不以人的"行为"作为切入点。本书研究的是"公共文明行为"，公共文明行为是公共文明借以实现的形式。中国人民大学沙莲香教授认为，把"公共文明"限定在狭义的"公共文明行为"，同人的身体结合起来，在公民行为层面中理解公共文明，不仅具有基础性和可操作性，也更接近对公共文明的人文解释。② 公共行为是相对于个体行为而言的，指发生并实现在公共领域的行为。公共文明行为则指发生并实现在公共领域的文明行为。公共文明行为是城市公共文明中的一部分，城市公共文明实质是以参与活动的人为主体的，强调人在公共场所的体验、行动，强调人的行为文明程度。

1. 公共文明行为的构成

（1）公共文明行为的主体——人

将公共文明聚焦到公共文明行为的具体表现上来，那么广大公众就是活动的主体，公共文明是由人的行动产生和再生产出来的，公共文明行为是"人"的行动表现与结果。

---

① 阿诺德·约瑟夫·汤因比.历史研究：下卷[M].曹未风，译.上海：上海人民出版社，1986：463.

② 沙莲香.北京市民公共行为文明指数研究的主导观念：兼说民族性建设[J].中国农业大学学报（社会科学版），2007(01)：138-146.

首先，一个社会中公民的公共行为文明水平与该社会整体文明发展水平之间是共生且相互影响的。基佐在《欧洲文明史》的结论中指出："文明由两大事实组成：人类社会的发展及人自身的发展。一方面是政治和社会的发展，另一方面是人内在的和道德的发展。"[①]类似地，张华金提出人类固然依赖文明而发展，而人的素质和能力的提高对于社会文明的发展也起到巨大的影响和推动作用。[②] 人的发展既是社会文明发展的一个重要表现，也是推动社会文明发展的最终决定力量。

其次，公共行为的文明状态与文明水平是在公共生活成员的相互关系中得到的。与传统的个人文明行为不同，公共文明是随着人类社会公共空间的拓展而展开的，公共生活成员在具有"公开性"和"公共性"的公共空间中，其公共行为既可以表达、展示自己的个性，也是与他人沟通交往的过程，其行为的文明程度不仅是自身素养的展现，也会对他人的行为产生影响，在"蝴蝶效应"的影响下，这种素养不仅会影响他人，也会通过他人最终又影响到自己。公共生活成员之间这种相互依存、相互牵制和相互推动的关系作用的结果就是公共行动的某种文明状态与某种文明水平的出现。

最后，作为公共文明行为的主体的"人"是群体意义上的公民。克莱夫·贝尔(Clive Bell)认为"一个文明人造不成一个文明社会"，"只有在足够众多的文明的个人聚集在一起形成一个核心向四处放射光芒、渗溢甘露的时候，才有可能出现一个文明社会"[③]。沙莲香认为："个体文明是公共文明的基础，个体文明的质量决定群体文明的质量。"[④]当我们说公共文明主体的时候，并不仅仅指某个人，而是从群体的意义上来说的。[⑤]

(2)公共文明行为的载体——公共空间

"公共空间"作为一个特定名词最早出现于19世纪50年代，英国社会学家查尔斯·马奇(Charles March)发表的文章《私人和公共空间》以及阿伦特的著作《人的境况》中。狭义的公共空间指的是人们活动的公共场所，但是其内涵和外延并未得到清晰的界定。"公共空间"作为一个术语被城市学者从社会政治范畴引入到建成环境是为了区别于其他城市空间的概念：一方面，公共

---

① 弗朗索瓦·皮埃尔·吉尧姆·基佐.欧洲文明史[M].程洪逵，沅芷，译.北京：商务印书馆，1998：232-233.

② 张华金.文明与社会进步[M].上海：上海社会科学院出版社，1998：143-146.

③ 克莱夫·贝尔.文明[M].张静清，姚晓玲，译.北京：商务印书馆，1990：104.

④ 沙莲香.走出文明的模糊地带[N].人民日报，2013-12-26(005).

⑤ 张华金.文明与社会进步[M].上海：上海社会科学院出版社，1998：143-146.

空间不同于“开放空间、开敞空间、绿地、广场、公园”等强调功能属性的空间类别。另一方面，公共空间也不同于现代主义规划者提出的“市民空间”（civic space）或“公民空间”（communal space）。

“公共空间”概念的出现标志着建筑和城市领域中出现了新的文化意识，从现代主义所推崇的功能至上原则转向城市空间在物质形态之上的人文和社会价值。公共空间含有的“公共”与“空间”这两个概念使其注定是一个跨学科讨论的议题，学者们在研究“公共空间”的空间特征时，必须关注到空间背后的政治、经济与文化背景。公共空间在本质上是物质空间环境与实体环境之上的社会意义的结合。①

在国内的学术研究中，对于公共空间的研究集中于其作为物质空间实体的价值，但对公共空间的“公共”与价值缺乏深入探讨。李德华将公共空间定义为“那些供城市居民日常生活和社会生活公共使用的室外空间……公共空间又分开放空间和专用空间。城市公共空间的广义概念可以扩大到公共设施用地的空间，例如城市中心区、商业区、城市绿地等”②。周进认为“城市公共空间是属于公共价值领域的城市空间，主要是城市人工开发空间”③。王鹏在总结了上述观点后，指出“城市公共空间是指城市或城市群中，在建筑实体之间存在着的开放空间体，是城市居民进行公共交往活动的开放性场所，为大多数人服务，同时它又是人类与自然进行物质、能量和信息交流的重要场所，也是城市形象的重要表现之处，被称为城市的‘起居室’和‘橱窗’”④。这样的定义不仅说明了城市公共空间的存在范围，也指出了公共空间所具有的社会、文化、生态意义。

在公共空间理论的研究中，西方学者们则从不同的学科范畴角度对“公共空间”的内涵与价值进行了探讨：关注公共空间的城市设计学者都普遍强调公共空间作为生活和社会交往场所的重要性，认为公共空间最根本的意义在于其中所容纳的丰富的、多元的城市生活。简·雅各布斯（Jane Jacobs）在《美国大城市的生与死》中批判了城市的现代主义规划方式，认为现代主义的规划方式破坏了传统城市中具有活力的城市街道和城市肌理，无法建立积极的物质

① 陈竹，叶珉.什么是真正的公共空间？——西方城市公共空间理论与空间公共性的判定[J].国际城市规划，2009(03)：44-49，53.

② 李德华.城市规划原理[M].北京：中国建筑工业出版社，2001：491.

③ 周进.城市公共空间建设的规划控制与引导[M].北京：中国建筑工业出版社，2005：63.

④ 王鹏.城市公共空间的系统化建设[M].南京：东南大学出版社，2002：3.

空间上的社会联系,破坏了空间的社会价值,而促进城市中不同社会阶层、不同团体的人们进行交流、融合,公共空间的多元化和包容性特征正是形成社会相互理解共融、促进社会安定和谐的重要因素,是在城市开发和社区建设中促进形成良好的社会交往、恢复城市活力的关键要素。①

社会学学者普遍认为,公共空间所提供的由人共同存在而产生以及可能产生的公共交往行为是维系不同层次社会关系的重要纽带。社会学家理查德·桑内特指出,城市的文化特质就在于它能不论种族、年龄、阶层和爱好地将不同差异性的人集聚在一起,通过在城市中的公共交往而突破原来建立在亲近的共同性上的个体身份。公共空间为人们在复杂的城市生活中形成更广泛的社会关系、重塑个人身份提供了无尽的可能,社会学者艾丽斯·杨(Young,I M)将城市公共空间与"差异性的政治"联系起来,她认为与建立在共同性基础上的社区关系相比,城市空间所建立的在陌生人交往基础上的容纳差异性的社会生活具有更加积极的社会意义。公共空间的重要意义在于消除了排他性的空间,创造了能容纳异质社会人群、促进多元化活动的城市公共空间。②

在政治哲学研究视角中,"公共空间"(public space)直接与"公共领域"(public sphere)相关。政治学家塞拉·本哈比(Şeyla Benhabib)对西方政治哲学层面公共空间概念的相关理论进行了文献研究,将公共空间理论归纳为三个主要思想模型:阿伦特关于"公共领域"(public realm)的哲学观点、自由主义者对于权力合法性的观点以及哈贝马斯的公共领域(public sphere)理论。③

阿伦特所推崇的公共空间是一个摆脱了权威性的政治意识和经济因素影响的纯粹意义上的公共领域。她认为,人生存的意义从本源上是政治性的,人需要在透明的、公开的、公正的公共领域中,在公共的活动交往中交换并展示自己的价值观点,这就要求公共领域应该为所有公民提供平等的言论与行动平台。而自由主义者认为,一个提供广泛和开放的政治辩论基础的公共领域应该是受到社会权力和机制保障的,这是民主社会区别于封建社会和其他专

---

① 陈竹,叶珉.什么是真正的公共空间?——西方城市公共空间理论与空间公共性的判定[J].国际城市规划,2009(03):44-49,53.

② 陈竹,叶珉.什么是真正的公共空间?——西方城市公共空间理论与空间公共性的判定[J].国际城市规划,2009(03):44-49,53.

③ 陈竹,叶珉.什么是真正的公共空间?——西方城市公共空间理论与空间公共性的判定[J].国际城市规划,2009(03):44-49,53.

制制度的重要特征。哈贝马斯则认为，不同的社会个体通过公共交往和参与能够形成超越个人利益的、符合大多数人利益的集体意愿。换言之，个人领域的集合形成社会的公共领域，这样自发形成的、独立于政治和经济力量干预的、容纳自由的社会交流的公共领域能够对权力产生良性的制衡作用，对形成一个健康的政治体制而言是至关重要的。虽然政治哲学范畴上的公共领域概念并不特指公共空间，但是阿伦特和哈贝马斯的公共领域理论为建成环境中的公共空间提供了政治哲学上的意义和理论基础，并对城市学科的学者产生了深远的影响。

总的来看，西方学术界的城市与社会研究视角都将公共空间视为不同社会生活发生、共存的平台，而政治哲学研究视角则将公共空间视作政治社会生活的平台。显然，作为公共文明行为载体的公共空间，更偏向于社会生活交往场所。

2. 公共文明行为分类

学者在“公共文明行为”领域的研究中大多以“公共文明行为指数”作为研究重点，对公共文明行为分类的研究较少也未能形成统一的分类标准，但从“公共空间文明”与“公共生活文明”等相近概念的划分以及公共行为指标体系的构成要素中可以管窥学者对于公共文明行为类别的划分。

杨伟清认为，公共空间的文明与公共生活的文明是人们在日常生活中最为关注的，同时也是最为吻合日常看法的公共文明形态，这两种文明都是以个体文明的形式，在个体的行为处事上体现出来的。因此，我们可以参考他对于公共空间文明行为以及公共生活文明行为的具体分类。他认为，公共空间中的文明行为主要包含层次不同的三个方面内容：最低层次的内容就是公共礼仪与礼貌，表现为在公共汽车、地铁等公共交通工具中不哄抢座位，不在电影院里高声喧哗等；第二层次的内容是遵守公共规范和制度，表现为不在公共场合吸烟、不闯红灯、不扰乱公共交通秩序等行为；最高层次的内容则是公民的道德水平和道德素质，表现为在公共汽车上主动给老弱病残人士让座，在公共空间中制止偷盗、抢劫，协助受害者追回失物等，这些行为不仅是礼貌，更是卓越道德水平的表现。①

华薇以国际化城市建设为背景将公共文明的维度整合为人居环境、市民素质、公共管理、公共服务、制度文明以及公共文化六个方面，其中市民素质维度涵盖了公共文明行为的内容。华薇认为市民文明素质的高低是城市公共文

① 杨伟清.公共文明的四个基本向度[J].中国人民大学学报，2008(06)：45-51.

明水平的重要表现，而国际化城市的市民素质指市民日常生活中的公共意识与规则意识、文明行为与社会礼仪、热心慈善与帮助他人等方面的素质。①

沙莲香在她构建的“北京市民公共行为指标体系”中，将公共文明行为分为公共卫生文明、公共秩序文明、公共交往文明、公共观赏文明以及公共参与文明五大类。② 具体而言，公共卫生与公共秩序行为的文明更多地表现为物理空间的物理行为，如对垃圾、宠物粪便的处理方式以及遵守交通规则、在公共场所保持安静而不喧哗等，这两大类的公共文明行为常常受到社会管理上的规制。公共交往与公共观赏行为的文明更多地表现在人文空间的符号行为与内在审美，具体表现为在公共场所着装和仪容整洁、得到帮助或服务时表达谢意、向陌生人提供帮助、善待他人以及在公共空间观赏时准时进场退场、手机保持静音、安静观赏、适时掌声鼓励等行为，这两大类的公共文明行为主要通过公共活动者主体的自行管理实现。公共参与则更多地体现在主体公共文明的自觉遵守，具体包含了公共参与意识、公共参与行为以及公共参与建议等，公共参与是对公共卫生、公共制度、公共交往、公共观赏四者素养的综合、认同和提升，主要通过主体对自己以及对他人和社会的责任实践来实现。在沙莲香的公共文明行为体系中，5 个一级指标所涵盖的行为表现与意义是从不同的侧面考虑、评价某种公共生活中的公共行为表现，5 个一级指标构成了一个完整的整体。

杨伟清将公共文明行为划分为公共礼仪与礼貌、公共规范与制度以及公民道德水平与素质三类，这样的分类方式缺乏明确的划分依据且分类过于简单笼统。华薇则从城市建设的视角将公共文明的维度整合为人居环境、市民素质、公共管理、公共服务、制度文明以及公共文化六类，这样的划分显得更为明确细致，所涵盖的公共文明行为范围也更加广阔完整。沙莲香对公共文明行为的分类更多地聚焦于城市公民这一主体的文明行为，将公共规范与制度、公共管理、公共服务或是制度文明等排除在外，这与本书的研究对象相一致，对公共文明行为指数的体系建构具有重要参考意义。

---

① 华薇.国际化城市建设视野下公共文明的内涵与维度：以深圳为例[J].特区经济，2015(10)：24-26.

② 沙莲香.北京市民公共行为文明指数研究的主导观念：兼说民族性建设[J].中国农业大学学报(社会科学版)，2007(01)：138-146.

(三)公共文明行为指数

指数通常是作为经济分析的重要工具,能够为制定宏观经济政策、抑制通货膨胀等提供重要依据,在其应用发展中逐渐地扩展至社会科学研究领域。目前国内外的统计文献对指数有不同的定义:《辞海》将统计指数定义为综合反映由多种因素组成的社会经济现象在不同时间和空间条件下平均变动的相对数。刘汉良在《统计学教程》中对指数的狭义与广义含义进行了区分,他认为广义的指数指一切说明社会经济现象变动或者差异的相对数,而狭义的指数是一种特殊的相对数,专指说明不能直接相加的复杂社会经济现象综合变动的相对数。[①] 国外则补充提及指数是一种相对数,可以用于经济现象在时间和空间上的对比。

国内外学术界对于指数定义的不同见解是与指数理论发展的各个阶段相适应的,表现了指数理论发展的不同成果,本书采用《辞海》的定义,将指数定义为综合反映由多种因素组成的经济、社会现象在不同时间和空间条件下平均变动的相对数。统计指数的作用主要体现在以下几个方面:(1)反映复杂社会经济现象总体的综合变动方向和变动程度是指数最基本的作用;(2)分析现象总体变动中的各个因素的影响方向和影响程度;(3)对社会、经济现象进行综合评价和测定;(4)分析研究社会、经济现象在长时间内发展变化的趋势;(5)在金融产品创新中发挥重要作用。[②]

从不同的角度出发可以对统计指数进行不同的分类:按照所反映现象的特征不同,可以将指数分为反映工作质量变动的质量指数和反映现象总规模、水平或工作量变化的数量指数;按照所反映现象的范围不同,可以将指数分为说明单个事物或现象的个体指数和说明多种事物或现象的总指数;按照所反映对象的对比性质的不同,可以分为反映现象在时间上的变化过程和程度的动态指数与反映同类现象在相同时间内不同空间的差异程度或实际对计划的差异程度的静态指数。[③]

综合上述对指数定义、作用与分类的分析,本书所指的“公共文明行为指数”是反映公共文明行为总体现象的总指数,是反映公共文明行为总体现象在

① 刘汉良.统计学教程[M].上海:上海财经大学出版社,1983:91.

② 徐国祥.统计指数理论及应用[M].北京:中国统计出版社,2009:3-4.

③ 徐国祥.统计指数理论及应用[M].北京:中国统计出版社,2009:5.

调查研究这一特定时间点上的平均变动相对数的静态指数。

二、公共文明行为指数调查的理论支撑

(一)公民社会理论

公民社会理论对公共文明行为发生的空间载体——公共空间进行了细致的探究,其中帕森斯的社会行为理论与哈贝马斯的交往行动理论对公共生活空间进行了具体勾勒,是现代以来西方公民社会理论的重要代表。公共行为文明状态与文明水平是在公共生活成员相互交往时的相互关系中形成的,而公共生活成员间在公共空间中的"交往行为"是公共文明行为产生的基础,因此可以将帕森斯的社会行为理论与哈贝马斯的交往行动理论视作公共文明行为指数调查的理论基础之一。

1. 帕森斯的社会行动理论

塔尔科特·帕森斯是美国结构功能分析和社会行动论学派的创始人,他在《社会行动的结构》一书中提出了系统的"社会行动"理论,随后又在《关于行动的一般理论》中丰富发展了社会行动论的观点。受到埃米尔·迪尔海姆(Émile Durkheim)、维尔佛雷多·帕雷托(Vilfredo Pareto)等人的影响,帕森斯的社会行动理论强调社会学应当通过建立一个有关概念方面的参考事项范围,从而把社会事实的联系剖析出来,去集中认识社会行动。

在帕森斯的语境中,社会行动与社会行动系统是由个人、社会集团和社会文化的行动组成的,而持续的社会行动则会逐渐发展为社会行为规范与结构。首先,帕森斯主张在科学的概念化过程中,将具体现象划分成若干单位或者部分,将基本的单位称作"行动单位"(unit act)。[①] 他认为只有在人的社会行动中才能看到一个社会的真实意义,才能解释社会所表现出来的各种现象和过程,因此他将人的社会行动作为社会学的研究分析单位,认为所有的行动体系归根结底都是单位行动组成的,将行动单位组合起来就构成了越来越复杂的

① 塔尔科特·帕森斯.社会行动的结构[M].张明德,夏翼南,彭刚,译.南京:译林出版社,2003:48.

具体行动体系。① 一方面，帕森斯把行动者的行动同人的主观意志、情感、观念及各种价值系统联系在一起，在人的观念价值系统中分析行动者行为的动机和意义。他认为，人的行动来源于实现自我理想目标的欲求，而人的理想既根源于社会行为规范、道德价值系统、科学文化知识系统、行动方式等环境中，又来源于个人思想建构。另一方面，在对行动者与社会之间的关系研究中，帕森斯认为人的行动是带有一定的社会关系、隶属于特定的社会团体或集团的，人的行动不能脱离社会基本条件，因此行动者必须依照社会行为规范去行动，而不能唯自己的意志任意妄为。帕森斯认为当人的行动既实现了个人的理想目标又符合社会行为规范或虽然没有实现个人目标却符合社会行为规范时，这些行为都有利于社会，因此是有价值的。相反，当人的行动违反了社会行为规范时，无论是否实现了个人的目的，这种“越轨行为”都是缺乏价值的，严重的甚至还会受到社会控制与制裁。②

其次，帕森斯对单位行动的具体成分进行了解构分析。帕森斯认为：“虽然这种单位行动是能够作为一个次级行动体系来设想的终极单位，但是从行动理论的观点来看，它仍然不是一个不能分解的实体，而是一个复合体。要把它看成是由行动的‘具体的’成分构成的。构成一个完整的单位行动，要有具体目的、具体条件、具体手段、一个或数个对于选择达到目的的手段起支配作用的规范等一定数量的具体成分。”③每一单位社会行动的基本构成都包括：(1)目标，即行动者希望达到的理想状态。(2)手段，即指环境状态中行动者可以控制并利用的那些促成其实现目标的工具性要素。(3)条件，即指情景中行动者无法控制和改变的那些阻碍其实现目标的客观要素、规范取向。(4)规范，即指行动者在确立目标、选择手段、克服障碍的过程当中应遵循的社会标准。

再次，帕森斯将行动与秩序结合起来加以观察分析，指出在行动体系中具有一种可以称为规范性取向的成分，为行动者及社会研究者对行动意义及其现实状况的判断提供了明确的价值标准。④ 在帕森斯的语境中“秩序意味着

① 塔尔科特·帕森斯.社会行动的结构[M].张明德，夏翼南，彭刚，译.南京：译林出版社，2003:834-839.

② 佟庆才.帕森斯及其社会行动理论[J].国外社会科学，1980(10):62-64.

③ 塔尔科特·帕森斯.社会行动的结构[M].张明德，夏翼南，彭刚，译.南京：译林出版社，2003:826.

④ 李超.帕森斯社会行动理论探索研究[J].中国商界，2010(07):331-332.

依循规范体系的规定而发生的过程"[①]。在构成单位行动的四个要素中,情景和规范取向分别对行动产生影响:在一般行动过程中,人们在确定目标、选择手段时有一定的选择自由,但这种自由会受到社会文化和情景两方面的制约,一方面,社会文化中的价值规范因素会对这种自由选择进行指导和调节;另一方面,情景则会为行动提供机会或制造障碍。其中,价值规范尤为重要,因为它构成了社会秩序的基础,并对行动具有调整作用。[②] 帕森斯将秩序看作内化在人性中的东西,人们在追求自己目标的过程中,他们的社会化特征就会不知不觉地迫使他们对满足社会的主要需要做贡献从而形成秩序。此外,帕森斯也说明"以合法秩序为取向并不限于实行其种种规则,也包括回避和违抗这些规则……存在这种秩序就使这样的行动产生了差异"[③]。

最后,帕森斯认为由无数个人行动系统综合而成的社会行动系统维持着众多重要的社会功能。其中关键两点在于:一方面,社会行动系统维持着社会固有的行为模式,即维持了现有的社会关系、生活方式、行为规范与价值系统等。另一方面,社会行动系统具有"控制"或"制裁"的功能,能够在社会系统整体中起到维持作用。当社会系统中的各种行动系统,如文化行动系统、国家行政管理机关行动系统、人格行动系统等之间发生矛盾冲突或个别的"越轨行为"与"异常行为"时,社会行动系统就会通过"控制"与"制裁"使其回到正轨,重新成为符合社会行为规范的系统。

2. 哈贝马斯的交往行动理论

哈贝马斯秉承德国近现代哲学思想传统的问题意识,吸收改造马克斯·韦伯(Max Weber)与早期法兰克福学派关于合理性的理论,借助当代西方语言哲学转向的契机,构建了著名的交往行动理论,并试图以此解释资本主义现代化进程的危机。[④] 关于交往理论,哈贝马斯先后发表了《交往与社会进化》、《交往行动理论》和《在事实与规范之间》等著作,其交往理论的问世,促使交往问题以完全不同的全新方式进入人们的视野。哈贝马斯交往行动理论在理论方面强调了现代性重建的重要意义,主张要构筑一种"主体间性"哲学范式,以

---

① 塔尔科特·帕森斯.社会行动的结构[M].张明德,夏翼南,彭刚,译.南京:译林出版社,2003:103.

② 李超.帕森斯社会行动理论探索研究[J].中国商界,2010(07):331-332.

③ 塔尔科特·帕森斯.社会行动的结构[M].张明德,夏翼南,彭刚,译.南京:译林出版社,2003:728.

④ 宋敏.哈贝马斯社会交往理论合理性与公共领域的建构[J].求索,2015(01):88-92.

主体间性为核心的现代性代替以主体性为核心的现代性。在实践方面，它强调了交往作为社会关系的内涵与意义，强调重建交往理性以克服异化，优化社会结构和生活世界，修复人与人之间类同与人与物的依附关系。[①]

在《交往行动理论》中，哈贝马斯将人的行动分为目的论行动、规范调节的行动、戏剧行动以及交往行动四类：(1)目的论行动的概念是哲学行动理论的中心点，指行动者通过选择一定状况下有效益的手段，并以适当的方式运用这种手段去实现一种目的或促使一种所希望的状况出现。当行动者在考虑效益时涉及了至少是进一步行动者行动的决断时，目的论行动则扩展为策略性的行动模式，这又通常被解释为功利主义。(2)规范调节的行动的概念不仅涉及在自己周围世界遇到其他行动者的一种原则上是孤独的行动者，而且涉及按照共同价值确立自己行动的一种社会集团成员。规范表达了在一种社会集团中所存在的相互意见一致的情况，意味着满足一种普遍化的行动要求。(3)戏剧行动的概念涉及相互构成自己公众的内部活动参与者。行动者通过或多或少地表现自己的主观性，从而在自己的公众中号召对自己产生一定的观点和印象。(4)交往行动的概念涉及的是个人之间在口头上或是外部行动方面的关系，至少包括两个以上的具有语言能力和行动能力的主体的内部活动。[②]哈贝马斯认为，目的论行动的概念将交往视作仅仅为了实现自己目的的人的间接理解，规范调节行动的概念将交往视作仅仅为了体现已经存在的规范性认可的人争取意见一致的行动，而戏剧性行动的概念则将交往看作是吸引观众的自我表演，而交往行动概念则涵盖所有的三种关系并克服了它们的局限性，因此更具有合理性。[③]

在哈贝马斯的语境中，交往是一个复杂的概念，是三个维度内涵的综合统一体：它既是行动，也是社会关系的体现，同时还是社会关系结构的体现。[④]首先，当交往作为行动时，表明的是一种主体间性，是以理解为目的的社会活动，主要表现为“交往行动”；其次，当交往作为社会关系时，表明的是社会系统可以视为交往行动网，个体系统是在言语与行动能力的大方位下进行考察的，主要表现为“交往形式”“交往关系”等；最后，当交往作为社会关系结构时，表

① 王继军，马晓云.哈贝马斯交往行动理论及其现代政治价值导向[J].求索，2013(07)：87-90.

② 哈贝马斯.交往行动理论[M].洪佩郁，蔺青，译.重庆：重庆出版社，1994：119-122.

③ 哈贝马斯.交往行动理论[M].洪佩郁，蔺青，译.重庆：重庆出版社，1994：122-135.

④ 欧阳英.关于交往概念的综合理解：由哈贝马斯交往理论引发的深入思考[J].世界哲学，2018(02)：118-126.

明的是人与人之间的交往关系的固化,主要表现为“交往结构”“理想的交往共同体”等。这三个维度内涵之间并不是平行关系,交往实际上是由交往行动、交往关系、交往结构这三个呈现递进关系的层级组成的。交往关系是交往行动的发展结果,而交往结构则是交往关系的发展结果。

哈贝马斯强调语言在交往行动模式中的重要价值地位。他认为,目的论的行动模式将语言视作许多媒体中的一种,行动者通过语言媒体各自为取得自己成就的发言者相互发生影响,使对手构成或发表符合自己利益、愿望的意见或意图;规范的行动模式将语言视作一种可以提供文化价值、取得意见一致的媒体,是进一步再现其他一切的理解活动;戏剧行动模式则是将语言看作自我表演的媒体,语言被同化为文体的和美学的表达形式;只有交往行动模式将语言作为直接理解的一种媒体,把语言作为一种参与者与世界发生关系,相互提出可以接受和驳斥的运用要求的理解过程中的媒体。交往行动模式与乔治·赫伯特·米德(George Herbert Mead)的象征性内部活动论、路德维希·约瑟夫·约翰·维特根斯坦(Ludwig Josef Johann Wittgenstein)的语言活动观点、约翰·奥斯汀(John Langshaw Austin)的语言活动理论、汉斯-格奥尔格·伽达默尔(Hans-Georg Gadamer)的解释学等联系在一起,注意到了语言的所有职能。哈贝马斯的交往行动理论主要作用于行动者之间,强调以语言作为交往的工具,通过运用充足的论据说服他人,最终达成行动者之间的共识。在这里,语言是一种为理解而服务的交往媒体,行动者通过相互理解使自己的行动得到合作以实现一定的目的。①

在交往行动的基础上,哈贝马斯进一步提出了“交往理性”的概念,并将其作为人类理性最基础的体现,以交往理性的规范作为人类理性最基础的规范。② 哈贝马斯在《交往与社会进化》中对交往行为的理性化内容进行了说明:“交往行为既不能在被选择手段的技术方面,也不能在手段选择的战略方面被理性化,而只能在行为主体的响应性、行为规范的可证实性的道德—实践方面被理性化。”③交往行为的理性化是依据主体是否在其行为中真诚地表达了他的意向,以及与行为规范相联系并在事实上被认可的有效性要求是否合法这两点来衡量的。在这里,理性化意味着克服被系统扭曲了的交往,克服在

① 哈贝马斯.交往行动理论[M].洪佩郁,蔺青,译.重庆:重庆出版社,1994:134-142.

② 胡翼青,解佳.哈贝马斯批判:基于交往行动理论的反思[J].中国地质大学学报(社会科学版),2013(05):98-104.

③ 哈贝马斯.交往与社会进化[M].张博树,译.重庆:重庆出版社,1989:122.

交往结构中不惹人注意地建立起来的、凭借存在于人的头脑中或人际联系中的交往屏障。在此基础上，哈贝马斯又进一步提出了社会交往形式的成熟性在考察社会进步过程中的重要作用：他认为，交往是人类的基本需要和存在方式之一，交往构成了人类社会的基本结构，建立良好的社会交往关系对于消除社会冲突是有帮助的。他在书中论述道："生产力的发展依赖于技术上现有知识的运用，社会的基本制度则体现着道德—实践的知识。这两方面进步的测量有赖于两个我们在衡量经验知识和道德—实践洞见的进步时也要用到的普遍有效性要求，即陈述的真实性和规范的正确性。"[①]在生产力发展水平相当的不同社会中，社会冲突可能有所不同，某些社会的冲突可能较为缓和，某些社会的冲突却异常激烈，这就说明了人们不能仅凭生产力发展水平来衡量社会进步。因此，哈贝马斯坚持历史唯物主义应该把生产力发展和社会交往形式的成熟性作为社会进步的标尺，人们有必要重建交往理性，用以克服工具理性、劳动过度理性所带来的深度异化，从而优化社会结构和生活世界，强化现代社会之间的人际理解，修复人与人之间类同于人与物的依附关系。[②]

（二）社会心理理论

社会心理学是心理学的重要分支学科之一，主要研究社会心理现象，包括人与人相互作用中，自我过程、人际过程和群体过程中发生的社会心理与社会行为，这与公共文明行为的研究内容是相一致的。其中民族心理学、文化心理学、人格心理学分别从民族、文化、人格的视角对公民的社会心理进行了探究与分析，为本书对公民公共文明行为的分析提供了心理学学科的有力支撑。

1. 民族心理学

人类文明是全人类的、全民族的文明，人类文明的形成与发展既是人类经验与心理的"合金"，也是民族经验与心理的"合金"。因此，在研究公共文明行为时必须借鉴民族心理学的研究成果与方法。

19 世纪后半期，随着民族学在西欧和美洲各国的兴起与发展，以民族学材料为基础的民族心理研究与探讨也逐渐增加。德国哲学家莫里茨·拉察鲁斯（Moritz Lazarus）与语言学家斯坦达尔（H.Steinthal）最早在 1860 年创办的

---

① 哈贝马斯.交往与社会进化[M].张博树，译.重庆：重庆出版社，1989：146.

② 王继军，马晓云.哈贝马斯交往行动理论及其现代政治价值导向[J].求索，2013(07)：87-90.

《民族心理学与语言学》中正式提出了“民族心理学”这一术语，该期刊专门发表关于民族心理学的资料与研究成果，为民族心理学的理论框架构建奠定了基础。德国生理与心理学家威廉·冯特(Wilhelm Wundt)在拉察鲁斯与斯坦达尔研究的启示下，结合格奥尔格·威廉·弗里德里希·黑格尔(Georg Wilhelm Friedrich Hegel)的历史演化论、查尔斯·罗伯特·达尔文(Charles Robert Darwin)的生物进化论思想，经历20年(1900—1920)潜心钻研所撰写的《民族心理学》对民族心理学作为一门新的心理学学科的建立具有划时代的意义。①

在对民族心理学的定义中，拉察鲁斯和斯坦达尔认为，民族心理学是研究民族精神生活成因与规律的学科，民族的精神和作用、民族特质的消长以及在艺术、生活、科学上所表现的民族精神的规律就是民族心理学的研究对象。②从民族心理学的学科来源而言，民族学是研究民族共同体的学科，心理学是研究心理活动及其规律的学科，而民族心理学则是介于民族学与心理学之间的边缘性、交叉性学科，民族心理学以普通心理学、社会心理学和民族学的理论为基础，以心理学、人类学或民族学的研究方法为手段，以社会学、人类学、民族学的材料为参照，研究各民族族群、不同社会文化中的民族如何认识、审视并对待自己与他人的心理、行为与关系，寻找影响和塑造民族成员心理与行为的真正因素。从宏观层面来讲，民族心理学就是运用发展的观点研究不同文化条件和社会生活条件下各民族的心理特点以及其发展规律的学科。③

在研究对象与内容方面，民族心理学的研究内容丰富且广泛，主要包括以下六个方面④：(1)民族意识(ethnic consciousness)，指每一个民族群体的成员，在其群体形成过程中，逐渐意识到他们属于一个民族，并能对本民族成员有认同感的过程。民族意识不仅是民族心理的重要内容，也是构成民族共同体的条件之一，是一个民族区别于其他民族的标志之一。(2)民族语言文化心理(ethnic language’s cultural psychology)，民族语言作为一种社会文化现象，包含着大量的民族传统文化与民族历史痕迹，折射着民族文化心理，在某种程度上被视作民族文化与历史的记忆系统。(3)民族共同体的需要动机(ethnic communities’ need and motives)，这涉及人类心理活动的驱动力研

① 李静.民族心理学教程[M].北京:民族出版社,2006:66-69.
② 李静.民族心理学教程[M].北京:民族出版社,2006:67.
③ 李静.民族心理学教程[M].北京:民族出版社,2006:7-8.
④ 李静.民族心理学教程[M].北京:民族出版社,2006:16-20.

究，民族的生存环境、条件与生存方式使其具备相应的生理心理适应能力，构成了不同民族需要动机产生的基础。同时，民族成员的归属需要也是促进民族共同体产生和形成的心理基础之一。（4）民族认识结构特点（ethnic cognition），包括感觉、知觉、记忆、思维、想象在内的认知是建立在一定的心理结构之上的。具有不同社会生活条件和经验、生活在不同社会文化或民族群体中的人，其认知必然会受到生活环境和生活经验的制约，因此表现出独特的认知特点。（5）民族性别角色社会化（social on ethnic sex role），性别角色社会化指按照社会上规定的男女性别角色的要求来支配自己的行为，不同的民族族群中对不同性别角色有着不同的角色期待。（6）民族群体人格（group personality），指在相同的环境中受相同文化影响的成员之间所具有的共同的心理特征，或者说是一个民族在共同的文化背景和特定的社会历史条件下形成的对社会与他人稳定的、共同的态度和习惯化了的行为方式。

冯特认为一个民族的语汇和文法本身就揭示着该民族的心理气质，因此他主张通过对语言的分析去理解每一个社会集体。冯特的民族心理学以语言、神话、风俗、艺术作为研究内容，以当时出现于欧洲民族学中的所谓情感意志理论来说明这些现象。他在研究中发现，人的心理既受自然因素的影响，也受社会因素的影响，民族心理现象是社会因素的结果，是人的高级心理过程的体现，而人的高级心理过程又不可避免地同语言、神话、风俗习惯等社会产物联系在一起并从中得到反映。因此，通过对各种社会文化产物的分析可以解释高级心理过程的发生发展规律。作为心理学家对民族心理学研究的开创者，冯特对于后来的社会心理学家研究以及文化人类学研究有着重要的启迪作用。[①]

19 世纪末 20 世纪初弗洛伊德主义对当代民族心理学的发展也产生了重要影响，西格蒙德·弗洛伊德（Sigmund Freud）于 1913 年发表的《图腾与禁忌》（又名《原始文化和宗教的心理学》）一书，被西方民族学界普遍视作弗洛伊德对民族心理学研究领域涉足的开端。[②] 在《图腾与禁忌》中，弗洛伊德借助文化人类学的资料进入社会心理学与民族心理学的研究领域，利用“俄狄浦斯情结”这一核心假设来说明社会心理在内的一切社会现象的起源。弗洛伊德认为图腾崇拜源于俄狄浦斯情结，俄狄浦斯情结的弑父行为使儿子们之间形成了最初的契约——禁止同本族的女性发生性关系，这种制约关系原是由父

① 李静.民族心理学教程[M].北京：民族出版社，2006：82-95.

② 李静，杨须爱.弗洛伊德民族心理学思想述论[J].广西民族研究，2006(03)：28-33.

亲的性垄断促成的,俄狄浦斯情结导致了个体心理向群体或社会心理过渡。弗洛伊德以对家庭动力关系的分析为基础,构建了集体心理学理论,虽然他的理论中充满了性的色彩,以至于被称为"泛性主义者",但他对于原始民族的禁忌与图腾崇拜的独特阐释启发了众多民族心理学家的思考。此外,弗洛伊德在《集体心理学与自我分析》中以独特的视角阐释了群体领袖的作用以及领袖个人魅力的自身渊源,他认为领袖本身所具有的人格品质是群体中其他人所不能比的,领袖在某种程度上可以改变群体的组织与结构,起到引导群体发展的作用。① 总体而言,弗洛伊德关于民族心理的研究拓展了民族心理学的研究领域,也丰富了民族心理学的研究内容。

在研究方法上,民族心理学作为一门跨民族学与心理学两大学科的交叉学科,其研究对象与方法论基础的多元性与独特性构成了学科自身的特殊性。民族心理学的研究可以通过不同的方式进行,包括以民族常识为基点和本源,以民族宗教为侧重和依据,以民族哲学为核心和原则,以民族文化为根本和关键,以民族科学为尺度和规范,以民族资源为主旨和理念等。② 民族心理有独立的、区别于民族学的田野调查法以及心理学的心理实验法——田野实验法。田野实验法将研究变量放置于真实的自然场景中去研究,一个自然的场景就构成了一个实验室,运用观察、个案访谈、行动研究和座谈会等方法获得资料并收集数据。结合本书研究实际,民族心理学中的观察法与个案访谈可以作为参考研究方法。

2. 文化心理学

公共文明行为心理及其特征与一定的社会文化密切相关,与特定的文化背景紧密相连。因此,要研究公共文明行为心理就有必要了解文化心理学的研究方法。文化与心理学的关系自20世纪后半期起逐渐受到心理学家的重视,文化心理学在20世纪60年代得到蓬勃发展,经历了从早期的跨文化心理学到晚近的文化建构主义心理学的不同发展阶段与不同理论形态。③ 现代意义上的"文化心理学"一词由卡克·贝克(Kakar Beck)于1982年提出;贝尔纳·斯蒂格勒(Bernard Stiegler)在1990年出版的《文化心理学:比较人类发展论

---

① 李静.民族心理学教程[M].北京:民族出版社,2006:110-112.

② 葛鲁嘉.民族心理学研究的基本方式[J].苏州大学学报(教育科学版),2017(04):90-97.

③ 杨莉萍.从跨文化心理学到文化建构主义心理学[J].心理科学进展,2003(02):220-226.

文集》涵盖了1986年和1987年在芝加哥先后召开的关于文化与人的发展专题研讨会、文化情景下的儿童专题研讨会的研究成果，这标志着“文化心理学”作为一门新兴学科正式出现。①

主流心理学的困境及其在文化问题上的退让催生了文化心理学的兴起。② 主流的科学心理学坚持心理学的自然科学定向，导致主流心理学出现了“超越和遗弃”文化的倾向、西方文化沙文主义和西方种族中心主义。一方面，主流心理学坚持的自然科学追求构建一个超越时间、地点、历史与文化的框架，用以解释心理现象的一般机制与普遍规律。在这样的研究倾向中，人的文化历史存在与文化历史属性因素都被主流心理学所忽略。主流的科学心理学在排斥或者跨越文化历史的基础上发展学科研究的合理性与普遍的运用性。③ 另一方面，虽然主流心理学忽视了文化对心理的影响，但其建立与发展无不在西方文化基础之上，主流心理学的理论与结论都不可避免地受到西方文化的制约与影响，反映着西方文化的核心价值。正因如此，当主流心理学的理论与结论以“一般机制”和“普遍规律”的名义运用至其他文化圈中去解释心理现象时，实质上是以西方文化和西方种族为中心去解释、评价其他文化背景中人的心理与行为，这就导致了主流心理学在运用过程中的解释偏差。这两方面形成的学科研究困境促进了主流心理学对文化问题的退让，直接表现为跨文化心理学的兴起。跨文化心理学虽然引入了文化变量，对不同文化群体的心理与行为进行比较，但是仍未完全消除西方种族中心主义。文化心理学正是在吸收跨文化心理学的合理内核的基础之上，摆脱主流心理学理论与方法框架的束缚，建立起了多元文化的心理学体系。④

文化心理学以心理与文化的相互建构作为研究内容，抛开人类思想史上争论不休的“心物关系”二元对立观，以心理和文化的相互建构观看待二者的关系问题。文化心理学认为文化与心理是一体两面，文化是人的世界的基本特征，人的世界则又是文化的，因此就不需要到人或世界的文化性质之外去寻找所谓的本质或第一因，因为它们就是自己的文化性质本身。具体而言，心理是与外在文化世界相对应的内在世界，而外在文化世界则是心理这一内在世

① 丁道群.文化心理学的兴起[J].心理学探新，2002(01):8-11.

② 丁道群.文化心理学的兴起[J].心理学探新，2002(01):8-11.

③ 葛鲁嘉，陈若莉.当代心理学发展的文化学转向[J].吉林大学社会科学学报，1999(05):79-87.

④ 丁道群.文化心理学的兴起[J].心理学探新，2002(01):8-11.

界的表达与展现。[①] 在文化心理学的视角中,文化与心理或行为是相互构建而非因果关系,因此不能将文化视作一种变量。每种文化都需要从自己的参照系中去理解,相应地,任何研究也都在一定的文化语境中进行,受到研究者和研究对象的语境影响。同时,心理总是具有文化差异的,文化作为一种媒体又不可避免地镶嵌着不同的心理过程与结构,人的心理根植于不同的文化土壤,既构成文化,又由文化构成。因此,我们无法将文化与心理分离,只能在文化与心理所处的实际情境的整体中去描述、理解、解释、研究它们。[②]

文化心理学有三个相互关联的分析系统,由人、社会结构和文化符号相互渗透、相互生成:其一,人指有着独特的生物学上的组织和特殊的历史经历的人;其二,社会指一定社会和文化中的局部的社会结构(如家庭或其他组织);其三,文化符号指符号意义上的文化。每一个系统都是组织化、动态的复合体。雅各布·坎特(Jacob Robert Kantor)主张文化心理学是研究人类对制度性刺激反应的一门学科,他认为文化心理学的研究对象是人主观世界中的一切刺激,包括社会制度、社会组织或社会结构等。只有将其放在人的主观世界中去认识、理解和诠释它时才取得自身的意义。李炳全、叶浩生认为,文化心理和行为的差异并不是刺激本身的差异,而是刺激所具有的意义的差异,而意义既由人的心理活动赋予,又通过人的心理活动得以解释,同时它又反过来制约着人的心理和行为,因此要求把它纳入心理学研究范畴,由此形成了文化心理学。[③]

由于文化心理学的学科交叉和边缘性质,其研究方法是多元化的,既有量化方法也有质化方法,既有实证方法也有解释学方法。[④] 其中,解释学方法与民族志方法最为常用:文化本身作为一种符号体系的符号化特点,使人与文化传统之间建立起内在的联系,使人对文化传统的意义解读成为可能,同时,人又可以反过来通过理解文化传统来解读人及其心理,因此文化心理学更多地通过解释学的方法来建立知识。而民族志方法则侧重研究一个文化群体内成员间以及不同文化群体成员间的社会互动模式,通过观察、描述特定文化场景中面对面的人际交流方式去了解特定文化群体中重要的社会交往规则、文化

① 李炳全,叶浩生.文化心理学的基本内涵辨析[J].心理科学,2004(01):62-65.
② 李炳全,叶浩生.文化心理学的基本内涵辨析[J].心理科学,2004(01):62-65.
③ 李炳全,叶浩生.文化心理学的基本内涵辨析[J].心理科学,2004(01):62-65.
④ 李炳全,叶浩生.文化心理学的基本内涵辨析[J].心理科学,2004(01):62-65.

解释模式及其对人的心理的影响。[①] 此外,认知人类学方法、参与型观察法、访谈法、个案法、人物传记法、收集实物法也常常被运用到文化心理学的研究当中。

3. 人格心理学

公共活动者行为的文明程度与其个体的智能水平、人格有关。人格结构是个体在适应环境过程中表现出来的稳定的行为模式,因此,在研究公共文明行为时也有必要考察人格的研究取向。人格心理学是心理学庞大体系中的一个重要分支,其研究内容十分繁杂,大至解释人性本质,小到具体行为细节,可谓无所不及,与其他心理学分支相比,人格心理学的主要特征是将人格作为研究核心,关注整体的人。[②] "人格"一词源于拉丁语"persona",意为"面具"、"脸谱",与戏剧、演员和角色等关系密切,随后"面具"一词的含义被逐渐扩充,"人格"意指个体在先天生物遗传素质的基础上,通过后天社会环境的相互作用而形成的相对稳定而独特的前后一贯的心理行为模式。[③] 在人格心理学思想的发展历程中,从古希腊开始,历经古罗马时期、中世纪基督教会统治的黑暗时代,再到文艺复兴时期与近代,包括普罗泰格拉(Protagoras)、苏格拉底(Socrates)、柏拉图(Plato)、亚里士多德(Aristotle)、卢梭(Jean-Jacques Rousseau)等人在内的西方哲人提出了许多关于人格心理的思想与理论观点,为西方人格心理学形成奠定了思想基础。以普罗泰格拉、苏格拉底、柏拉图为代表,他们认为人的本性就是理性,而亚里士多德、埃尔维修、霍尔巴赫等人认为人的本性是中性的,可以为善也可以为恶。[④] 20 世纪二三十年代,不同的人格心理学的理论与方法逐渐形成,美国心理学家戈登·奥尔波特(Gordon W. Allport)对人格心理学的理论与方法进行了大量的归纳总结,他于 1937 年发表的《人格:心理学的解释》集前人研究之大成,构建了人格心理学的基本框架,标志着人格心理学的诞生。

人格心理学形成以来大致可以分为以下两个阶段:20 世纪 30 年代至 60 年代是人格心理学中主要人格理论体系的建立时期,除古典精神分析,五大人格理论都产生于这一阶段。1900 年弗洛伊德发表的《梦的解析》标志着古典精神分析的形成,20 世纪 40 年代的美国产生了以卡伦·霍妮(Karen

---

① 丁道群.文化心理学的兴起[J].心理学探新,2002(01):8-11.

② 郭永玉,张钊.人格心理学的学科架构初探[J].心理科学进展,2007(02):267-274.

③ 郑雪.人格心理学[M].广州:暨南大学出版社,2007:5.

④ 郑雪.人格心理学[M].广州:暨南大学出版社,2007:15-18.

Danielsen Horney)、哈里·斯塔克·沙利文(Harry Stack Sullivan)、爱利克·埃里克森(Erik H. Erikson)为代表的新精神分析学派,伯尔赫斯·弗雷德里克·斯金纳(Burrhus Frederic Skinner)、约翰·多拉德(John Dollard)和尼尔·米勒(Neal Elgar Miller)等人在伊凡·彼德罗维奇·巴甫洛夫和约翰·华生(John Broadus Watson)行为主义思想的影响下开创了人格心理学中的行为学习论,朱利安·罗特(Julian Bernard Rotter)和阿尔伯特·班杜拉(Albert Bandura)等人提出了社会学习理论体系,20 世纪 30 年代奥尔波特提出了特质论思想,五六十年代亚伯拉罕哈罗德·马斯洛(Abraham H. Maslow)、卡尔·罗杰斯(Carl Ransom Rogers)等人创立了人本主义的人格理论体系,乔治·凯利(George Kelly)也初步创立了认识主义的人格理论体系。至此,人格心理学中的六大人格理论体系都已经形成了。

自 20 世纪 60 年代认知革命以来,人格的社会认知取向或称信息加工取向成为人格研究的新兴取向。这一研究取向的兴起反映了人格心理学中多种研究交叉融合的趋势,具体表现为人格研究方法之间的界限越来越模糊,测查的内容越来越全面。多数人格心理学家越来越倾向于综合运用各种人格理论体系中的思想精华,在方法上也综合运用各种主要的人格研究方法。

在理论体系构建方面,人格心理学主要回答以下几个关于人格的基本理论问题:(1)人的本性是善良还是邪恶的。(2)人格的结构是什么,一个人的人格由哪些要素构成又由这些要素以何种方式构成。(3)人格的基本特征有哪些,应该如何描述测量人格特征。(4)人格发展的动力是什么。(5)人格是先天决定的还是后天发展的。(6)人格发展的条件和基础是什么。(7)遗传、环境与自我分别在人格发展中起到什么作用。(8)人格的发展是连续性还是阶段性的。(9)人格的发展要经历哪些普遍性的阶段,这些阶段又有什么特征。[①] 正是心理学家对于上述问题的不同回答形成了不同的人格心理学理论体系,包括了古典精神分析、新精神分析、特质论、行为学习论、交互作用论、生物学论、人本主义和认知论。

在研究方法上,人格心理学家通过科学研究来考察人格过程,大多采用假设检验方法、个案研究法、数据的统计分析、人格评价这四种方法。假设检验法中的假设来源于理论推断,它们在实验中是否得到验证决定了原来的理论是否得到支持;个案研究法虽然存在不适合向其他人群推论的局限性,但其研究的深入性也产生了独特的优势,为许多人格研究者所使用;研究者也使用统

① 郑雪.人格心理学[M].广州:暨南大学出版社,2007:6.

计学的方法来检验他们所发现的群体间差异究竟是偶然的变化还是具有显著的真实差异，使用相关系数来衡量两种测量之间的相关方向和大小；人格测验在可用性的检查中，测验的信度与效度都需要得到检验以证实其是否可靠、有效。[①]

在实践应用方面，人格心理学的理论知识与技术被广泛应用于各种社会实践服务之中，例如在学校教育实践中，以对学生的心理特点分析为基础实行因材施教，在人事管理中，以对人才的心理评估为基础进行人才的选拔、培养与使用等。目前，在社会经济与科学技术快速发展的背景下，人格心理学研究出现了专题化、小型化的新趋势，对不同主题内容的专题化研究，对某一特殊人格研究领域的小型化研究大行其道。此外，对人格的认知研究也成为主流的研究方向之一，对于文化因素对人格的影响以及人格的生物基础的研究探讨也日渐发展。

（三）公共治理理论

市民公共文明行为的培育不仅以社会个体的自律与道德发展为基础，也需要依靠政府严谨完善的治理与制度约束。公共治理理论作为一门致力于寻找管理政府和公共事务最佳途径的学问能够为研究如何培育、发展公共文明行为提供理论依据，因此必须将公共治理理论视作公共文明行为指数调查的核心理论之一。公共治理理论自 20 世纪 90 年代受到国际社会实践界与理论界的重视以来，经过 20 余年的快速发展其研究内容已然十分丰富。在关于公共治理理论的演进中出现了许多思想流派，他们所体现出的治理范式的发展表现了公共治理理论日趋成熟、完善的变迁过程，其中西方公共治理前沿理论中的新公共服务理论、公共价值理论和网络化治理理论对于指导政府如何培育并发展公共文明行为具有重要指导意义。

1. 新公共服务理论

新公共服务理论是以罗伯特·B.登哈特（Robert B. Denhardt）为代表的一批公共行政学者基于对新公共管理理念的反思，尤其针对企业家政府理论缺陷的批判而建立的一种新的公共行政理论。[②] 这种公共治理体系倡导的是

① 杰瑞·伯格.人格心理学[M].陈会昌，等译.北京：中国轻工业出版社，2008：13-28.

② 彭未名，王乐夫.新公共服务理论对构建和谐社会的启示[J].中国行政管理，2007(03)：42-44.

改变“政府独自掌舵”的局面,强调以公民为中心、服务于民、追求公共利益、重视公民权与人的价值,将民主、公民权和公共利益的价值观重新肯定为公共行政的卓越价值观,促进公共服务的尊严和价值。登哈特在《新公共服务:服务,而不是掌舵》一书中对新公共服务的核心内容进行了综合与凝练,具体包括以下七点:①

第一,服务于公民,而不是服务于顾客。新公共服务理论认为,公共利益是就共同利益进行对话的结果,而不是个人自身利益的简单聚集,公共服务是一个政治思维产物,而不是一个经济思维产物。因此,政府工作人员在改进服务的问题中不应该首先或者只关注“顾客”自私的短期利益与需求,还要关注公民的需要和利益并且在公民之间建立信任和合作关系。同时,新公共服务关注权力在社会中的分配情况,鼓励越来越多的人去履行他们作为公民的责任,而提供服务就是拓宽公共参与和扩大民主公民权的第一步。

第二,肯定公共利益在政府服务中的中心地位。新公共服务理论的核心原则之一就是强调追求公共利益,重新肯定公共利益在政府服务中的中心地位。公共行政官员必须促进建立一种集体的、共同的公共利益观念,创立共同的利益和共同的责任而非个人选择驱动的方案。换言之,新公共服务的目标是要超越自身利益进而发现共同利益——公共利益,并且按照公共利益行事。因而,公共行政官员不是公共利益的单独主宰者,而是一个包括公民、团体、民选代表以及其他机构在内的更大的治理系统中的关键角色。公共行政官员不仅要促进对自我利益的追求,更要不断努力与民选代表和公民一起去发现并明确表达大众的利益或者是共同的利益,同时敦促政府去追求那种利益。

第三,重视公民权胜过重视企业家精神。新公共服务理论认为与将公共资金视作自己财产的具有企业家精神的管理者相比而言,致力于为社会做出有益贡献的公务员和公民能够良好地促进公共利益。一方面,政策企业家虽然可能具有创新性和建设性,但是他们的专心致志也可能使他们成为“放荡的盗贼”。作为“企业家”的行政官员具有自利动机,会试图过多地增加超出公众实际需要的项目和预算。另一方面,鼓励公民积极参与政策制定过程能够满足公民对其声音受关注以及其需求得到满足的期望,也能够使政府获得更加广泛的信息来源、创造力来源以及解决方案来源,以改进公共政策的质量,还能够增加公民对政府的公共信任度,促进政策的顺畅执行。

---

① 珍妮特·V.登哈特,罗伯特·B.登哈特.新公共服务:服务,而不是掌舵[M].丁煌,译.北京:中国人民大学出版社,2010.

第四，思考要具有战略性，行动要具有民主性。新公共服务理论认为政府通过集体努力和周密的合作过程所制定的满足公共需要的政策和项目才更具有效力和责任性。政策执行被越来越多地视作互动的循环过程，包括个体的角色、人的行为考虑、组织因素、机构因素和机构间因素以及政策设计等变量都对执行过程有影响。因此新公共服务理论将政策执行的行动放在政策网络的背景中研究，强调战略性地综合考量各个因素，重视直接公民参与在执行中的作用，通过使公民成为服务供给过程的必要组成部分而为政府与公民之间的积极关系奠定基础。

第五，承认责任并不简单。公共服务中的责任问题极其复杂，公共行政官员对包括公共利益、成文法律和宪法、其他机构、其他层级的政府、媒体、公民等制度和标准都负有应该负有的责任，这意味着要对一个复杂的外部控制网络中的竞争性规范和责任进行平衡，它涉及职业标准、公民偏好、道德问题、公法以及最终的公共利益。新公共服务理论既承认责任在民主治理中的中心地位，又承认行政责任的现实，它认为做公务员是一项社会需要的、富有挑战性的，并且有时是英勇的事业，它意味着要对他人负责，要坚持法律、坚持道德、坚持正义以及坚持责任。

第六，服务而不是掌舵。新公共服务理论认为对于公共行政官员来说，基于价值的共同领导来帮助公民明确表达和满足公民的共同利益比试图控制或者掌控社会新的发展方向更加重要。新公共服务理论明确承认公共行政官员不是机构和项目的企业主人，公共项目和资源并不属于他们，他们只是以公共资源的管家、公共组织的保护者、公民权和民主对话的促进者的身份为公民服务。因此，新公共服务理论表明公共行政官员不仅要共享权力，还必须把他们在治理过程中的角色重新界定为参与者。

第七，重视人，而不只是重视生产率。新公共服务理论在探讨管理和组织时强调的是通过人进行管理的重要性，对组织中个体成员的价值和利益予以足够的关注。它认为当公共组织及其所参与其中的网络基于对所有人的尊重而合作、共同领导时，这样的组织运作方式将更容易成功。登哈特认为，人们是被公共服务为他人服务的价值观所吸引而从事公共服务的，因而政府需要培育和鼓励这些高层次的动机和价值观，而不应该把人当作一部机器上的嵌齿而压抑这些动机与价值观。

2. 公共价值管理理论

公共价值管理理论是西方公共行政理论发展中工具理性和价值理性融合的产物。马克·穆尔(Mark H. Moore)于 1995 年出版的《创造公共价值：政府战略管理》一书为公共部门和私营部门管理者构建了公共价值的概念框架,使公共部门管理者明晰其所面临的战略挑战与复杂选择,私人价值的概念使私营部门管理者明确战略目的,标志着公共价值管理理论的创立。公共价值管理理论在一定程度上体现了价值理性与工具理性的融合,但整体而言更多地属于以价值理性为主、以工具理性为辅的价值理论谱系。①

在核心价值方面,公共价值管理理论将创造公共价值作为公共行政的终极目标。首先,在公共价值的界定中,公共价值管理理论认为公共价值最终由公众定义并在公众与公共部门的互动中得到确认。穆尔提出,"集体愿望反映了公共价值","公共价值从集体决策程序中产生"②。因此,包括政治家和行政官员在内的公共管理者的责任是创造公共价值,积极地根据社会环境的变迁,及时地对公众表达的偏好作出回应,根据对公共价值的理解,有效地处理公众最关注的问题。③ 其次,为了保证公共价值的实现,作为公共价值创造者的政府,一方面要积极构建并维持公共、私营和非营利组织之间的合作同盟,另一方面要积极评估网络,及时发现问题、采取弥补措施解决问题。最后,为了满足公共价值产出的需求,政府应该通过网络化治理来提供公共价值,引导公众参与,吸收一切可利用社会资源以实现公共价值的高效供给。

在政府角色定位方面,公共价值管理理论认为公共管理者具有服务产出、满意、结果、信任和合法性等多重目标。④ 穆尔提出政府不仅是社会规则的制定者、公共服务的提供者、社会安全网络的构建者,更应该是公共价值的潜在创造者。公共价值管理理论通过从战略高度观察外部环境来寻找公共价值,倡导政府管理者不能将注意力局限于官僚体制内部的职员,而应该积极建立与公众之间的互动平台,引导公众参与、追求公共服务精神,尊重公共偏好,成为公共价值的守卫者。

在拓展公众参与方面,公共价值管理理论落脚于公众参与,提出了承载公众参与公共事务的网络化治理。公共价值管理理论主张在公众与公共部门的互动中,一方面大力拓展公众参与,既要重视传统的听证市民评判委员会等公

---

① 董礼胜,王少泉.穆尔的公共价值管理理论述评[J].青海社会科学,2014(03):19-26.

② 马克·H.穆尔.创造公共价值:政府战略管理[M].伍满桂,译.北京:商务印书馆,2016:51,56.

③ 尹文嘉.公共价值管理理论及其民主意蕴[J].学术论坛,2009,32(10):65-68.

④ 吴春梅,翟军亮.公共价值管理理论中的政府职能创新与启示[J].行政论坛,2014,21(01):13-17.

众咨询与协商机制，又要利用如因特网等新的信息和沟通技术拓展公众的偏好表达渠道，另一方面注重发挥公共部门主体作为管理者在公共偏好形成过程中的引导作用。公共价值管理理论认为公众对特定问题的关注是有迹可循的，是随着政治家对这些问题注意而增长的，因此成功的公共管理者应该在公共偏好刚刚形成时就加以研究进而主导偏好形成的方式。①

综上所述，以穆尔为核心代表的公共价值管理理论所倡导的是政府依据公民需求确定公共价值，并在网络化治理中促成公共价值的实现。这一基本主张可以细化拆解为以下五个要点：第一，关注公民的集体偏好，基于政治协商、集体性偏好表达的基础创造公共价值；第二，重视政治的作用，以政治决策的灵活性应对不确定性变化，将政治视作有效的协调机制，通过政府管理创造合作的治理网络；第三，重塑民主与效率的关系，将民主嵌入分配效率和技术效率之中，形成民主与效率间的合作伙伴关系；第四，全面地看待效率、责任与公共问题，以持续地检查保证效率，以设定与监督保障责任，通过发展个人能力实现权利与责任的公平问题；第五，推行网络化治理，将公民与政府之间的对话和交流作为实践基础。

3. 网络化治理理论

在20世纪80年代以来全球化和后工业化运动对社会治理形成了巨大挑战的背景下，网络化治理理论针对新公共管理运动过分强调分权与效率而导致的公共部门碎片化和职责同构等乱象应运而生。斯蒂芬·戈德史密斯(Stephen Goldsmith)与威廉·D. 埃格斯(William D. Eggers)合著出版的《网络化治理：公共部门的新形态》标志网络化理论正式成为一门体系化的治理理论。

网络化治理理论的主要观点是强调治理结构的网络化、治理工具的市场化以及价值取向的民主化，是一种复合中心的治理形式，意味着治理主体能够按照相互达成的博弈规则和信任进行资源交换、妥协以及互动。这些观点为公共部门、私营部门、第三部门与公民个人、社会力量等众多行动主体之间网络关系的构建、权力的平稳运行和还权于社会的实践提供了切实可行的参考途径。

网络化治理的核心目标在于政府通过公共干预取得积极的社会效益与经济效益，实现“公共价值”。这要求政府在公共治理时考虑如何运用不同的方式以实现效率、责任与公平。对于网络化治理应当采取何种方式以实现其目

① 尹文嘉.公共价值管理理论及其民主意蕴[J].学术论坛，2009(10)：65-68.

标,丹麦学者伊娃·索仑森提出了“自我建构式的不介入方式”、“故事叙述式的不介入方式”、“支持与促进式的介入方式”和“参与式的介入方式”四种治理方式,前两种方式中所谓的“不介入”指国家在网络之外,通过立法、财政等手段进行非直接干预,具体表现为政府通过推动立法或采取激励性措施为治理网络的发展明确大概方向,而达成目标的具体路径与机制则交由组织自由定义、细化;后两种方式中“介入”则指干预性的网络化治理,具体表现为政府主体通过支持与促进网络成员间的交换或直接介入交换过程从而推动特殊利益的实现。①

在《网络化治理:公共部门的新形态》中,戈德史密斯与埃格斯利用各种典型事例对网络模式的优势进行了充分论证,认为网络化治理具有专门性、创新性、迅捷性、灵活性、扩大的影响力的优势。同时他们也强调风险与收益的共生性,提出政府在利用网络化治理模式获得巨大成效时也不能够忽视治理网络中目标分歧、变形的监督管理、沟通灾难、分割式协调、数据不足、劣质标杆能力不足、管理竞争与合作之间的紧张关系等挑战。基于对网络化治理优缺点的详细论证,他们提出政府必须审时度势,在合理改变自身组织结构的前提下使用网络治理模式。

学者们对戈德史密斯与埃格斯提出的网络化治理优势进行了细化发展,提出了网络治理的四大功能:其一,网络化治理能够实现对行动者互动关系的调整。结构化的网络互动关系常常会显现出不再适应新形势的问题,这时就要通过引进新成员和计划性地排除现有成员以实现对行动者互动关系的调整,而网络化治理能够充分考虑新成员的利益偏好与组织立场的相容性,以达到弥补组织不足的效果。其二,网络化治理能够实现对资源配置形态的调整。网络化治理能够给予贡献较大的劣势资源拥有者以较多的资源,提高其在网络中的地位,以扭转网络结构中资源配置不均衡的问题。其三,网络化治理能够根据网络成员关系和网络正常运行的需要进行规则调整,并通过这种调整促进网络成员间互动关系的积极健康化发展。其四,网络化治理有利于营造一个自由的对话空间,为不同价值观点之间的相互说服与包容提供机会与平台,从而拉近不同价值观点之间的规范认知距离,达成网络结构间的共识基础。②

---

① 张康之,程倩.网络治理理论及其实践[J].新视野,2010(06):36-39.

② 张康之,程倩.网络治理理论及其实践[J].新视野,2010(06):36-39.

(四)精神文明理论

精神文明学是我国在改革开放历程中出现的新兴学科,继承发展了马克思主义与中国传统文化等人类文明进步学说,总结提升了人类社会的历史发展经验,丰富了社会科学理论体系。对精神文明理论的探究有利于进一步完善人类社会文明进步学说的理论体系,对培育公共文明行为、建设公共文明城市与社会主义现代化强国具有重要指导意义。①

1. 精神文明的内涵与特征

精神文明是人类在改造客观世界的过程中所取得的精神成果的总和,是人类社会发展到一定阶段时,人类精神生产发展水平与积极成果的体现,是人类道德、智慧的进步状态。精神文明的主要表现分为两个方面:②其一,科学文化方面的精神文明,具体包括社会的知识、文化、智慧等情况,科学、教育、文学、艺术、卫生、体育等事业的发展程度以及与此相应的物质社会、机构的发展水平与规模。这方面精神文明的发展程度与社会生产力的发展历程相联系,反映了社会物质文明程度,且受到物质条件的制约。其二,思想道德方面的精神文明,具体包括社会的政治思想、道德面貌、社会风尚和人们的信念、理想、情操、觉悟、组织性与纪律性等方面的状况。这方面的精神文明并不直接与社会物质生产条件相联系,更多地受到社会经济制度与政治制度的影响,且强烈地反作用于社会制度,通过制度作用于生产力。科学文化精神文明与思想道德精神文明在同一社会中相互渗透、相互影响,反映着不同社会历史条件下精神文明的不同性质。

精神文明作为人的意识、活动和关系结合生成的有机整体,通过主体性要素、实体性要素、核心性要素、基础性要素、辅助性要素五大类要素构成了一个完整的精神文明系统:人是精神文明系统中唯一具有能动性的要素,对精神文明系统的存在与发展起到主导作用;精神文明建设者、物质技术与文献资料等以实体形式存在的要素是精神文明系统的物质载体,对精神文明的贮存、传播与交流起到工具与载体的作用;人的生活方向、生活态度、价值观念、精神风貌等因素是决定精神文明系统的关键要素,对精神文明系统的发展起着核心作

① 刘小敏.论精神文明学的学科价值[J].广东社会科学,2004(04):60-66.

② 黄志秋.走向文明的中国:精神文明建设引论[M].北京:中央编译出版社,1997:22-24.

用;由文化、科学技术、教育等因素组成的基础性要素表明人们认识、改造客观世界的能动作用大小,在精神文明系统中起到基础性作用;而思维方式、信息和资金等要素作为辅助性要素渗透、贯穿于精神文明系统的不同要素环节中,起着连接、辅助的作用。① 在建设社会主义精神文明的过程中,必须同时发挥这五个要素的功能,只有以提高人们的综合素质为根本,以思想道德建设为核心,以文化、科学技术、教育为基础,以物质技术为保障,才能有效推进精神文明建设。

精神文明本质的外在表现中具有显著的能动性、历史性、民族性与开放性特征:精神文明的进程就是人类社会的进程,人类总是按照特定的精神框架进行思维和创造,因而人的能动性也表明了精神文明的能动性,而被创造出来的精神文明在社会文明系统中具有的相对独立性使其能够对物质文明与制度文明起到反作用,这种功能使精神文明具有典型的能动性特征;精神文明与社会的历史平行发展,积淀着人类社会宝贵的精神财富,反映了社会的历史性品格。在不同的社会发展阶段与历史时期中,精神文明表现出不同的、质的差异;精神文明的民族性是一种世界性现象,受到民族自然环境、经济生活和人文环境的影响,精神文明在不同民族的生活中呈现出不同的社会人文景观,具有各自独特的民族气质、民族心理与民族精神品格;精神文明系统与外部环境之间的双向交流使其既能够向外部环境、社会系统输送信息与能力,对外界发生强大影响,又能够从外部环境与社会系统中吸收信息与能量,促进自身发展。②

2. 精神文明发展的客观规律

精神文明作为人类文明体系中的文明形态之一,必然要与其他文明形态发生联系,如物质文明、制度文明与生态文明等。而精神文明的发展离不开其他文明形态的相互作用与相互影响,因此精神文明的发展规律也必须体现在与其他文明形态的关系之中。③

在精神文明与物质文明的相互作用规律中,首先,精神文明与物质文明作为人类社会文明的两大分支具有不同的内涵:精神文明指人类改造客观世界

---

① 黄志秋.走向文明的中国:精神文明建设引论[M].北京:中央编译出版社,1997:25-30.

② 黄志秋.走向文明的中国:精神文明建设引论[M].北京:中央编译出版社,1997:33-40.

③ 周向军,王凤才,孟宪霞,等.精神文明发展规律论[M].济南:山东大学出版社,2005:69-104.

和主观世界的精神生产的成果总和，而物质文明则是人类改造客观世界的物质生产活动所取得的成果总和，两者在涉及的文明范域、实现途径和表现都各不相同。其次，精神文明建设离不开物质文明。一方面，物质文明为精神文明生产者提供的生活保障与活动载体是精神文明发展的基础和保证；另一方面，物质文明的发展促进了人们精神状态与思维方式的更新，为精神文明的发展提供了原动力。再次，物质文明的发展也离不开精神文明。精神文明的教育、科技、文化为物质文明建设起着智力支持的作用，尤其科学技术对于物质文明发展的巨大作用日益显著。同时精神文明中法律、思想、艺术、宗教等文化作为对社会经济基础的一定反映，对物质文明的建设也起到促进、维护和保护的作用。最后，精神文明与物质文明在动态中平衡。物质文明最终决定精神文明的发展水平，从人类社会文明的总体趋势来看，有多高的物质文明就会有多高的精神文明与之相适应，精神文明既不会长期超越物质文明的发展水平，也不会长期滞后于物质文明的发展，两种文明在人类社会发展的历史长河中基本持衡。

在精神文明与制度文明的相互作用规律中，首先，制度文明在一定程度上属于精神文明，但又与精神文明有所不同。一方面，精神文明的提高会产生更好的制度安排，作为制度表现形式的法律、法规等也是精神文明的发展成果。另一方面，精神文明的核心是思想道德，以提高人的主观素质为发展目的，是人主观素质的提高问题，而制度文明的核心是民主法制，包括各种制度的创新、实施和监督问题，以维护社会经济、政治秩序为目的。其次，精神文明与制度文明作为社会文明的有机组成部分，二者相互渗透且不可分割。制度文明与精神文明大致同时产生、共处于一定的社会历史条件之中，精神文明中的思想道德与教育科学文化的建设都涉及体制建设的问题，而制度文明中的社会根本制度、社会具体体制以及各种具体法规都需要精神文明的进步成果作为维护与保证。最后，精神文明与物质文明相互促进、相互影响、相互制约。精神文明为制度文明提供了精神动力、智力支持与价值导向，而制度文明对精神文明的价值导向与激励作用也为精神文明的进一步发展提供重要保障。

在精神文明与生态文明的相互作用规律中，生态文明是以尊重和维护生态环境为主旨，以可持续发展为依据，以未来人类的继续发展为着眼点，强调人与自然和谐共处时自觉与自律的文明形式。精神文明与生态文明之间有着必然的内在联系，二者相互作用、相互影响。一方面，精神文明促进生态文明的健康发展，生态文明观的树立、丰富、发展与应用都离不开精神文明的作用：其一，古代“天人合一”思想观点是生态文明观的思想渊源。其二，精神文明建设中的“代际平等”与“代内平等”的平等观也适用于生态领域。其三,精神文明教育在生态文明建设中发挥着不可替代的作用。另一方面,生态文明也反作用于精神文明建设。首先,生态文明建设有利于形成良好的社会道德环境。其次,生态文明的成果有益于人类的身心健康,最终有益于精神文明的进步。最后,生态文明发展了精神文明的内涵,成为精神文明的有机组成部分。

3. 精神文明发展的实践指导规律

精神文明建设主体在推进精神文明的过程中能够通过实践认识和把握精神文明发展的客观规律,并在此基础上制定或提出一系列反映、体现精神文明发展客观规律的战略、策略与方针等,这些战略、策略与方针就可以被称作是精神文明发展的实践指导规律。① 精神文明发展的实践指导规律是多方面的,其中可以聚焦于以下几个方面:

第一,坚持政治原则,实行学术民主。② 一方面,只有坚持正确的政治原则才能确保精神文明建设方向的正确性,才能保证社会主体朝着自由自觉的方向发展。在敌对势力“和平演变”的发展态势下,也只有坚持正确的政治原则才能保证社会主义精神文明建设主体的先进性和自觉性,起到以先进的政治文明带动精神文明健康发展的作用。另一方面,精神文明的创造与发展必须提倡在社会主义文化统一性下不同形式、不同风格的自由化、多样化发展。为了实践精神文明的多样性发展,必须实行学术民主,保障公民发表不同学术意见的合法权利。只有坚持学术民主才能够满足人们在社会主义条件下对精神生活的全方位、多层次的需求,才能更好地坚持正确的政治原则,才更有利于坚持真理、批判谬误。

第二,对传统文化的继承与批判。③ 精神文明建设发展是一个循序渐进的过程,必须对在长期历史发展进程中积淀下来的传统文化进行辩证地继承与批判。一方面,精神文明发展需要实现对传统文化优秀成果的继承。我国作为一个拥有五千年历史的文明古国,源远流长的民族文化对人类文明做出了卓越的贡献。从“天下兴亡,匹夫有责”的社会责任感,到“己所不欲,勿施于人”的君子自律,再到“君子成人之美,不成人之恶”的乐于助人,我国传统文化

① 周向军,王凤才,孟宪霞,等.精神文明发展规律论[M].济南:山东大学出版社,2005:183.

② 周向军,王凤才,孟宪霞,等.精神文明发展规律论[M].济南:山东大学出版社,2005:184-214.

③ 周向军,王凤才,孟宪霞,等.精神文明发展规律论[M].济南:山东大学出版社,2005:229-235.

的优秀成果都能为当代精神文明建设提供思想渊源。因此，建设社会主义精神文明必须结合时代特点，对传统民族文化进行辩证继承与合理吸收。另一方面，中华文化博大精深，是一个充满矛盾的、复杂的统一体，我们必须承认传统文化中不乏消极陈腐的旧思想与旧束缚，这些旧传统会扼杀人的才智与潜能，阻碍社会主义精神文明的前进与发展，因此我们在对传统文化取继承态度的同时还必须具体问题具体分析，取其精华，去其糟粕。

第三，坚持认识与实践相统一的知行结合方法。[①] 精神文明理论认识来源于精神文明建设实践，又服务于精神文明建设实践，坚持认识与实践相统一的方法是由认识与实践辩证关系得出的必然结果。首先，在精神文明建设中要坚持思想教育与群众实践的统一，以活动为载体促进思想教育与群众实践的结合，同时也发挥群众的自治作用，是群众实践与群众自我教育的。其次，在精神文明建设中要实现正面灌输与行为规范的统一，以多样化的形式正面灌输社会主义精神文明思想，同时建立一套完善的行为规范，将原则性要求具体化。在日常生活中将精神文明建设从具体事件抓起，真正落实到实处，以约束不道德行为，惩恶扬善。通过对正面灌输与行为规范的有效结合，广大人民群众理解并接受社会主义精神文明建设的要求，主动地将抽象理解转换为具体行动，从而将精神文明建设落到实处。最后，精神文明建设需要精神动力与物质动力的结合，必须坚持以人为本，实现解决认识问题和解决实际问题的统一。既要重视解决认识问题，坚持不懈地加强精神文明思想教育，真正地解决人民群众的认识问题，又要紧贴群众利益，承认利益在精神文明建设中的杠杆作用，了解群众需求，想方设法为群众办实事、谋利益，满足人民群众的需求。只有做到关心人、理解人、切实解决群众实际问题，才能够激发群众参与精神文明建设的积极性。

第四，软约束与硬约束兼用的法治方法。[②] 精神文明建设需要组合利用各种手段方法，其中道德教育力量与法治力量的“软硬结合”能够对精神文明建设起刚性效应。加强精神文明建设的法制化工作，能够改进精神文明虚化的现象，使精神文明建设强而有力。首先，精神文明建设必须利用道德力量宣传教育广大人民群众，使其逐步树立起高尚的道德情操和崇高的思想境界，形

① 张涛光，杜焕强，余方海，等.精神文明建设方法论[M].广州：广州出版社，1997：51-76.

② 张涛光，杜焕强，余方海，等.精神文明建设方法论[M].广州：广州出版社，1997：111-137.

成克己奉公、助人为乐、无私奉献的良好社会风气。其次,单纯通过新闻、宣传媒介的教育,依靠道德力量自觉与自律的软约束是不够的,精神文明建设需要运用法律手段实现硬约束,为其提供强有力的外在保障。要重视法治,将精神文明建设纳入法律、法规之中,把增强思想美德和文化领域的法规建设视作国家依法治国战略思想的重要组成部分。最后,要注重道德力量与法治力量的综合协调,使软约束与硬约束共同形成综合效应。既要通过必要的法律、行政和经济手段强化道德力量,利用法律义务推动道德义务的履行,又要将道德建设融入相关法律、法规、文明公约之中,使道德对法治的完善和实施起推动作用。

三、公共文明行为指数调查的指导思想

公共文明行为是精神文明的外化表现,是人的道德水平与文明素养的具体实践,实质上则是“个人”以及“群体”意义上的国民素质水平的展现。公共文明行为的培育、形成和发展与公民个人的文明观念、素质发展息息相关。中国共产党历来重视精神文明建设,无论是战火纷飞的革命年代还是社会主义建设时期,始终都把加强人民的精神面貌、思想水平建设放在极其重要的地位。在怎样建设公共文明,怎样培育公民文明观念与素质形成,如何促进公共文明行为的发展等问题中,基于不同时代所形成的文明观都具有重要的指导意义。

(一)马克思主义的文明观

马克思主义的文明观来源于人的全面发展理论。18 世纪到 19 世纪期间,资本主义在西欧的迅速发展创造出超过以往几千年的物质文明成果,为提高人的科学技术、文化水平提供了一定的物质条件、机遇和时间。[①] 但在物质文明繁荣发展的背后,工具理性的负面效应日渐显露,资本主义社会内部生产的社会化和生产资料私人占有之间的矛盾日益凸显,整个社会的发展和人的发展都在不同程度上体现出局限性与矛盾性,人的发展中出现了三种问题:其一,人的不自由发展。私有制的建立发展导致劳动力被资本占用,人的劳动成为资本追求高额利润的手段,造成人的不自由发展。其二,人的能力的片面发

① 宁克强,魏茹芳.人类文明的呼唤[M].石家庄:河北人民出版社,2009:93-96.

展与畸形发展。马克思认为“在资本主义制度内部,一切提高社会劳动生产力的方法都是靠牺牲工人个人来实现的;一切发展生产的手段都转变为统治和剥削生产者的手段,都使工人畸形发展”,“个体本身也被分割开来,成为某种局部劳动的自动的工具”①,这就导致了人的体力和智力的畸形化发展。其三,人的不平等发展。资本主义生产的逐利性本质导致了资产阶级的发展以工人阶级的牺牲为代价。以牺牲部分劳动者的代价换取对物质文明的追求,以牺牲大部分人的发展为代价实现小部分人的发展,造成了人的不平等发展。② 在这样的时代背景之下,马克思与恩格斯在分析资本主义固有矛盾和人类社会发展规律的基础上,提出了人的全面发展理论:未来的理想社会应该克服工人发展的片面性与工具性以及有限性的状况,建立一种“自由人的联合体”,其本质特征表现为每个人的自由而全面的发展是一切人发展的条件。马克思关于人的全面发展理论中主要包括以下几个科学内涵③:

其一,人的需要多方面、自由而充分地发展。马克思认为人的需要是多方面的,在现实世界中个人既有满足基本生存的衣食住行需要,又有在物质需要基础之上升华而来的精神需要和社会需要。人为了满足自己的需要而从事生产劳动和其他社会活动,需要的满足和满足需要的劳动进而又生产出新的需要,正是这样的循环往复才会导致人的发展的不断向前与不断提升。

其二,人的劳动能力充分发展。马克思认为,人的劳动是自由自觉的创造性活动,人的劳动能力即为人这种创造性的本质力量,人的类特性。马克思认为,人的全面发展包括了劳动形式的丰富发展,人类社会的发展历程证明劳动的产生和人类的产生是一体两面,劳动的异化就是人类的异化,劳动的解放与发展也就是人类的解放与发展。因此,个人的活动需要达到丰富性、完整性和可变动性,这不仅是社会进步的要求,也是实现人的类特性的必然要求。

其三,人的社会特性和谐发展。马克思认为在共产主义社会中,社会关系不再是统治人、奴役人的工具,而是为个人所控制、支配。人们将在自觉、丰富、全面的社会关系中获得全面而自由的发展,因此马克思强调人的社会特性的和谐发展,强调人不能脱离社会关系而存在,人在追求个人自由发展时还要兼顾个人和人类的和谐发展、个人和集体的和谐发展、个人和他人的和谐发展

① 马克思恩格斯全集:第44卷[M].北京:人民出版社,2001:743,417.

② 韩庆祥,亢安毅.马克思开辟的道路:人的全面发展研究[M].北京:人民出版社,2005:64-65.

③ 宁克强,魏茹芳.人类文明的呼唤[M].石家庄:河北人民出版社,2009:108-112.

以及个人自身内部各个方面的和谐发展等。人的全面发展理论在强调人与社会关系上的和谐发展这一点上与建设公共文明、构建文明和谐社会的理念是相通的。

其四,人的个性自由发展。人的个性发展在根本上表现为个人主体性水平的全面提高,人的自觉能动性、创造性、自主性的全面发展。具体包括人的潜能的充分发挥、肉体和心理的完善发展、人的需要的相对丰富、全面而又深刻的感觉、丰富而全面的精神生活、自由发挥的个性等。[①] 马克思认为人的发展一定意义上是在劳动能力和社会关系发展的基础上,"有个性"的人逐渐代替"偶然的个人"的过程。当外部世界对个人才能发展所起到的推动作用为个人本身所驾驭时,人的自由个性发展才能真正实现。

马克思的人的全面发展思想中对人的全面发展与社会全面发展、自由发展和实践之间的关系分别进行了详细论述。首先,人的全面发展理论要求与社会全面发展相统一。在马克思的语境中,人与社会是不可分割的,"人是最名副其实的政治动物,不仅是一种合群的动物,而且是只有在社会中才能独立的动物。孤立的一个人在社会之外进行生产——这是罕见的事"。[②] 马克思在论述人的本质时指出,人不是抽象的、孤立的个体,而是社会中存在的个体,在其现实性上是一切社会关系的总和。社会是由人所构成的,人也在社会当中进行一切生产生活活动。因此,人的发展不能脱离社会的发展,社会的发展是人发展的条件性概念,人的全面发展是必须与社会的全面发展相统一的。这和公共文明行为主体与社会的关系类似,公共文明行为水平与社会整体文明发展水平是共生且相互影响的。其次,人的全面发展要求与自由发展相统一。人的全面发展内在的要求把个人视作发展的目的,这就是使人在世界中确立自己的价值,使每个人的和谐、自由发展成为目的本身,这说明人的全面发展是要与自由发展相统一的,如果离开了自由发展,那么人的发展也终将失去其原有的意义。[③] 马克思强调,个人是目的和手段的统一,个人自由而全面的发展就是要使每个人都去满足自我发展和自我实现的需要,为了自身完善

---

① 韩庆祥,亢安毅.马克思开辟的道路:人的全面发展研究[M].北京:人民出版社,2005:66-67.

② 马克思恩格斯全集:第30卷[M].北京:人民出版社,1995:25.

③ 梁晶晶.论马克思主义人的全面发展理论在我国的实践和创新[J].改革与开放,2018(14):58-59,64.

和促进社会进步而发展，将人视作目的而发展。[①] 最后，人的全面发展离不开实践。马克思在批判地继承费尔巴哈关于人本唯物主义思想的基础上提出了"实践"的概念，马克思强调要从实践的角度来理解人，他认为人类的历史是人类实践的历史，人的社会是由实践的人组合而成的，人们的社会关系也在实践中形成，实践是人全面发展的现实基础与根本途径。[②] 具体表现为，实践既是人的存在方式，也是人的发展方式，既是人发展的动力，也是衡量人发展程度与水平的标准：人的生命活动是积极的、创造性的活动，人在客观世界的改造和实践中直观了自己的存在，因此人是在积极地改造自然的过程中维持自身的存在，实现个人的发展，又通过实践水平反映自身的发展程度与水平。

总体而言，马克思的人的全面发展思想是基于实践人学的历史性存在，有效推动了人与自然、人与社会发展的相融共生性，开辟了一条由全体人民共建共享共同发展的人的全面发展道路[③]，构建了社会主义文明观的基本轮廓，为中国特色社会主义文明观的发展研究奠定了理论基础。

（二）毛泽东思想的文明观

毛泽东思想的文明观来源于以德育、智育、体育为核心的人的全面发展理论。以毛泽东为核心的党的第一代领导人集体高度重视人的全面发展问题，毛泽东将马克思关于人的全面发展理论与中国传统文化、现实国情相结合，根据对人类发展历史的研究和建设新世界的需要，批判地继承了古今中外的伦理、道德及思想文化遗产的精华，对中国古代德育和儒家传统道德文化思想进行了马列主义改造，创造性地提出了以强调德育、智育、体育为核心的人的全面发展思想，并强调德育在育人中的首要战略地位，丰富发展了具有中国时代特色的文明观。

毛泽东在《关于正确处理人民内部矛盾的问题》的讲话中将社会主义关于人的全面发展理论的基本内涵概括为："我们的教育方针，应该使受教育者在

---

① 韩庆祥，亢安毅.马克思开辟的道路：人的全面发展研究[M].北京：人民出版社，2005：68-69.

② 宁克强，魏茹芳.人类文明的呼唤[M].石家庄：河北人民出版社，2009：142-147.

③ 刘立柱.马克思人的全面发展思想的历史之维与时代之思[J].改革与战略，2018，34(09)：17-21，44.

德育、智育、体育几方面都得到发展,成为有社会主义觉悟的有文化的劳动者。"①毛泽东始终将德育放在人的发展理论中的首位,强调"三育并重,德育为首",他认为"德"指世界观、人生观、价值观或者思想、理想、精神、品质,是解决人为什么活着、为谁服务等问题,②德育在人的全面培育中起到了动力和方向的作用,是影响人发展的主导因素,决定着智育的方向。如果轻视思想政治教育、历史知识教育和人格培养,就会产生很大的片面性,而这种片面性往往会影响人的一生的轨迹。关于德育,就是要培育社会主义新人的革命的、科学的世界观、人生观和道德观,培育新的思想道德素质与政治素养。毛泽东认为:"发展共产主义的情操、风格和集体英雄主义的气概,就是我们时代的德育。"③

我国传统文化始终注重人的内心修养与品格的完善,孔子所倡导的理想人格就是围绕着"德""礼""仁"展开的。在关于"德"的论述中,孔子侧重于对外在行为的规范,在"礼"与"仁"的规定中侧重于内在精神原则,无论是内在精神还是外在行为规范,孔子都强调"德"对于人的培养的重要性。古代德育思想和儒家传统道德文化思想中关于"仁义礼智信"的诸多论述都为毛泽东的德育思想提供了思想渊源。新中国成立后,毛泽东为了大力倡导共产主义道德信念、集体主义和"五爱"道德,先后发动了"学习雷锋"、社会主义教育运动等规模空前的思想政治活动,希望将国人塑造成"又红又专的共产主义新人",最终实现"六亿神州尽尧舜"的道德理想。④

毛泽东的德育思想具体可以概括为以下三个方面:首先,毛泽东认为德育要求人抛弃旧思想、旧观念,树立坚定的共产主义信仰,培育共产主义理想和坚强的意志,全心全意为新社会而奋斗。其次,毛泽东号召人们以共产主义道德为核心道德观,学习白求恩同志、张思德同志、雷锋同志等人毫不利己、专门利人、大公无私、全心全意为人民服务的思想,成为一个有利于人民的人。⑤最后,毛泽东从"道德义务"和"社会责任"的角度阐述自由。他认为,当一个人的行动符合道德时,他是自由的,反之则是不自由的。毛泽东将个人的自由与

---

① 毛泽东.毛泽东文集:第7卷[M].北京:人民出版社,1999:226.

② 赵兴良.社会主义社会的全面发展与人的全面发展研究[M].南昌:江西人民出版社,2008:133.

③ 毛泽东.毛泽东文集:第7卷[M].北京:人民出版社,1999:398.

④ 赵兴良.社会主义社会的全面发展与人的全面发展研究[M].南昌:江西人民出版社,2008:134.

⑤ 宁克强,魏茹芳.人类文明的呼唤[M].石家庄:河北人民出版社,2009:175.

社会道德规范相结合，强调了个人的自由是在社会道德规范内的自由，只有当一个人遵守社会道德规范，主动承担社会责任，努力为社会做出贡献时，这个人才会越“自由”。

毛泽东的德育思想从宏观与微观统一的社会和谐关系出发，倡导大公无私，在长期的综合化实践中逐渐形成了以“全心全意为人民服务”为核心本质的大众公共道德人生观、道德情感观和道德价值观。他既重视社会的德育工作，也重视学校的德育实践，并在宏观和微观统一的和谐实践基础上将二者结合起来，培育有利于人们并全心全意为人民服务的和谐公民。[①] 这在人才培养中起到了重要作用，既是全面开发人才智慧资源的强大动力，也是培养全面发展社会主义和谐公民的直接途径。

毛泽东以“全心全意为人民服务”为核心的德育思想是社会主义精神文明建设的核心内容，是对人的全面发展问题的有益探索，实现了对马克思主义文明观的丰富与拓展，为当代中国人寻求一条可行的且具有中国特色的全面发展道路做出了有益的探索。学习、研究、坚持并发展毛泽东的德育思想有助于教育公民树立正确的人生观、价值观、世界观，培育高尚的、和谐的、纯粹的、有道德的人。

（三）邓小平理论的文明观

邓小平的文明观来源于“四有”新人理论。改革开放的新时期中，以邓小平为核心的党的第二代领导集体在继承前人思想的基础上，根据新时代的要求，把物质文明建设和精神文明建设有机地统一到新时期人的全面发展之中，探索了新时代的社会主义文明观。邓小平从实际出发，要求全体社会成员从思想道德建设和科学文化建设出发，不断充实发展自身，走向全面发展。

1983 年 5 月 4 日，邓小平在号召全国人民向张海迪学习的题词中提到“学习张海迪，做有理想、有道德、有文化、守纪律的共产主义新人”[②]。1985 年 3 月 7 日，邓小平在全国科技工作会议上谈道：“教育全国人民做到有理想、有道德、有文化、有纪律。”[③]这标志着“四有”新人思想的正式提出。1989 年 10 月，邓小平为少先队题词“培养有理想、有道德、有文化、有纪律的无产阶级革

① 周远成.和谐关系：毛泽东德育境界论[J].毛泽东思想研究，2007(02)：154-158.

② 中国的“保尔”张海迪[N].人民日报，2011-03-07(19).

③ 邓小平.邓小平文选：第 3 卷[M].北京：人民出版社，1993：110.

命事业接班人”,将“四有”与无产阶级革命事业接班人联系在一起,标志着社会主义“四有”新人理论的正式确立。①

“四有”新人所描述的“有理想”指的是“社会主义、共产主义理想”,要求的是国民的政治素质,邓小平尤其注重宣传提倡共产主义理想,树立共产主义信念。他认为“有理想”是“四有”中最重要的部分,“为什么我们过去能在非常困难的情况下奋斗出来,战胜千难万险使革命胜利呢?就是因为我们有理想,有马克思主义信念,有共产主义信念”②。因此,他提出理想是培育社会主义新人的精神支柱和力量源泉,是能够带动中华民族腾飞的巨大原动力。“有道德”要求的是国民的思想道德素质,既包括共产主义道德也包括社会主义道德、社会主义人道主义、社会公德等。邓小平大力倡导“全心全意为人民服务”“大公无私、公而忘私”“各尽所能、忘我劳动”“一不怕苦、二不怕死”等共产主义道德精神,“五爱主义”“个人利益服从国家和集体利益”等社会主义道德风尚,“尊重人”“关心人”“爱护人”“帮助人”等社会主义人道主义,这些道德都是社会主义新人革命理想在社会生活中的具体表现,也是社会主义新人的基本道德素质与行为规范。③“有文化”要求的是国民的科学文化素质,要求社会主义新人必须具备一定的现代科学文化知识素养,以便更好地服务于国家建设,为理想的实现提供技术条件。“有纪律”要求的是国民的法律素质,要求人们自觉遵守党和国家的法律法规,坚决同各种违法乱纪行为和其他不良行为作斗争。这四项内容各有侧重,四者之间是一个有机联系且不可分割的整体,体现着邓小平对国民素质的要求。

邓小平对教育、物质文明、精神文明三个方面提出了重要论述,为提高国民素质指明了方向。首先,邓小平强调“教育要面向现代化,面向世界,面向未来”④。其一,国民素质的时代性特征要求教育必须面向现代化,要适应中国的经济建设与社会发展,从社会需求出发对国民素质提出具体要求,培育出适应现代社会发展需求和拥有国际竞争力的人才,更好地为社会主义现代化建设服务。其二,国民素质的开放性特征要求教育必须面向世界,紧跟世界潮流,在结合我国实际情况的基础上积极汲取人类文明的优秀成果。其三,国民素质的发展性特征要求教育必须面向未来,不仅要考虑当下,更应着眼于未

① 宁克强,魏茹芳.人类文明的呼唤[M].石家庄:河北人民出版社,2009:182-183.

② 邓小平.邓小平文选:第3卷[M].北京:人民出版社,1993:110.

③ 宁克强,魏茹芳.人类文明的呼唤[M].石家庄:河北人民出版社,2009:184.

④ 邓小平.邓小平文选:第3卷[M].北京:人民出版社,1993:35.

来，以长远的战略眼光看待教育的发展。

其次，建设物质文明是提高国民素质的基础。《管子·牧民》有云，仓廪实而知礼节，衣食足而知荣辱。邓小平认为，中国的社会主义建立在落后的经济基础之上，缺乏资本主义社会充分发展的过程，导致人民的生活水平普遍不高。人们每天忙于工作劳动以解决温饱、满足生活，自然就无暇顾及生活基础之上的素质发展，只有在饮食、教育、医疗、居住等方面物质生活水平不断提高，国民才会有条件去发展、提高自身的素质。同时，一个国家国民整体素质的提高也会在一定程度上促进社会的进步与发展。因此，邓小平指出："在社会主义国家，一个真正的马克思主义政党在执政以后，一定要致力于发展生产力，并在这个基础上逐步提高人民的生活水平。"①

最后，建设精神文明是提高国民素质的保证。邓小平认为，在社会主义社会，"所谓精神文明，不但是指教育、科学、文化(这是完全必要的)，而且是指共产主义的思想、理想、信念、道德、纪律，革命的立场和原则，人与人的同志式关系，等等"②。在我国，建设精神文明主要包括文化建设与思想建设两方面。③其中，思想建设指要树立马克思主义的世界观、共产主义的崇高理想和为人民服务的集体主义观念，发扬中国人民在革命中继承下来的拼搏精神、艰苦奋斗的精神、大公无私的精神和排除万难争取胜利的精神。只有这样的精神文明才可以保证国民科学文化素质的提高，才可以形成良好的社会风气，为国民政治素质、思想道德素质提供良好的环境。

邓小平的"四有"新人思想和国民素质思想把促进人的全面发展与社会发展结合起来，以教育、物质文明、精神文明补充发展了马克思主义关于人的全面发展的社会构思，创造性地提出了改革开放时期的社会主义文明观，为研究国民素质提供了现实性和理想视角，明确了当前国民素质的一般性和特殊性要求，对国民素质的发展和提高具有重大的启示作用。

(四)"三个代表"重要思想的文明观

以江泽民为核心的第三代中央领导集体提出的"三个代表"重要思想是对马克思主义关于人的全面发展理论的重要继承与发展，是一个系统性的、科学

---

① 邓小平.邓小平文选：第3卷[M].北京：人民出版社，1993:28.

② 邓小平.邓小平文选：第2卷[M].北京：人民出版社，1994:367.

③ 夏铭泽.邓小平的国民素质思想研究[D].郑州大学，2016:36.

性的有机整体。在着力发展社会生产力的同时,也要加强社会主义精神文明建设,为改革开放和现代化建设提供思想保证、精神动力和智力支持,开拓人的全面发展。江泽民基于丰富的实践经验和理论总结,提出了"社会主义政治文明"这一科学概念,并把政治文明从精神文明的范畴中分离出来,将其同物质文明、精神文明并列,由此确立社会主义民主政治的文明属性。更为重要的是,江泽民把建设社会主义政治文明视为社会主义现代化建设的重要目标之一,极大地提升了社会主义政治文明的实践意义和理论价值。"三个代表"重要思想的文明观将物质文明、精神文明扩展到物质文明、精神文明和政治文明,这一突破式发展是以江泽民为核心的第三代领导集体在实践中的创新、在理论上的突破,是对中国特色社会主义发展规律的新认识、新观点与新论断。①

"三个代表"重要思想的文明观要求着力发展先进文化,为人的全面发展创造高度发达的社会主义精神文明。江泽民在建党八十周年讲话中提出,要努力提高全民族的思想道德素质和科学文化素质,实现人民思想和精神生活的全面发展。精神文明的主要目标在于不断提高人民的思想道德素质和科学文化素质,而教育则是造就全面发展的人的重要途径。因此,"三个代表"重要思想的文明观强调加快教育发展的步伐,健全完善从小学到大学的终身教育机制,加强对《教育法》实施的监督力度,切实保障人民的受教育权利。一方面,既要通过加强科学文化知识教育来启迪人民的智慧、开阔人民的视野、提高人民的能力。另一方面,又要把握科学技术发展的时代特征与要求,加强科学知识、科学理论、科学精神教育以提高人民的科技素质。同时,更要全力发展社会主义文化事业,用先进的文化丰富人民的精神生活、陶冶人民的情操、提高人民的境界。并且用马克思主义科学理论,用党的基本理论、路线、纲领,用社会主义、爱国主义、集体主义、社会主义法治观念和道德观念来教育人民,实现人民思想与精神的健康发展。②

(五)科学发展观的文明观

党的十六大以来,以胡锦涛同志为总书记的党中央,高举中国特色社会主

① 曹玉蓉."三个代表"重要思想坚持和发展了马克思主义认识论[J].毛泽东思想研究,2003(03):14-17.

② 王瑞娟."三个代表"重要思想与人的全面发展[J].理论探索,2003(05):14-16.

义伟大旗帜，以邓小平理论和“三个代表”重要思想为指导，立足于社会主义初级阶段基本国情，总结中国发展实践，借鉴国外发展经验，适应中国发展要求，提出了科学发展观这一重大战略思想。该思想吸收和发展了哲学理论研究与世界经济社会发展实践经验的优秀成果，以中国特色社会主义道路为方向，以社会全面、协调、可持续发展为基本要求，以人的发展为核心，以改革开放为动力，以全球视阈为背景，是马克思主义与中国实际和时代特征相结合的产物，开辟了中国马克思主义发展的新境界。① 科学发展观对“什么是发展”“靠谁发展”“为谁发展”“怎样发展”等发展观的基本问题，做出了科学的回答，极大地深化了对人类发展规律、社会主义建设规律与共产党执政规律的认识，对马克思主义的发展理论与中国特色社会主义理论做出了重大理论创新。

党的十七大报告提出科学发展观的核心是以人为本。要始终把实现好、维护好、发展好最广大人民的根本利益作为党和国家一切工作的出发点和落脚点，尊重人民主体地位，发挥人民首创精神，保障人民各项权益，走共同富裕道路，促进人的全面发展，做到发展为了人民、发展依靠人民、发展成果由人民共享。科学发展观的基本要求是坚持全面协调可持续发展。坚持全面发展，就是以经济建设为中心，推进经济建设、政治建设、文化建设、社会建设共同进步，推进物质文明、政治文明、精神文明、生态文明共同发展，在实现社会全面进步中促进人的全面发展。坚持协调发展，就是要使各个地区、各个部门、各个领域比例适当、结构合理、相互促进、良性运行，统筹城乡发展、统筹区域发展、统筹经济社会协调发展、统筹人与自然和谐发展、统筹国内发展与对外开放，推进生产力和生产关系、经济基础和上层建筑相协调，推进经济、政治、文化、社会建设的各个环节和各个方面相协调。坚持可持续发展，就是要使经济发展与人口资源环境相协调，人与自然相和谐，发展循环经济、建设资源节约型国家、建设环境友好型国家，走生产发展、生活富裕、生态良好的文明发展道路。由此可见，科学发展观的文明观追求“经济发展—社会发展—人文发展—生态发展”的内在协调与统一，以及“物质文明—社会文明—精神文明—生态文明”的深度吻合和匹配。②

---

① 罗健.科学发展观与马克思社会有机体理论[J].广西师范大学学报(哲学社会科学版),2014(04):68-72.

② 傅如良,张丰盛,李进兵.社会发展观的嬗变与科学发展观的价值革命[J].河南社会科学,2013(12):60-62,108.

(六)习近平新时代中国特色社会主义思想的文明观

十八大以来形成的习近平新时代中国特色社会主义思想,尤其是习近平关于如何加强新时代精神文明建设的系列讲话中提出的许多新思想和新观点,构成了习近平新时代中国特色社会主义思想的文明观。①

一是要坚持用辩证、全面且平衡的观点正确处理物质文明与精神文明的关系,促进二者在实践中保持协调、平衡发展。习近平首先肯定了追求物质文明亦是社会主义的应有之义,消除贫困、改善民生、实现共同富裕是社会的本质要求,“如果贫困地区长期贫困,面貌长期得不到改变,群众生活长期得不到明显提高,那就没有体现我国社会主义制度的优越性,那也不是社会主义”②。2015年2月28日,习近平在会见第四届全国思想道德建设工作先进代表时指出,要坚持“两手抓、两手都硬”、“以辩证的、全面的、平衡的观点正确处理物质文明与精神文明的关系”③。辩证与全面的观点是指物质文明与精神文明这两种文明建设是互为条件、相互促进的关系,因此为了保证社会的全面发展与进步,必须两手抓地全面发展。这两点是中国共产党在改革开放后长期坚持的基本观点,而“平衡”的观点则是习近平进一步提出的新观点。当前的精神文明建设中,一方面存在物质文明和精神文明在建设过程中“一个先进、一个落后”的不平衡,另一方面也存在不同地区、不同单位间的不平衡。所谓的“平衡”指尽量地让物质文明与精神文明的发展保持步调一致,尽量缩小各地区之间的精神文明建设水平差距。

二是在思想道德建设上,要将中华优秀传统文化精神的弘扬、社会主义核心价值观的培养实践以及中国特色社会主义的理想信念教育作为重点内容,以重塑国人的精神世界。习近平认为:“培育和弘扬社会主义核心价值观必须立足中华优秀传统文化。牢固的核心价值观,都有其固有的根本。抛弃传统、丢掉根本,就等于割断了自己的精神命脉。博大精深的中华优秀传统文化是我们在世界文化激荡中站稳脚跟的根基。中华文化源远流长,积淀着中华民

---

① 赵兴良.习近平系列讲话对精神文明建设理论的新发展[J].求实,2015(10):19-24.

② 中共中央宣传部.习近平总书记系列重要讲话读本[M].北京:学习出版社,人民出版社,2016:219.

③ 人民有信仰 民族有希望 国家有力量“锲而不舍抓好社会主义精神文明建设”[N].人民日报,2015-03-01(12).

族最深层的精神追求，代表着中华民族独特的精神标识……中华传统美德是中华文化精髓，蕴含着丰富的思想道德资源……要认真汲取中华优秀传统文化的思想精华和道德精髓，大力弘扬以爱国主义为核心的民族精神和以改革创新为核心的时代精神。"[①]弘扬中华传统文化精神的根本意义是增进国人对民族文化精神的认同，牢固中国人的"根本"，守护好自己的精神家园；[②]社会主义核心价值观的培养与实践是重建中国国家的德、社会的德与个人的德。习近平认为："核心价值观是文化软实力的灵魂、文化软实力建设的重点。这是决定文化性质和方向的最深层次要素……培育和弘扬核心价值观，有效整合社会意识，是社会系统得以正常运转、社会秩序得以有效维护的重要途径。"[③]党的十八大将社会主义核心价值观概括为富强、民主、文明、和谐，自由、平等、公正、法治，爱国、敬业、诚信、友善，这 24 个字将涉及国家、社会、公民的价值要求融为一体，回答了我们要建设什么样的国家、构建什么样的社会、培育什么样的公民的重大问题。改革开放 40 多年来，中国综合国力大幅提升，如何正确认识当前的中国，成为国人精神领域中的重大问题，而开展中国特色社会主义的理想信念教育就是为了解决这个问题。

三是新时代的精神文明建设工作，要以促进人民的福祉为核心，努力满足人民群众日益增长的精神文化需求，促进人的全面发展。习近平强调，抓精神文明建设工作要把党性和人民性相统一，必须切实有效地把思想道德建设的主旋律与文化发展的多样性结合、统一起来，坚持以民为本，把实现、维护、发展最广大人民根本利益作为出发点和落脚点，不断丰富人民的精神生活。习近平强调："人民对美好生活的向往，就是我们的奋斗目标。"[④]党性与人民性是高度统一的，因此社会主义精神文明建设必须树立以人民为中心的工作导向，以实现人的自由和全面发展这一社会主义最高价值作为理想目标。

习近平强调道德力量与道德模范的重要性，他认为"精神的力量是无穷的，道德的力量也是无穷的"，"伟大时代呼唤伟大精神，崇高事业需要榜样引领"[⑤]。"当前，全国各族人民正在为实现中华民族伟大复兴的中国梦而奋斗……高度重视和切实加强道德建设，推进社会公德、职业道德、家庭美德、个

① 习近平.习近平谈治国理政[M].北京：外文出版社，2014：163-164.

② 赵兴良.习近平系列讲话对精神文明建设理论的新发展[J].求实，2015(10)：19-24.

③ 习近平.习近平谈治国理政[M].北京：外文出版社，2014：163.

④ 习近平.习近平谈治国理政[M].北京：外文出版社，2014：3.

⑤ 习近平.习近平谈治国理政[M].北京：外文出版社，2014：158-159.

人品德教育，倡导爱国、敬业、诚信、友善等基本道德规范，培育知荣辱、讲正气、作奉献、促和谐的良好风尚。”①

习近平新时代中国特色社会主义思想的文明观在中国特色社会主义建设中具有战略地位，体现了建设文化强国的民族追求，具有战略性、民族性、时代性与人民性的基本特点：战略性体现在社会主义精神文明建设对于中国特色社会主义的全面发展和稳固推进所具有重大的战略意义；民族性体现在精神文明建设思想以中华优秀传统文化的继承与发展作为建设文化强国的基石，汇聚了民族的凝聚力与向心力；时代性体现为精神文明建设思想是紧跟时代潮流，深深嵌入与世界和平与发展的大环境之中，与世界梦、时代主题紧紧相扣；人民性表现为精神文明建设以坚持为人民服务为基本原则，突出“人”的作用，强调人民群众在社会主义精神文明建设中的动力作用和价值主体地位。②

习近平新时代中国特色社会主义思想的文明观是对人的全面发展理论的丰富与拓展，是中国特色社会主义文明观的最新成果，为我国精神文明的建设发展增添了丰富的内涵。

---

① 习近平.习近平谈治国理政[M].北京：外文出版社，2014：159.

② 吴辰旭，汪庆军.习近平社会主义精神文明建设思想初探[J].西华师范大学学报(哲学社会科学版)，2016(04)：70-74.

第二章　公共文明行为指数调查的分析框架

一、公共文明行为指数调查的设计思路

(一)设计方法

本书是描述性研究与解释性研究的有机结合,主要采用了文献研究法、比较研究法、问卷调查法、深度访谈法等研究方法。

1. 文献研究与比较研究法

文献研究法即通过有计划地收集和分析现有期刊文献、书籍、官方文件、报刊、官方统计资料等文献,梳理与归纳国内外公共文明评价体系建设的相关理论与实证研究,在现有研究成果基础上形成研究思路。搜集国内外关于公共文明评估的相关研究以及诸多地区的实践经验,在阅读并理解的基础上进行整理归纳,提炼出各指数测评体系的主要内容,分析不同指数测评体系的特征与优劣,借鉴已有的公共文明评价指标体系,为构建思明区公共文明行为指数评价体系奠定基础。比较研究法主要体现在我们对各个指数测评体系都从当地的实际出发,与本书开展的针对厦门市思明区公共文明行为指数的研究进行了比较性的述评,通过比较研究法甄别出已有研究中哪些是能够加以借鉴的部分,哪些又是与厦门市思明区情况有所不同的部分,并根据实际情况调整、补充、延伸。通过比较研究法能够更准确地把握厦门市思明区公共文明行为指数研究需要加以关注之处。

2. 问卷调查与深度访谈法

通过对政府工作人员、居委会工作人员与居民等相关主体进行问卷调查、非参与式观察和深度访谈,获取相关主体对公共文明行为的评价数据用于统计分析,对思明区公共文明行为情况进行实证评估分析,同时评价思明区公共文明行为指数评价体系的信度与效度,在实证研究中调整完善评价体

系。从理论与实践层面建立思明区公共文明行为指数测评体系。首先,初步建立评价指标体系。在建立对公共文明行为整体认知的基础上,坚持以促进"富强民主文明和谐美丽"为导向,以实现"高素质、高颜值"为目标,以构建"幸福思明"为使命的具体原则,设计出思明区公共文明行为指数测评体系,以整体性、可操作性、独立性、普遍性、针对性为指标设计原则,运用文献分析法、问卷调查法、访谈法等社会研究调查方法获取公共文明行为指数测评指标,将理论指标与操作指标、主评指标与客评指标、事实指标与认知指标相结合,初步建立涵盖各评价维度的指标体系。其次,筛选指标。设计初步成熟的问卷,征求专家意见后在课题组内试发放初选指标设计调查问卷。使用数据对备选指标进行隶属度分析、相关性分析与鉴别力分析,并进行效度与信度监测,从而完成指标的筛选。再次,对指标进行赋权,阐明测度等级标准。运用通过专家打分,建立层次结构模型,构造判断矩阵等过程确定各指标权重,阐释指标正向化与无量纲化的操作方法,说明指标分值安排与等级划分标准。最后,开展预调查验证调整指标体系。随机抽取少量样本,运用初步成型的问卷对思明区居民进行预调查,与被调查者交流问卷填写问题并分析问卷结果,检验指标体系的科学性与适用性,并根据结果完善指标体系,由此构建思明区公共文明行为指数测评体系。

在实际应用方面,首先,运用分层随机抽样的方法抽取研究样本。选取了思明区 5 个具有代表性的社区,分别是白领阶层居多的龙山社区,外来流动人口聚集的溪东社区,拥有较多国际友人的官任社区,典型"村转居"的曾厝垵社区以及分布众多老旧小区的双莲池社区,再分别从每个社区中随机抽取 160 个境内人员以及 40 个境外人员作为调查对象。其次,收集与处理样本数据。一方面,查阅相关统计资料获取客观指标所需的官方数据;另一方面,对专家学者、政府工作人员、居民、社会组织等相关主体进行深度访谈和问卷调查,获取主观指标所需数据。此后,参照评价体系的要求对原始数据进行正向化与无量纲化处理,将各指标标准值与权重进行加权计算,得到思明区公共文明行为指数的总分值。再次,评估样本数据,分析样本评价结果。依据问卷情况与测评结果,对各部分文明情况进行描述、评价与分析。最后,对思明区公共文明行为水平进行总体评价,并为提升思明区公共文明行为水平提供意见参考。根据测评与分析结果,总结思明区公共文明行为的现状与特征,对思明区公共文明行为情况进行全面性、针对性、科学性的综合评价。

(二)设计原则

1. 一般原则

(1)整体性

在对抽象概念操作化的过程中,客观如实地还原、构建这一抽象概念是保证研究结果质量的关键,坚持整体性原则是对研究成果效度的保证。整体性在本测评体系中至少包含以下三个层面的内涵:

一是指测评内容构成的整体性与完备性,在本问卷中又可以详细分为两个方面:第一,指数测评体系涵盖了研究主题——公共文明行为的主要方面,在公共文明行为这一概念下设公共礼仪文明行为、公共卫生文明行为、公共秩序文明行为、公共网络文明行为、公共服务文明行为、公共旅游文明行为六个一级指标。公共礼仪、公共卫生、公共秩序、公共网络、公共服务、公共旅游等方面的全面文明,才是具有整体性的文明建设与文明发展,忽视哪一方面的做法都不可取,这体现了文明的整体协调发展。第二,每一个一级指标被进一步分解为便于观察的二级指标时,这些二级指标具有较强的代表性,能够覆盖一级指标具有操纵性的主要方面。譬如在构建公共网络文明二级指标时,本体系选取的网络用语文明,不谩骂、攻击他人,不浏览/传播不良信息,不传播虚假信息测评指标,基本涵盖了《文明上网自律公约》《文明上网基本准则》《全国青少年网络文明公约》等规范性文件对公共领域的主要要求。

二是指测评主体方面的整体性。第一,本指数测评体系分为基本信息、客评、主评与认知的部分。收录的基本信息包括了年龄、性别、户籍、学历、政治面貌与职业的等基本人口特征。基本信息的收集为之后的解释性研究打下基础,为建议的产生提供数据支持与思考方向。客评即个体对他人的评价,由于人往往对自身存在认知偏差,相对而言,客评会较主评更为客观,在测评体系中以“您所见他人在公共××方面的行为表现是怎样的”体现。主评即个体对自身的评价,由于他人无法每时每刻对个体的公共行为进行监督,但是个体能全面了解自己在一天当中所有公共行为的表现情况,个体对自身的评价在时间维度上更具有全面性,可以有效补充客评的客观条件限制,在测评中以“请问您对自己在公共××方面行为表现如何评价?”的形式出现。认知即个人对思明区公共文明工作的认知情况,典型的题目有“您是否支持厦门思明区创建‘全国公共文明行为典范城市’活动?”“您认为当前思明区公共文明行为建设工作成效如何?”这三个评价主体维度相辅相成,共同全面而立体地反映了思明区公共文明行为的整体情况。第二,调查问卷填写主体的构成也体现了研究的整体性。首先,问卷填写对象覆盖了思明区双莲池社区、溪东社区、官任社区、曾厝垵社区以及龙山社区,具有较强的代表性。其次,问卷填写对象不仅有国内居民,还有境外居民。为建设"高素质、高颜值"的国际知名的花园城市,不仅要坚持以人民为本,从思明区当地百姓的评价出发,也需要倾听境外居民的意见。

三是指测评研究方法的整体性。从方法上看运用了各种社会调查方法,如简单随机抽样问卷调查、非参与式观察、半结构化访谈等。每种方法都各有利弊。譬如随机抽样问卷调查的优点在于能够兼顾描述与解释的目的,由于操作过程严格、规范,具有较高的信度,问卷比较高效、迅速,能够短时间内获得大量想要寻求的信息,并且随机抽样调查能够通过样本推断总体特征。但它也有着一些固有缺点,譬如所获得的信息都局限在研究人员预设框架内,问卷回收率与有效问卷情况难以保证,对同一问题被调查者存在着不同理解与衡量标准,被调查者实际行为与所填答案存在偏差等问题,譬如对于"您所见他人在公共卫生方面不乱扔垃圾的行为表现是怎样的?"从非常不满意到非常满意的五级量表,每级之间分别是何种程度,以及对"非常不满意"与"非常满意"的界定,每个人都存在着主观差异,而非参与式观察法则能够较好地弥补这一缺点,由于观察者都训练有素,且以结构观察的方法按照标准化的程序对公共文明行为现象进行观察,能够尽量真实地获得公共文明行为的现实图景。各种社会调查方法相互取长补短,形成一套优势互补的具有整体性的研究方法体系。

(2)可操作性

由于公共文明是一个抽象、复杂而宏观的概念,概念存在于脑海中,对于抽象概念的描述受主观影响大。研究公共文明,如不进行操作化处理,则只能停留在对概念的阐释与辨析的层面。单就"公共文明"这一概念的解释,就已是"百花齐放,百家争鸣",再具体到衡量某一地区的公共文明程度的问题上,则更是莫衷一是,各有各的标准,难以就关于这一概念的客观事实达成一致。因此,对于公共文明这一抽象概念的研究需要进行操作化处理,从而保证研究的科学性、客观性和可重复性。

学者风笑天将操作化解释为,把我们无法得到的有关社会结构、制度或过程,以及有关人们行为、思想和特征的内在事实,用代表它们的外在事实来替换，以便于通过后者来研究前者。[①] 通过对公共文明的操作化处理，以可以观察的具体的公共文明行为构建起从理论到实际、从抽象到具体的桥梁。

研究公共文明，本书首先将公共文明具体化为居民的公共文明，再将居民的公共文明具体化为居民的公共文明行为，运用李克特五级量表，使各指标量化。如此，便具有了以定量的方法研究公共文明的基础。而在具体测评指标的设置上，也尽可能选择与思明区人民的日常生产工作生活息息相关的内容，从而使作为被调查者主体的人民群众具有填写问卷的基础。譬如公共旅游文明行为的指标设置，出于厦门市作为旅游城市，而思明区旅游资源丰富，日常生活中接触到外来游客的机会较多的考虑，本体系不仅设置了"能按时入场、退场""爱护公物，不乱涂乱画""得到帮助或服务时表达谢意"的第三产业相关服务使用者指标，而且设置了"耐心热情回答陌生人的询问""友善对待外来人员""主动给予外地游客帮助"的城市"主人翁"指标。

(3)独立性

独立性也可理解为指标的互斥性，即各指标间相互独立。虽然公共文明作为一个整体意识，往往会在公共文明行为的各个方面得到相对一致的印证和体现，譬如，在公共场合中举止端雅的人，可以预估他的公共文明水平较高，因此也更有可能以同种风度保持在公共场所中不拥挤，不大声喧哗。而一个会在公共场合中乱扔垃圾的人，可以预估他的公共文明水平较低，那么也就更可能具有在公共场所中随地吐痰的倾向性，意识在指导行为时有一定的稳定性和一致性，这是由研究对象本身特性决定的。

但在设置指标时，本书尽量减少指标间的协同影响，防止指标的重复设置，以保障研究的明晰性和科学性。这一点对于公共礼仪文明行为、公共卫生文明行为、公共秩序(交通)文明行为、公共网络文明行为、公共服务文明行为、公共旅游文明行为这六个一级指标不言而喻。各个二级指标虽然同为公共文明行为水平的体现，但指标间不产生直接的相互影响。譬如，使用网络时用语文明，不谩骂、攻击他人的人，不必然不会在公共网络中传播虚假信息。又如，在设有禁烟标志的公共场所中吸烟的人，不必然会在公共场所中乱扔垃圾、随地吐痰，乘坐公交车或地铁时有序排队的人，也不必然会为老弱病残孕幼及怀抱婴儿的人主动让座。每一项指标都同为公共文明行为的重要构成方面，各指标间无法相互替代。

---

① 风笑天.社会学研究方法[M].北京：中国人民大学出版社，2009：94.

(4)普遍性

普遍性与针对性相辅相成、相对存在,它指这一测评体系的指标具有普适性。普适性是研究结果具有可比性和可探索性的基础。具有普适性,本研究结果才能与其他同类研究主题的研究结果进行相互比较。保证普适性,这一研究结果才能对将来的同类研究提供借鉴,起到知识的积累作用。

建立测量体系的一种方式是寻找和利用前人已有的指标,另一种方式是创造性地进行探索性研究。本书指标体系的建立是这两种方法的结合。本书在归纳总结现存的、具有一定影响力的城市文明、公共文明测评体系的基础上,提炼出具有普遍性的指标,譬如不乱扔垃圾,不随地吐痰,不在设有禁烟标志的公共场所抽烟,行人和车辆礼貌避让,乘坐公交或地铁时有序排队,为老弱病残孕及怀抱婴儿者主动让座等。在确认了这些普遍指标同样适用于思明区公共行为文明指数的测量后,本书将这些指标嵌入我们的测评体系中。一方面,普遍性指标能被普遍运用在同类测评中,是其科学性和有效性的侧面证明,说明这些指标得到了社会与学术界的普遍认可,另一方面,使用这些具有普遍性的指标,有利于与他人的研究成果进行比较。

(5)针对性

马克思主义认为,矛盾具有特殊性,具体事物的矛盾及每一个矛盾的各个方面都有其特点(横向),主要与次要就是相对的特殊性;各个具体事物的矛盾及每一个矛盾的各方面在发展的不同阶段也各有特点(纵向)。在矛盾特殊性的指导下,要坚持具体问题具体分析。文明测评体系遍地开花,而不同地区有着不同的环境条件。在此基础上,各个测评体系也从实际出发,依据其测评的对象而各有其特点。譬如《全国文明城市(区)测评体系》中依据我国东西部城市发展水平的现实差异,具有针对性地设置了5项专门适用于西部城市的调节性内容;苏州市相城区因其悠久的历史文化,公共文明指数测评坚持相城区传统文化与现代文明的结合;西安市的指数测评密切结合城市旅游特色,在旅游窗口实施“形象工程”建设,从而形成具有西安特色的文明城市;惠州市的测评内容则结合当地支柱产业、特色农业、商贸物流等经济特点,以“惠民”作为测评工作的出发点和落脚点。

本书采用的测评体系的针对性主要体现在公共旅游文明行为指标与公共网络文明行为指标两方面。公共旅游文明行为指标针对思明区作为厦门市商贸中心景游区的客观现实,2017年第三产业为思明区贡献1162.2亿的地区生产总值,GDP占比87.8%,且第三产业近十年来来保持着年均10%左右的增长率。公共网络文明行为针对思明区现代化建设成果,网络大幅普及,公共网络生活已成为市民生活重要组成部分的现实情况。因此,这两项一级指标的设置具有高度的必要性。

2. 具体原则

(1)以促进"富强民主文明和谐美丽"为导向

习近平总书记在十九大报告中提出:"为把我国建设成为富强民主文明和谐美丽的社会主义现代化强国而奋斗。"社会主义现代化奋斗目标从"富强民主文明和谐"进一步拓展为"富强民主文明和谐美丽"——增加了"美丽","五位一体"总体布局与现代化建设目标有了更好对接,中国人民追求的美好生活也更趋完美。当前精神文明与和谐社会建设受到了前所未有的重视,实现中华民族伟大复兴的中国梦,不仅靠物质财富的极大丰富,还要靠精神财富的极大丰富,社会主义精神文明的建设,为全国各族人民不断前进提供坚强的思想保证、强大的精神力量和丰润的道德滋养,公共文明行为指数测评体系以促进"富强民主文明和谐美丽"为导向。

(2)以实现"高素质、高颜值"为目标

习近平总书记在金砖国家领导人第九次会晤中赞誉厦门是"高素质的创新创业之城""高颜值的生态花园之城","两高"之城逐渐成为厦门的一张新名片。公共文明行为是"高素质"的社会文明具体表现之一,"高颜值"的维护离不开良好的公共文明行为习惯。加快建设国际一流的"两高之城",离不开思明公共文明意识的提高,公共文明行为指数的测评以实现"高素质、高颜值"的城市面貌为目标。

(3)以构建"幸福思明"为使命

作为厦门市的核心城区和行政中心,思明区在厦门市创建文明城市"五连冠"的进程中,坚持"创建为民""创建惠民""创建靠民"。公共文明行为指数测评体系,并非以为公共文明行为打分为目的,其真正目的在于改善城市公共文明情况,从而提升居民的幸福感。测评标准充分体现了坚持以人为本和群众标准的原则,把群众满意不满意作为主要评判依据,使思明区人民成为创建"文明城市示范城区"的最大受益者,真正改善思明区人民的精神文明环境,提高思明区人民的幸福水平。

(三)评价主体

1. 居民

本研究中涉及居民的评价方式有两种,一种是发放给思明区居民的自填式问卷,另一种是针对思明区居民公共文明行为的非参与式观察。由于我们以构建"幸福思明"为使命,也应坚持"以民为本"的原则,公共文明与思明区居民日常生活密切相关,思明区居民是本测评体系评价的主体。需特别指出的是,居民这个评价主体又可具体分为国内居民与境外居民,本书所指的境外居民指持有外国护照的外国公民、无国籍人以及港澳台同胞。具体而言,每个社区的200个样本中,国内居民与境外居民按4∶1的比例分布。这种设置一方面希望通过主评部分的对比,也即通过国内居民与境外居民对自身公共文明行为评价结果的对比了解国内居民与境外居民公共文明行为情况的差异。另一方面,希望通过境外居民的客评部分,也即境外居民对思明区公共文明行为情况客观评价的结果,研究思明区文明国际化建设的情况。

2. 政府

在正式确立测评体系之前,本书课题组对政府部门以及各个社区的相关工作人员进行了半结构化的正式访谈,把握思明区各社区公共文明工作成效及文明情况,了解各社区文明治理工作的重点、难点与亮点,为测评体系的完善提供了参考。

譬如在对思明区嘉莲街道龙山社区的访谈中,本书课题组了解到推动文明创建对社区环境起到了很大的改善提升作用。但在对思明区双莲池社区工作人员访谈的过程中,本书课题组进一步了解到社区大部分普通居民没有内在动力参与文明创建,居民普遍认为文明创建是公务人员的工作职责,我们由此意识到对"认知"部分考察的意义,对了解居民对文明创建工作认识情况的必要性。而通过与曾厝垵社区、官任社区工作人员的访谈,本书课题组了解到社区文化交流的模式,以及公益志愿服务对推动社区工作的重要意义,譬如曾厝垵社区的志愿者以服务居民为主,在社区内开展了洁净家园行动、阳光心理素质拓展活动,志愿者还与艺术学院合作,制作艺术作品,赠送给社区老人,与厦门大学合作对困难学生进行每周课业辅导,对单亲家庭开展亲子辅导,举办夏令营活动等。而官任社区则将志愿服务作为引导外籍人士融入社区的桥梁,社区积极通过文化交流活动,使境外人士愿意自主参与社区治理。由于境外人士对慈善比较感兴趣,社区每周六开放跳蚤市场的主题文化慈善活动吸引境外人士参与,截至目前已经持续近三年时间,共举办34期,部分志愿者骨干对活动流程全程参与,此外,社区另聘请3名境外助理人员。同时,官任社区还成立了官任国际学堂的特色学堂,每周安排15节课程,传播中国传统文化,推动文化融合,鼓励慈善文化传播。外籍居住人员可以利用社区的资源,包括场地与宣传媒介等,积极自主教授课程,其中课程开设需要通过征求社区居民的意见，以满足居民需求为导向，例如书画课、柔道课、编织课、闽南语课程与韩语课程，都已持续两年左右，参与群体涵盖各年龄层。

与政府工作人员的座谈，一方面帮助我们修正了测评体系的内容，使测评内容更符合思明区的实践经验，发扬优势，引导薄弱环节的改善，另一方面，部分社区的工作“亮点”也为改善思明区公共文明情况提供了行之有效的工作方法。

二、公共文明行为指数调查的测算方法

（一）公共文明行为指数的解析

公共文明行为，是在公共文明意识指导下的公共行为。了解一个城市（区）居民的公共文明情况，有助于评价一个城市（区）的公共文明建设情况，系统性地分析城市公共文明的优势与短板，从而有针对性与前瞻性地进行优化提升规划，为人民群众创造一个文明和谐的生活环境，提高人民群众的物质与精神生活品质，满足人民对美好生活的需求。

然而公共文明意识是一种抽象的思想观念，难以较为客观地对其加以分析、描述。公共行为是公共文明意识的反映，它具有一系列可以观察的行为表现，且具有广泛的公开性。“公开场合的行为，是一种主动昭示于人的行为，即使不是主动昭示，在法律上也应该认为是可以通过新闻进行报道而不必事先征得被采访者得认可。”①“一个人将自己置身于公共场所中，就承认了自己行为的公开性，也就放弃了该行为的隐匿权，而不管记者还是其他人都有将他在公共场合所看到的东西拍摄下来、记录下来的自由。”②因此，本书选择公共行为作为测量的对象。

测算公共文明行为指数，必须首先清晰地界定公共文明行为的内涵与外延，再明确公共文明具体的行为表现，然后确定公共文明行为的指数测算体系。在本书中，公共文明被定义为人类文明的一种形态，它具有“文明”的性格，又是文明在公共领域的具体形态，具有“公共”的性格，是公共生活中“有

---

① 沈忱.中国电视新闻现场直播：导演手记[M].北京：中国广播电视出版社，2004：2.

② 沈忱.中国电视新闻现场直播：导演手记[M].北京：中国广播电视出版社，2004：2.

礼貌""有教养"的表现和态度。[①] 公共文明行为指发生并实现在公共领域的文明行为,是公共文明借以实现落实的形式。公共文明行为指数调查的分析框架,是用来测量一个国家或地区公共文明行为状况或水平的量化指标体系。指数的测算方法不一而足,具体到公共文明行为指数,常见的方法有实地观察法、问卷调查法及材料审核法等。

(二)公共文明行为指数的测算

1. 公共文明行为指数测算的重要性

(1)文明的客观需求

社会主义社会是全面发展、全面进步的社会,是物质文明、政治文明和精神文明相辅相成、协调发展的社会。物质文明为政治文明、精神文明发展提供物质基础,政治文明为物质文明、精神文明发展提供政治保障,精神文明为物质文明、政治文明发展提供精神动力、文化环境和智力支持。"文明是人类改造世界的物质成果和精神成果的总和,是一个国家和民族的生产、文化、思想和社会风尚发展情况的反映。文明就是人类的进步,是事业创新的过程。"[②]精神文明建设是构建社会主义和谐社会的重要任务,是改革开放和现代化建设的重要目标,也是搞好改革开放和现代化建设的重要保证。而公共文明行为指数可以衡量一个地区公共文明整体水平,是一个城市文明程度的直接体现,是城市市民文明素质的整体反映。

公共文明行为指数测算体系,不仅是对居民文明程度的客观评价,也是对城市管理者公共文明建设能力的侧面反映。建立一套科学合理的完善的公共文明行为指数测评体系并付之于实践,一方面可以从正面引导政府机构正向遵循评价指标的要求,提高治理能力,提升公共文明水平。另一方面也可以从反面反映出文明治理方面的不足,即以"结果评价"来督促和改进"工作过程",从而逐步改善不足之处,进一步推动文明工作的精细化、严格化和规范化。

(2)指数的主观优势

首先,由于公共文明是一个抽象概念,只有通过公共文明行为指数测算

---

① 沙莲香."北京市民公共行为"的理论核心和研究思路[J].北京社会科学,2010(04):4-7.

② 段亚兵.文明纵横谈[M].北京:社会科学文献出版社,2006:13.

才能对这一抽象概念进行操作化分析，才能摸清思明区市民公共文明程度。在马克思列宁主义、毛泽东思想、邓小平理论、"三个代表"重要思想、科学发展观和习近平新时代中国特色社会主义思想的指导下，强调经济建设、政治建设、文化建设、社会建设、生态文明建设的五位一体，全党对加强社会主义精神文明建设的重要性都达成了共识，全国各地广泛开展了文明家庭、文明单位、文明城市、文明城区、文明社区以及文明村镇等群众性的精神文明创建活动，精神文明建设得到了前所未有的重视和加强。科学合理地测评公共文明行为水平，不仅有助于文明社会、和谐社会的实现，也有助于推动我国物质文明、政治文明和精神文明的全面建设。

其次，指数最大的优势就在于它简洁明了、易于比较。一方面，由于各地指数测算的指标大同小异，可以用于横向与其他城市（区）的模糊比较，寻找思明区公共文明整体水平与其他城市（区）的差距。另一方面，"任何工作都需要通过测评才能衡量出其绩效的大小，测评的公正性取决于测评标准的科学性、合理性"①。公共文明行为指数测算体系全面立体地采集和反映了整个城市公共文明行为的各个要素，并按照重要性赋予权重，以量化形式表现出来，以数据可视化的方式体现思明区文明行为情况，这一指数可以用于与思明区历年指数得分情况的比较，通过量化公共文明管理工作成效，分析公共文明的工作成效与发展情况，以利于研判公共文明情况态势，以此为基础掌握公共文明的薄弱环节，有针对性地改进公共文明情况与公共文明治理能力。

2. 公共文明行为指数测算方法

社会学的指标理论为我们解决精神文明创建活动的测评问题提供了对策和思路。"社会指标"一词，是1966年美国学者雷蒙德·鲍尔（Raymond Bauer）在其关于社会指标理论的研究专著《社会指标》中最早提出的。鲍尔认为，社会指标是用来"判断社会在准则、价值和目标等方面的表现"的依据，是"作为具有普遍社会意义的社会状况的指数"，是对经济指标的"补充"和"扩大"，是"在那些通常不易于定量测量或不属于经济学家专业范围的领域内，为我们提供的有关社会状况的信息"。此后，美国学者对社会指标问题进行了大量研究，并涌现了许多研究著作。在美国学者广泛研究社会指标的影响下，许多国家和国际性组织也接受了社会指标的概念，并相继运用社会指标体系来测量社会发展的状况，使得社会指标的研究及其应用成为国际通行

---

① 李仁武.关于构建广州市精神文明创建工作测评体系的若干思考[J].探求，2005(04)：29-34.

的、进行社会规划和社会分析的重要理论和方法。如今,社会指标已被广泛运用于社会问题研究——特别是社会发展问题研究的前沿,成为社会科学不可缺少的定性与定量相结合的研究方法。社会指标体系的研究和应用,有利于对所研究的社会现象进行客观的描述、解释和评价,有利于对社会运行和发展进行有效的引导、监测和调控,有利于探索所研究的社会对象的发展变化规律,预测其发展趋势。社会主义精神文明建设是社会发展的一个重要组成部分,有着十分宽泛的内容,与经济和社会的协调发展密不可分。精神文明建设迫切需要社会指标体系的引入,以测评精神文明创建活动的实际效果。虽然,近年来指标体系的研究也开始应用于精神文明建设领域,如上海市制定了“文明社区测评体系”,北京市东城区制定了“公民道德建设评价体系”,最近中央精神文明建设指导委员会又颁布了“全国文明城市测评体系(试行)”、“全国文明城区测评体系(试行)”。这些都是社会指标体系在精神文明建设实践的具体应用。①

在将理论转化为指标的过程中,本书采用了文献研究法、专家咨询法和小范围预调查法进行了指标设计与调试工作。以各项关于文明行为规范的具体规定为框架,以现有的研究为参考。但本书侧重于对公共文明行为的定量化指数测评,从实际操作层面而言需要突出可操作性,故不能照搬对公共文明提出抽象要求的规范性文件表述。最终形成的测评体系共有 96 个题项,共 82 个得分题项,采用李克特五级量表形式以 5～1 分表示从“非常满意”到“非常不满意”。

三、公共文明行为指数调查的指标构建

(一)其他地区指标体系建构

1. 理论标准

关于公共文明发展现状的量化测评体系,目前国内最为权威的测量指标体系可以分为两类,一是全国文明城市(区)测评体系,二是北京市民公共行为文明指数测评体系。

---

① 李仁武.关于构建广州市精神文明创建工作测评体系的若干思考[J].探求,2005(04):29-34.

(1)全国文明城市(区)测评体系

全国文明城市(区)测评由中央精神文明建设指导委员会组织开展,自2005年第一届始,由最初的每三年评选一次,改为每年测评,三年总评,至今已举行五届。全国文明城市(区)是对一个城市(区)经济建设、政治建设、文化建设、社会建设、生态文明建设和党的建设的综合考量,是市民文明素质、城市文明程度、城市文化品位、群众生活质量、城市道德文化及城市宜居度等的综合反映。

该评选的测评体系由中央文明办与上海市文明办、上海华夏社会发展研究院根据十六届中央文明委第一次全体会议精神共同研制。测评体系从廉洁高效的政务环境、公平公正的法治环境、规范守信的市场环境、健康向上的人文环境、安居乐业的生活环境、可持续发展的生态环境、扎实有效的创建活动等7个方面对城市文明程度进行综合评价,具体而言又分为"基本指标"和"特色指标"两大部分。其中,"基本指标"主要反映了创建文明城市的基本情况,由7个方面的测评项目、37条测评指标、119项具体内容构成,着重对城市公共环境、公共秩序、人际交往、公益行动等方面进行考察。"特色指标"主要反映城市获得重要荣誉的情况。此外,测评体系还根据东西部城市发展水平的不同,设置了5项适用于西部城市的调节性测评内容。在形成一套基本测评体系主体内容的基础上,根据城市规模和行政设置的不同,分别对直辖市、省会、副省级城市、地级市、县级市、城区等提出了不同的测评标准。① 这一指标体系采取现场观察法、问卷调查法、数据材料审核法等多种方法进行综合评价,指标的权重和标准值都进行了精心的论证。该指标体系的指标设置、评价标准、评价方法、权重设置等方面都比较科学、可行,它由权威性的和综合性的党的领导部门加以推动,涉及的地方党政众多部门多予以高度的重视和积极的配合,是学术界与全国性党政部门合作开发评价指标体系的成功范例。②

该测评体系兼顾了文明程度评价的科学性和操作性,注重前瞻性与导向性,经过多年实践的检验与完善,普遍被认为较为全面地反映了城市的文明情况,其测评结果受到社会各界广泛认可,具有较强的公信力。并且,在全国各个省份和地区都受到了青睐,目前各城市有关公共文明的测评大多参照这

① 许德明,朱匡宇.文明与文明城市:《全国文明城市测评体系》研究[M].上海:上海人民出版社,2005:3.

② 何增科.治理评价体系的国内文献述评[J].经济社会体制比较,2008(06):10-22.

一体系并结合自身实际情况,遵循科学性原则、系统性原则、针对性原则、可比性原则、可操作性原则制定出相应的测评体系。然而这种现场观察法、问卷调查法、数据材料审核法等多种方法相结合的综合评价体系,成本较高,而且需要得到地方政府的支持与配合,这对评价机构的权威性和经济实力都提出了一定要求。

该测评体系坚持以人为本和群众标准的原则,将人民群众的满意与否视为主要评判依据,其测评从市民角度出发评价城市文明水平,测评对象主要着眼于城市整体及城市管理者。虽然这与本书将公共文明行为作为主要测评对象的着眼点有所不同,但仍提供了一定的参考性。2017 年的《全国文明城市(地级以上)测评体系》将市民文明素质分为文明行为、文明交通、友善礼让、公益活动、见义勇为五方面的内容及十条子内容。其中,与公共文明行为相关的子内容包括:公共场所无争吵谩骂、乱扔杂物、随地吐痰、损坏花木等不文明行为;无烟区没有吸烟现象;影剧院、图书馆、纪念馆、博物馆、会场、赛场、景区、公园、广场、主要街道、机场、车站、码头等场所文明有序;车辆、行人各行其道,无闯红灯、乱穿马路现象,乘客排队候车(船)或依次上下车(船);人行横道上机动车主动礼让行人,公共交通工具上乘客为老、弱、病、残、孕及怀抱婴儿者主动让座;友善对待外来人员,耐心热情回答陌生人的询问;开展扶贫帮困、慈善捐助、支教助学、义务献血、捐赠器官、义演义诊、环境保护、植绿护绿等。

(2)北京市民公共行为文明指数

北京市民公共行为文明指数,即首都市民公共行为文明指数,是中国人民大学人文奥运中心"北京市民公共行为综合调查"课题组,受首都精神文明办公室委托,自 2005 年起发布的一组反映首都市民公共行为文明情况的量化数据。该研究对北京市民的公共行为文明指数的结构、水平和特点进行了调查,量化评价北京市民在公共场合中行为文明的情况,并根据量化指标结果指出北京市民公共行为文明存在的不足,有针对性地进行提升。这一调查研究的成效显著,近十年来,北京市民公共行为文明指数连续攀升,不文明行为现象逐步减少。

这一指标体系包含三个层级(见表 2-1),基础框架由公共卫生、公共秩序、公共交往、公共观赏和公共参与 5 个一级指标构成,下设 19 个二级指标和 47 个具体指标,运用问卷调查、现场观察和访谈等方法计算出具体指标的得分值,最终的总指数由各具体指标加权平均生成。其中二级指标根据市民日常生活中的小事分为文明与不文明部分。不文明部分包括了随便乱扔垃圾、随便吐痰、找不易被发现的地方扔垃圾、找不易被发现的地方吐痰、宠物粪便处理方式、闯红灯或穿行马路、公共场所拥挤 7 个二级指标，文明部分包括了公共场所保持安静不喧哗、公共场所着装和仪容整洁、得到帮助或服务时表达谢意、向陌生人提供帮助、善待他人、准时进场退场、手机保持静音、静心观赏、适时掌声鼓励、公共参与意识、公共参与行为、公共参与建议 12 个二级指标。①

表 2-1　北京市民公共行为指标体系与公共文明指数指标体系

一级指标	二级指标
公共卫生 A	A1 随便扔垃圾 A2 随便吐痰 A3 找不易被发现的地方扔垃圾 A4 找不易被发现的地方吐痰 A5 宠物粪便处理方式
公共秩序 B	B1 闯红灯、穿行马路 B2 公共场所拥挤 B3 公共场所保持安静不喧哗
公共交往 C	C1 公共场所着装和仪容整洁 C2 得到帮助或服务时表达谢意 C3 向陌生人提供帮助 C4 善待他人
公共观赏 D	D1 准时进场退场 D2 手机保持静音 D3 静心观赏 D4 适时掌声鼓励
公共参与 E	E1 公共参与意识 E2 公共参与行为 E3 公共参与建议

该体系的 5 个一级指标所涵盖的行为表现及其意识是一个整体，只是从

① 沙莲香.北京市民公共行为文明指数研究的主导观念：兼说民族性建设[J].中国农业大学学报(社会科学版)，2007，24(01)：138-146.

不同的侧面考虑、评价某方面公共生活中的公共行为表现以及人民作为公共行动者的行动特点,其中公共卫生与公共秩序主要表现为物理空间内的物理行为,强调直观感受;公共交往与公共观赏则更多地表现在人文空间的符号行为和内在审美,体现公民内在涵养与心理品质;公共参与更多体现主体对于公共文明行为的自觉与笃行的行为特点,是前四者素养的综合、认同和提升。

在沙莲香的北京市民公共行为文明指数研究中,首先,将“精神文明”转换为“市民文明”,具体到公共生活领域中的市民文明现象考虑。其次,再将市民公共文明再转换为市民公共行为的具体表现,即行动。该项目是对市民公共行为与公共行为核心品质的调查,从调查域界上来说,该体系是涵盖在《全国城市文明程度指数测评体系》研究体系之内的。该课题自 2005 年至 2013 年间,每年一次,采取问卷调查与实地观察两种形式。其调查结果显示,2005 年北京市民公共行为文明指数为 65.21,2006 年上升为 69.06,2007 年上升为 73.38,2008 年进一步上升为 82.68,2009 年为 82.91。五年的跟踪研究结果表明,被调查者对包括在京居住二年以上的外地务工者在内的北京市民的公共文明行为评价指数是逐年上升的。此外,在 2008 年“北京奥运”与 2009 年新中国成立“六十周年”这两个非常时限内的评价指数都高达 82 分。沙莲香认为,人们在非常时限里形成的“心目中北京人”样式,有其情境附加的社会效果和心理效果。①

这一指标体系将市民公共行为作为测评对象,与本书的视角较为符合,以研究范围与问题的可操作性为最优先考虑,对市民公共行为指数测算的实践具有较强的指导意义。该测评体系还引入了层级性的概念,通过五方面公共行为问卷体现出其对于公共文明的层级性预设。譬如根据我国“双重”公共空间的特点,在公共卫生下,设立了“随便乱扔垃圾”及“找不易被发现的地方扔垃圾”、“随便吐痰”与“找不易被发现的地方吐痰”这几个具有层级性的二级指标。这进一步增强了北京市民公共行为文明指数研究的科学性以及对测评结果分析的精确性。北京市民公共行为文明指数研究的成果颇丰,2005—2013 年间公开出版专著一部并在核心期刊发表学术论文十余篇,研究成果引起社会各界广泛关注。

基于“北京奥运”对北京市民公共行为文明指数产生了积极影响这一结

① 沙莲香.“北京市民公共行为”的理论核心和研究思路[J].北京社会科学,2010(04):4-7.

论，学者们也开始对这一领域进行拓展研究：亓圣华、李繁荣借鉴沙莲香教授所设计的测量体系构建了"文明指数"，以第十二届全国冬季运动会为例，在冬运会举办期间及冬运会结束1个月后，通过电话采访和实地观察两种方法，探究大型运动会对举办城市公共文明指数的影响。结果表明，市民的公共卫生、公共秩序、公共交往、公共观赏、公共参与、公共行为指数前后两次调查均数差异具有统计学意义，第二次调查均数显著高于第一次。即大型运动会的举办对提高举办城市市民公共文明指数的影响是非常显著的。①

张禾则采用实地观察法对2008年北京奥运会与2010年世界武搏运动会这两大体育赛事的举办对市民公共文明行为指数的影响进行了研究。张禾构建的市民公共文明行为影响指标中，包含了公共场所卫生（乱扔垃圾行为、随地吐痰行为）、公共交通秩序（机动车秩序、非机动车秩序）、体育赛场文明（观看体育赛事言语文明状况、观看体育赛事行为文明状况）、公共场所互助（公共场所互助行为）4个一级指标和7个二级指标（一级指标后括号内的为二级指标）。通过对在2007年12月至2009年12月期间对北京市的16个区县的56个公共场所中的人们进行观察和记录所获得的数据进行分析，张禾得出结论：体育赛事的举办对于市民公共文明行为的提升起到积极的促进作用，具体表现为公共场所卫生、公共交通秩序、赛场文明行为状况明显好转，公共互助行为逐渐增多。②

由于该测评体系提出之时距今已十余年之久，而这十余年是飞速发展、日新月异的十余年，不仅社会大背景已发生了很大的变化，人民的精神世界也在悄然发生改变。该指标体系首先把"精神文明"转换为市民公共文明，又将市民公共文明转换为市民公共行为。随着物质生活质量的不断提升，作为真正测评基础的人民精神文明领域已有了很大的发展变化，譬如互联网经过一番长足发展，已成为人民精神活动与精神文明体现的一个重要领域，但北京市民公共行为文明指数研究没有将这一部分纳入其研究体系。在借鉴这一指标体系时，需要与时俱进，进一步纳入符合当下人民物质文化生活的内容。

上述两类公共文明领域的测量体系都较为全面地反映了目前中国城市

① 亓圣华，李繁荣.大型运动会对举办城市公共文明指数的影响研究[J].吉林体育学院学报，2013(03)：24-31.

② 张禾.体育赛事举办对市民公共文明行为与综合满意度指数影响的研究[J].体育与科学，2010(06)：77-80.

公共活动领域公民的文明状况,对于推进城市的精神文明建设都起到了积极的促进作用。其中,中央文明办制定的《全国城市文明程度指数测评体系》的研究范围更为广阔,除了公共文明行为,还将更为宏观的社会政治、经济、文化因素纳入考量,所测量体现的是一个城市的整体文明程度。而沙莲香教授在北京市民公共行为文明指数研究中,将公共行动者视作项目研究的论证单元,聚焦于公民的公共文明行为,对于公众公共文明现状的研究进行了开创性的探索,为后继公共文明行为指数的研究奠定了重要的基础。

2. 实践经验

近年来,中央文明办定期对全国文明城市和先进城市进行公共文明指数测评,对结果进行公开公布排名,并根据测评结果评选全国文明城市。全国文明城市的称号是中国城市文明情况的最高荣誉,是对城市整体文明素质以及文明建设情况的极大肯定。为创建文明城市,各城市也都普遍开展了(文明城市)测评工作,将文明创建的工作常态化。各地一般是在全国文明城市测评体系的基础上,结合本地的城市实际,因地制宜制定适合本地的公共文明测量指标体系和测量方法。

(1)上海

为了以更好的城市面貌迎接中国2010年上海世博会,大力推进上海市文明建设,上海市文明办、上海华夏社会发展研究院和国家统计局上海调查总队成立课题组,研制出《上海迎世博600天城市文明指数测评体系》,并于2008年开始持续运用此体系对上海市文明情况进行“城市文明指数”测评。该指标体系内容最初由环境文明、秩序文明和服务文明三个板块构成。其中,环境文明和秩序文明以实地考察为主、问卷调查为辅,而服务文明以问卷调查为主、实地监测为辅的方法进行测评。① 环境文明这一指标下设市容环境与平安环境两个二级指标,主要是从达标率、公众满意度等方面反映城市环境的管理水平。秩序文明下设道路交通秩序与公共场所秩序两个二级维度。服务文明下设社区服务和公共服务两个二级指标,主要反映的是政府提供的公共服务达标质量。

随着时间的推移,原指标体系已不能与时俱进地反映出上海市真实的城市文明水平。2015年,上海质量管理科学研究院受上海市文明办委托,对旧

① 金家厚.城市文明的衡量维度与发展取向:以上海市为例[J].城市问题,2010(10):23-28.

有指标体系进行了改善，在原有基础上的增加了"素质文明"这一维度，以充分体现"文明城区创建更加注重人的素养和人的境界"。[①] "素质文明"这一维度下又下设文明教育、文明行为两个二级指标。其中文明行为这一指标与本书所研究的公共行为文明指数最为相关。而文明行为由控制禁烟、文明餐桌、文明旅游、志愿服务以及社会慈善活动 5 个三级指标组成。自该城市文明指数测评体系实施以来，上海城市文明建设和管理水平的进步显著，市民对城市文明工作的认同程度也在逐年提高。

(2)广州

广州市精神文明创建工作测评体系，以目的性、全面性、可比性、发展性和可操作性为原则，立足广州市的具体实际，体现广州特色，结合广州的实际，根据不同测评的对象，测评体系的主体结构分为 6 个方面或者说 6 个相对独立的指标体系——即广州市文明城区测评体系、广州市文明街道测评体系、广州市文明社区测评体系、广州市文明镇测评体系、广州市文明村测评体系、广州市文明行业(单位)测评体系。整个测评体系在结构上是相互独立又相互衔接的，文明社区的测评是文明街道的测评基础，文明村是文明镇的测评基础，文明街道、文明镇的测评是文明城区测评的基础，文明行业(单位)的测评内容也渗透在文明社区、文明街道、文明村、文明镇、文明城区测评的测评当中。

在指标方面，以各级政府部门文件为指导与参照，设计测评指标。测评体系的指标系统分为"基本指标"和"特色指标"两个基本序列。"基本指标"反映测评对象开展精神文明创建工作的基本情况；"特色指标"反映测评对象开展精神文明创建工作的特长、优势和突出成效，内容主要是测评对象在开展精神文明创建工作中的重大创新、重大成效、重大影响。"基本指标"是测评体系的重点，也是测评体系的主体部分。"特色指标"是对基本测评的补充。[②]

(3)青岛

《青岛市建立市民文明素质综合指标测评体系研究》课题组，在科学性、针对性、可比性、可操作性和引领性的原则指导下，先采用文献分析法提炼出

---

① 上海质量管理科学研究院课题组.上海城市文明进步指数测评指标体系构建[J].上海质量，2015(02)：28-31.

② 李仁武.关于构建广州市精神文明创建工作测评体系的若干思考[J].探求，2005(04)：29-34.

有关因素,再采用巴雷特法筛选法出现频率最高的因素作为指标,最后采用德尔菲法确认指标及其权重,构建起一套完整的指标测评体系。最终课题组将市民文明素质分为健康素质、思想道德素质、科学素质、文化素质、法律素质和审美素质六大维度,并确立了18个二级指标及46条评价标准(见图2-1)。① 但该指标体系主要出发点仍然是抽象的素质层面,与本书所研究的公共文明行为指数视角差异较大,但为本书课题组思考"文明"与"素质"的完整性和多维性提供了参考。

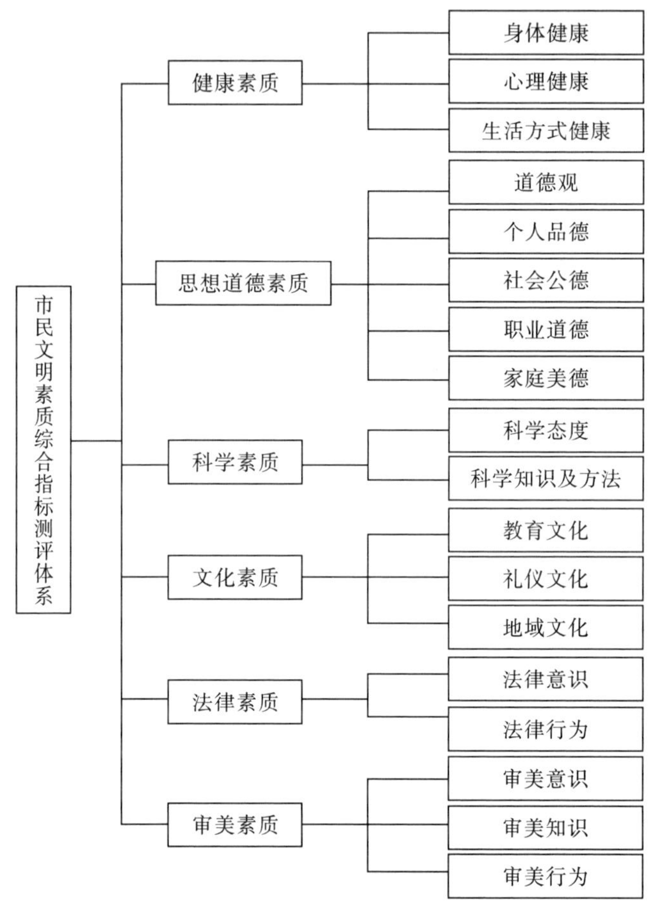

图2-1 青岛市市民文明素质综合指标测评体系

① 课题组.关于市民文明素质综合指标测评:以青岛市为例[J].东岳论丛,2009(12):178-180.

(4)苏州相城区

为“实现相城区传统文化与现代文明相结合……促进相城区新的城市文化和城市精神的形成,提升城区城市形象,增强城市魅力,获得新的竞争优势”,苏州相城区政府委托苏州大学社会公共文明研究所,围绕争创“文明城市示范城区”,组织开展公共文明指数测评工作。相城区的公共文明指数测评通过现场测评和入户问卷调查相结合的方式完成。现场测评主要以调查员全程采取暗访方式进行,具体而言又包括实景(情)模拟研究、实地调查及实地观察三种方式。问卷调查部分则由调查员亮明身份入户访问,每次调查时按名录随机抽取 2 个社区,再从每个社区中随机抽取 50 户,即共 100 户家庭作为调查对象。

现场测评采取的指标体系分为公共场所类指标、区、街、社区类指标、窗口行业类指标及城市整体形象指标四种类型。具体而言,包括公共卫生、公共文化场所、公共特定场所、公共交通运行、公共交通秩序、公共市容、公共服务和市民公共行为 8 项一级指标,若干二级指标及 119 项具体测评内容。

问卷调查考虑到调查对象的多层性、问卷涉及的综合性及问卷涉及的精、简、明,主要涉及市民对文明创建活动的知晓率、支持率,市民对窗口行业、政府职能部门服务质量的评价和满意度,市民素质和社会风尚状态,对社会不良现象的反映,对城市整体形象的评价这几个方面。具体而言,包括市民行为、公益活动、环境、城市安全、主题活动、总体评价 6 个一级指标,14 项内容,32 个具体问题。每个问题由 1～5 进行打分,满分共 160 分。最终得出苏州市相城区所辖各街区的文明创建成效具有不平衡、不稳定性,相城区“文明城市示范城区”工作彼时的成效与市民的心理预期仍有一段距离等结论。①

(5)其他城市

深圳市结合国际化城市发展建设的需要,通过大量的理论和实践探索,摸索出了全国首个城市公共文明指数测评体系,从人居环境、市民素质、公共管理、公共服务、制度文明、公共文化等六个方面,综合评价城市在国际化建设进程中公共文明的发展水平。惠州市的测评内容则结合当地支柱产业、特色农业、商贸物流等经济特点,以“惠民”作为测评工作的出发点和落脚点,使居民对创建文明城市的支持率大幅上升。南京市从公众生活满意度、公益项目受益者评价、政府表现公众评价这三个方面出发,采取问卷调查与居民投

① 张顶浩,沈志荣,钱琳萍.文明创建视域下公共文明指数测评的实证研究:以苏州市相城区为例[J].中共四川省委党校学报,2012(02):73-79.

诉两种方式,再将其评价结果直接形成文明指数。长沙市的指数测评以重塑"心忧天下,敢为人先"的长沙城市精神为核心,通过开辟市民论坛,创办道德银行等新思路新方法,提升市民素质教育。上述这些是城市公共文明指数测评体系在文明城市创建过程中的具体实践,对完善文明指数测评工作具有借鉴意义。

此外,马艳基于2012年中日韩三国城市管理项目的研究,通过大量派发问卷获得了有关北京、首尔、东京市公共文明状况的数据,在三个城市问卷调查基础上,以国际比较模式探讨了城市居民公共行为文明问题。①马艳将公共行为文明指数分为公共卫生(随地吐痰、乱扔垃圾、公共场所吸烟)、公共秩序(车辆违章驾驶、行人闯红灯、上车不排队)、公共交际(让座)、公共礼仪(大声喧哗)4个一级指标与8个二级指标,将8个二级指标融入问卷设计,分别考察北京、首尔、东京三个城市的居民公共行为文明程度。研究发现,调研期间内,北京居民的公共行为文明程度最差,首尔次之,东京情况最好。马艳认为这种现象的背后是深层次的历史、经济、社会原因,既体现着"东亚文化圈"的文明变迁,又折射着不同国家的国民性。此项跨国实证研究既引起人们对于中国公共文明现状的担忧,也说明了全国范围内的公共文明建设和改善是不可能一蹴而就的,是需要长期的系统规划与实践的。

(二)思明区公共文明行为指数调查指标体系建构

1. 思明区简介

思明区具体指标体系的构建,必须以思明区实际情况为根本依据,因此有必要对思明区整体情况进行简要描述。思明区位于厦门市南端,为厦门市的6个市辖区之一,是厦门市的经济、政治、文化及金融中心。思明区包括厦门岛本岛南部及鼓浪屿,北部毗邻湖里区,东部与金门隔海相望。根据《2018年厦门经济特区年鉴》,思明区土地面积为83.99平方公里,下辖滨海、中华、厦港、莲前、嘉莲、筼筜、梧村、开元、鹭江、鼓浪屿等10个街道办事处及98个社区居委会。

思明区经贸相对发达。2017年,思明区的常住人口数为100.7万人,城镇化率为100%。当年地区生产总值(GDP)为1323.10亿元,增长率为

---

① 马艳.文化视域下城市居民公共行为文明研究:以北京、首尔、东京为例[J].中国名城,2014(08):59-63.

7.8%,第三产业占 GDP 比重达 87.9%,城镇居民人均可支配收入为 60233 元。先后被评为“全国先进城区示范单位”“全国科技工作先进单位”“全国科普工作示范区”“全国质量兴市先进区”等先进示范区。

思明区依山傍海,人文荟萃,自然环境优良,旅游资源丰富。厦门“二十景”中有十五景均位于该辖区范围内。辖区内拥有鼓浪屿、南普陀寺、华侨博物馆、郑成功纪念馆、鲁迅纪念馆、郑成功演武场遗址、万石植物园、陈化成故居墓园、人类博物馆、筼筜湖、白鹭洲公园、中山路步行街、曾厝垵文创村等自然人文景观,10 多公里长的滨海沙滩及天然海滨浴场亦以其迤逦海景吸引着八方游客。全国重点高等学府厦门大学、国家第三海洋研究所、厦门国家会计学院以及省一级达标学校厦门一中、双十中学、厦门六中、厦门实验小学等知名教育科研机构均坐落在此辖区内。

2017 年,思明区作为金砖国家领导人“厦门会晤”的“主会场”,向世界亮相,展现出思明区优美的城市环境、和谐的社会风气与人民安居乐业的生活图景,向全国人民群众交出了一份满意的答卷。同年,厦门市共接待国内外游客 7830.52 万人次,同比增长 15.7%,游客人数在中国大陆地级以上且旅游收入达到一定规模的城市中位列第 21 名。接待国内游客 7444.20 万人次,增长 16.1%,占接待总人数的 95.1%,其中过夜国内游客 3314.09 万人次,增长 15.5%。一日游国内游客 4130.11 万人次,增长 16.6%。接待入境游客 386.32 万人次,增长 8.0%,占接待总人数的 4.9%,其中入境过夜游客 249.33 万人次,增长 9.1%,入境一日游游客 136.99 万人次,增长 6.0%。

自 2013 年以来,厦门市接待国内外游客人数及旅游收入实现“五连增”(见表 2-2),其中接待国内外游客人数增幅达 68.88%,旅游总收入增幅达 88.18%。

表 2-2 2013—2017 年厦门市游客人数及旅游收入情况表

指标		2013 年	2014 年	2015 年	2016 年	2017 年
游客人数	国内游客(万人)	4396.11	5071.04	5719	6412.35	7444.20
	入境游客(万人)	240.74	266.82	317	357.81	386.32
	合计(万人)	4636.85	5337.86	6036	6770.16	7830.52
旅游收入	国内旅游收入(亿元)	512.25	602.70	—	788.33	951.09
	入境旅游创汇(亿美元)	16.47	18.09	—	27.69	32.21
	合计(亿元)	620.95	722.09	832	968.26	1168.52

资料来源:厦门经济特区年鉴[EB/OL].[2018-01-15].http://www.xm.gov.cn/zwgk/tqjj/xmjjtqnj/.

2017 年,厦门市全年旅游总收入 1168.52 亿元人民币,增长 20.7%,占厦门市实现地区生产总值(GDP)的 26.85%。其中国内旅游收入 951.09 亿元人民币,增长 20.7%,占总收入的 81.4%;入境旅游创汇 32.21 亿美元,增长 16.3%。① 在中国大陆地级以上且旅游收入达到一定规模的城市中排名第 19 名。

厦门市的产业结构正在从依赖第二产业的工业经济迈向以服务业发展为导向的服务经济,而旅游业是第三产业的重要组成部分。由表 2-3 可见,厦门市第一产业与第二产业在 2011—2017 年间呈现下降趋势,而第三产业在 2011—2017 年间呈稳步增长趋势,第三产业产值年均增长值约为 16.4%,第三产业比重也从 2011 年的 47%逐步增长到 2016 年的 58.6%,超越第二产业的 40.8%。

表 2-3　2011—2017 年厦门市国内生产总值及构成比例

年份	地区生产总值（万元）	第一产业（万元）	第一产业比重	第二产业（万元）	第二产业比重	第三产业（万元）	第三产业比重
2011	25393132	246787	0.0097187	12971498	0.510827	12174847	0.4794543
2012	28151706	253016	0.0089876	13638507	0.484465	14260183	0.5065477
2013	30064081	226573	0.0075363	14062490	0.467751	15775018	0.5247131
2014	32735772	237325	0.0072497	14603402	0.446099	17895045	0.5466511
2015	34660288	239295	0.006904	15112759	0.436025	19308234	0.5570708
2016	37842662	231850	0.0061267	15445916	0.408161	22164896	0.5857119
2017	43517181	234619	0.005391	18122398	0.416442	25160164	0.578166

资料来源:厦门经济特区年鉴[EB/OL].[2018-01-15].http://www.xm.gov.cn/zwgk/tqjj/xmjjtqnj/.

根据规划,到 2020 年,厦门市旅游文化产业(包括旅游会展、文化创意、健康产业等)收入将突破 3500 亿元,厦门市将致力于建设国际知名旅游目的地、国际会展名城,打造国际时尚创意之都。由此可见,厦门是典型的旅游城市。思明区的旅游业发展、旅游景区开发为厦门市六区之中最早,因此思明区也是厦门市旅游业发展最为成熟、拥有 A 级景区最多的区。辖区内的鼓浪屿风

① 资料来源:厦门经济特区年鉴[EB/OL].[2018-01-15].http://www.xm.gov.cn/zwgk/tqjj/xmjjtqnj/.

景名胜区为5A级景区，园林植物园为4A级景区，胡里山炮台为4A级景区，奥林匹克博物馆为4A级景区。2017年，思明区第一产业、第二产业、第三产业的GDP占比分别为0.1%、12.0%及87.8%，第三产业同比增速8.1%，旅游业是思明区第三产业的重要支撑。

2017年思明区创新推行区级领导包片区、机关单位包街区（社区）、街居干部包小区的文明创建“片长制”，通过区四套班子领导“周巡查”、部门“会诊制”的模式，以问题为导向，切实解决了一大批群众反映强烈的热点、难点问题。积极推进垃圾分类工作，印发《思明区2018年生活垃圾分类工作要点》等，落实对垃圾分类的监督，多管齐下提高居民群众的知晓率和参与度。从文化层面深挖志愿服务的“根”与“魂”，持续举办志愿服务文化节，推选、树立、宣扬一批在全区、全市、全省甚至全国有影响力的品牌志愿者，强化示范引领。建设城市学校少年宫，将城市学校少年宫建设纳入文明校园测评体系，整合资源，为城市学校少年宫创建注入动力，立足学校深挖特色，打造品牌项目，完善青少年精神文明教育。激发社区书院发展活力，在全市探索社区书院完整的内容体系和管理体系，截至目前共建成94家社区书院，开课2700多门次，与时俱进，通过传统纸媒、移动媒体、新媒体多维度进行文明宣传教育。移风易俗，以节假日为契机，组织策划如“迈进新时代·喜迎幸福年”文明伴你过新年系列活动、“雷锋在鹭岛·文明一起行”3月5日学雷锋志愿服务活动等系列线上线下主题活动，丰富思明区人民的精神文明生活。

2017年思明区文明工作的成效显著，在全省精神文明建设工作暨先进命名表彰大会上再次获评“省级文明城区”，进一步确立了思明区文明工作在全省的标杆地位。同时中共思明区委组织部、中共思明区委政法委等25个单位被评为省级文明单位，厦门市大同小学等8所学校被评为省级文明校园，思明区梧村街道文灶社区等10个社区被评为省级文明社区，开元街道彭忠孝家庭、莲前街道何丽云家庭被评为省级文明家庭。在2015—2017年度全市精神文明建设各类先进表彰中，思明区亦成绩显著。这体现出思明区较高的社会文明程度和居民文明素质，文明已经是思明区一张闪亮的名片，一抹鲜明的精神底色。

2. 指标体系

本书以公共文明行为研究理论为依据，将公共文明定义为公民及其他社会公共生活主体在公共场所、公共生活空间等公共生活领域中的非野蛮秩序状态，包括文明观念与文明行为表现。以当前最为普遍应用的测评体系为主要框架,结合了各城市实践适用情况以及厦门市具体与特殊情况,基于公共文明行为的整体性、层级性及理论性,兼顾地域的针对性和指标的普遍性,构建了以下具有可操作性的指标体系(见表 2-4)。

表 2-4 思明区公共文明行为指标体系

一级指标	二级指标
公共礼仪文明行为	A1-1 低语交谈,交谈时不大声喧哗
	A1-2 与人交流时面带微笑
	A1-3 与人交往诚实守信
	A1-4 公共场合举止端雅
	A1-5 参加健康有益的文体活动
	A1-6 在公共场所不拥挤
	A1-7 公共场所保持安静不喧哗
公共卫生文明行为	A2-1 不乱扔垃圾
	A2-2 不随地吐痰
	A2-3 主动清理宠物粪便
	A2-4 不在设有禁烟标志的公共场所抽烟
	A2-5 打喷嚏时,有所遮蔽
公共秩序(交通)文明行为	A3-1 自觉遵守交通规则
	A3-2 行人过马路时走人行道
	A3-3 行人和车辆礼貌避让
	A3-4 乘坐公交或地铁时有序排队
	A3-5 为老弱病残孕及怀抱婴儿者主动让座
	A3-6 车容车貌整洁
	A3-7 车身标语按规使用文明用语
	A3-8 车辆不违章驾驶
	A3-9 安全防范措施到位
	A3-10 在地面标示的规定区域有序停车
	A3-11 不践踏草坪和花木

续表

一级指标	二级指标
公共网络文明行为	A4-1 网络用语文明，不谩骂、攻击他人
	A4-2 不浏览/传播不良信息
	A4-3 不传播虚假信息
公共服务文明行为	A5-1 积极参加献血、捐款等公益活动
	A5-2 热心参与社区公益活动
	A5-3 积极参加志愿者活动
	A5-4 有强烈的服务意识，向他人提供帮助
	A5-5 遵守良好的职业道德
	A5-6 鼓励身边的人参与公共服务和公益
公共旅游文明行为	A6-1 能按时入场、退场
	A6-2 爱护公物，不乱涂乱画
	A6-3 得到帮助或服务时表达谢意
	A6-4 耐心热情回答陌生人的询问
	A6-5 友善对待外来人员
	A6-6 主动给予外地游客帮助

该指标体系由公共礼仪文明行为、公共卫生文明行为、公共秩序（交通）文明行为、公共网络文明行为、公共服务文明行为、公共旅游文明行为 6 个一级指标及若干个二级指标构成。文明与不文明是一组对应存在的概念。本书界定的公共文明行为，是在公共空间中，维持与保护公共秩序行为，而不文明行为，则是在公共空间中，破坏公共秩序的行为，是一种“熵增”行为。

（1）公共礼仪文明行为

“礼仪”解释为礼节和仪式。礼仪为人们普遍认为合适的衣着、言谈形式和为了表示郑重、庆贺、哀悼而采取的正式行为。它是社会风俗习惯的一部分。[①] 中国素有“礼仪之邦”的美誉。古代中国，形成了一套完整的以儒家文化为内核的传统礼仪制度。早在《说文解字・示部》中，就有对“礼”的定义：

---

① 袁征.礼仪是不是道德——礼仪教育最重要的基础理论问题[J].教育发展研究，2012(12):21-26.

"礼，履也，所以事神致福也。"最早的礼是由一系列祭天拜神的活动而来，这些活动都有一套制式的流程及仪式，于是礼节与仪式的概念应运而生。随着文明的进一步发展，人类意识关注的焦点逐渐由天地神灵拓展到人类本身，这种礼仪活动也逐渐由"祈神"转向敬人。首先被应用于为彰显帝王及其家族尊贵地位的一套宫廷礼仪，再随后扩展到社会各个阶层，最终被普遍应用于整个社会的人际交往中。① 《周礼》《仪礼》《礼记》等都是古代重要的礼仪专著。

礼仪并不是一成不变的，作为一种社会交往的基本要求和表现形式，它随着人际关系以及其他社会关系的发展变化而变化。尤其在现代，礼仪面临着一系列现代社会的实际要求，随着社会的进步、人际交往范围的扩大、应用情景的丰富化而不断现代化。现代礼仪是对传统礼仪的继承与发展，是传统礼仪去粗存精的结果。现代礼仪继承了传统礼仪的部分要求，但现代礼仪不再带有封建礼教示意等级差别或地位尊卑的意味，更多地表现为一种副语言艺术，体现出一种公平和互相尊重的人际关系，时常被喻为人与人之间交往的润滑剂。

在以全球化为背景的今天，随着我国的进一步开放，我国与其他各国人民的交往日益频繁，为更高质量地与世界各国人民进行交流交往，体现尊重，发扬热情好客的优良风范，现代礼仪又进一步吸纳了西方礼仪体系的部分内容。比如女士优先的原则，也即要求男士在各种社交场合，在任何时候、任何情况下，都要在行动上从各个方面尊重妇女、照顾妇女、帮助妇女、保护妇女。又比如尊重隐私的原则，也源于西方对公民在遵守公共礼仪准则的条件下，个人生活不受打扰的权利的尊重。②

公共礼仪是礼仪下的一个分支概念。由于礼仪具有不同的应用情景，公共礼仪特指在公共情境中的礼仪，也即在公共场所中应当遵循的礼节和仪式。进一步拓展到公共礼仪文明行为，则指居民在公共礼仪指导下的一系列行为举止。根据应用的公共情景的不同，可将公共礼仪文明行为进一步细分为公交车乘车礼仪、广场散步礼仪、排队等候礼仪、外出用餐礼仪、超市购物礼仪、游乐园游玩礼仪、博物馆(展览馆)参观礼仪、演出观看礼仪等。就具体的要求而言，又比如在公共场合下，交谈时应当低声细语，不大声喧哗干扰他

---

① 张小平.传统美德与现代礼仪[J].船山学刊，2001(01)：89-92.

② 栾扶桂.谈西方礼仪的基本特色[J].北京联合大学学报(自然科学版)，1994(03)：89-96.

人；与人交流时面带微笑，亲切友善；与人交往时诚实守信；举止端雅，避免令他人感到不适的行为；积极参加健康有益的文体活动；遵守先后顺序，依次行事，耐心等待，不拥挤；保持个人及携带儿童的安静，不制造噪声，不喧哗等。

根据《厦门市居民文明素质提升手册》中的厦门市“十不准”规定，公共礼仪不文明行为表现为乱扔垃圾、随地吐痰、破坏绿化、破损公物、闯红灯、乘车时争上抢位、讲脏话粗话、在公共场所吸烟、喧闹和鸣喇叭扰民、乱涂写乱张贴。2017 年 9 月出台的《厦门经济特区促进社会文明若干规定》，将驾驶机动车不按规定避让行人、行人通过路口或者横过道路不按规定通行、违规停车、乱扔垃圾、随地吐痰、在公共场所吸烟、不文明旅游、占道经营、携带犬只户外活动违规、违禁燃放烟花爆竹列为重点治理的不文明行为。综合考量，我们将“低语交谈、交谈时不大声喧哗”，“与人交流时面带微笑”，“与人交往诚实守信”，“公共场合举止端雅”，“参加健康有益的文体活动”，“在公共场所不拥挤”，“公共场所保持安静不喧哗”这 7 项指标作为公共礼仪文明行为具体观察的二级指标。

公共礼仪作为在公共空间中，人与人之间交往的一套约定俗成的规范，它首先体现出的是人与人之间无须言表的相互尊重，而对于违反公共礼仪文明的行为，则会被他人视为对公共秩序的破坏，以及对共享这一公共空间的他人的漠视与冒犯。“对违反礼节的人，不作正式的审讯和判决，但要受到群体中其他成员的责难。”①“遵循礼仪规范，就会得到社会认可和嘉许；违反礼仪规范，就会到处碰壁招致反感、受到批评。”②作为公共空间的礼仪规范的公共礼仪文明行为对于维护公共文明、促进人际关系和谐发展有重要作用。

其次，公共礼仪文明行为能够体现个人道德修养，塑造个人良好形象。礼仪往往被视为一个人内在道德修养的外在表现，良好的公共礼仪文明行为表现被视为一个人道德修养“知行合一”的结果，反之公共礼仪的不文明行为则被视为一个人缺乏道德修养的印证。整个市（区）的公共礼仪文明行为则被认为能够体现出市（区）整体的社会文明程度与道德程度。

再次，由于公共礼仪文明行为是人们约定俗成的结果，每个人都会受到身边人公共礼仪文明行为潜移默化的影响，良好的公共礼仪文明行为能够感染他人，在社会上形成讲文明、讲礼貌的良好风气。反之，如果人人都不施行

---

① 简明不列颠百科全书：第 5 册[M].北京：中国大百科全书出版社，1985：198.

② 中央文明办.迎奥运 讲文明 树新风：礼仪知识简明读本[M].北京：学习出版社，2007：1.

公共礼仪文明行为,则会导致这种没有被记载于纸页上的礼仪规范逐渐泯灭。

最后,公共礼仪文明的践行是社会主义核心价值观的体现,是中华民族优秀传统文化的发扬。所谓"中国有礼仪之大,故称夏",我国的礼仪文明源远流长、博大精深。习近平总书记强调要认真吸取中华优秀文化的思想精华和道德精髓,使中华优秀传统文化成为涵养社会主义核心价值观的主要源泉。① 现代公共文明礼仪是对传统礼仪文化"取其精华,去其糟粕"的成果,是传统礼仪文化精髓与现代文化的结晶,大众从礼仪意识到礼仪行为的转化,体现了具有现代文明特征的礼仪规范的建立,这是对中华优秀传统文化的传承,是对社会主义核心价值观的弘扬。

2017 年,为以更好的精神风貌迎接因金砖国家领导人厦门会晤从五湖四海而来的客人们,厦门市号召全市广大职工"争做东道主,奉献在岗位"。厦门市总工会编印了《当好东道主 文明我先行:厦门市职工文明礼仪手册》,并将把这份手册陆续向各行业单位发放。手册内容包括:2017 年金砖国家领导人会晤知识;仪容、着装、言谈、举止等形象礼仪;社交礼仪、职场礼仪和涉外礼仪,并配以示范图片,用最直观的方式,方便行业窗口服务人员快速掌握。厦门全市各中小学校将文明礼仪教育作为新学期开学第一课,全面启动"助力厦门会晤 做文明有礼小东道主"主题活动。并以主题班(队)会课、主题团日、升旗仪式、运动会、艺术节等各种形式的活动为载体,持续进行文明礼仪教育。仪表之礼、言谈之礼、行走之礼、待人之礼、餐饮之礼、游览之礼、观赏之礼、涉外礼仪等基本礼仪以各种形式走进了未成年人的校内外生活。市委文明办还编著了《图说中小学生文明礼仪》手册,为未成年人提供了文明礼仪参照。全市还开展了教师文明礼仪提升行动,将文明礼仪养成教育纳入骨干教师培训的重点内容,融入部分学科培训全过程。同年 3 月,一场以"为厦门会晤添彩,展文明教师风采"的中小学校教师文明礼仪培训举行,全市千余名教师参加。

此外,为树立"文明有礼"的志愿者形象,志愿者各组织各单位开展了系列志愿者文明礼仪的系统性培训,极大激励和提高了厦门市志愿者参与志愿服务的积极性,提升了志愿者的服务质量,普及了公共文明礼仪。思明区各街道、社区大力发动居民、商家参与文明创建,居民群众自发组建自治小组、共管机构,自觉缔约文明公约,将文明创建从"政府管"变成"自己管",有效破解"门前三包"不到位、垃圾随意丢弃、邻里纠纷等创建难题。思明区以培育

① 黄海.以中华传统文化涵养社会主义核心价值观[N].光明日报,2015-10-21(13).

和践行社会主义核心价值观为社区文明公约主题，引导互助友善、诚信经营、爱护环境等文明美德深入人心，推进文明公约落地生根，成为街区居民、商家、游客等各类群体自我管理、自我约束的行为准则。如凸显"诚信文明"的主题和内涵，《沙坡尾文明公约》针对商家规范经营，倡导"商家门前不越界，诚信经营得美誉"；曾厝垵制定《文创村自治公约》，倡导"诚信出租""诚信经营"，引导商家注重诚信守法、合法经营，共同维护曾厝垵品牌和店铺品牌，制定《诚信经营自律公约》，通过组织商户签订诚信协议等，有效解决经营乱象，营造良好的文明创建氛围。

针对失信治理，思明区法院建立了厦门市两级法院中的首个微信公众平台，平台下设置"我要立案""诉讼流程""曝光老赖"等子栏目，思明区法院在全国地方法院系统中首次将失信人信息平台——"曝光老赖"植入微信公众平台，群众在签订协议前，只需访问微信公众平台就可以在线查询合同相对方的信用情况，从而有效避免合同风险。鼓浪屿则建立了"政府引导、社会协力、群众参与"的长效管理机制。在钢琴码头 LED 屏等显著位置，旅游"红黑榜"正在发布。有人因拾金不昧等好人好事占据"红榜"，也有人因违规经营、无证导游、占道经营等问题被列入"黑名单"。"黑名单"上的人员将被取消从居民通道进入鼓浪屿等相关优惠，问题严重的游客还将被录入"诚信系统"，未来将上传到市级"诚信管理中心"，以便在更大范围内约束其高消费、借贷等社会活动。另外，鼓浪屿持续开展"诚信经营明码标价"活动，13 个驻岛景点承诺门票三年不涨价，持续推行"餐前确认制度"，行业内部强化自律和志愿者巡查监督双轨并行，保障思明区良好的诚信品格。

(2)公共卫生文明行为

需要明确公共卫生的广义概念指组织社会共同努力，预防疾病、促进健康的广泛的社会公共事业和人类健康相关的科学与实践活动。[①] 但本书中应用到的公共卫生是它的狭义概念，这里的公共卫生指公共空间干净、整洁与有序。具体到公共卫生文明行为，指对公共卫生维持的行为。反之，破坏公共卫生的行为则是不文明行为。

在这里公共空间不再是一个抽象概念，而主要指其具体的物理卫生状况。比如说在公共场所中地面干净整洁，公共场所中空气清新洁净，公共卫生用具及设施清洁有序等。至于公共场所，有学者将其定义为供公众从事社

① 冯显威，陈曼莉.现代公共卫生的概念特征及发展方向研究[J].医学与哲学，2005(08)：11-13.

会生活的各种场所,是提供给公众进行工作、学习、休息、体育锻炼等所使用的一切公用建筑物、场所及其设施的总称,认为判断一个场所是否为公共场所的标准是该场所的主要用途,当一个场所主要用于公共事务时(如公园、街道、医院、车站),它便是一个公共场所。① 至于具体的公共场所,根据《公共场所卫生管理条例》第一章第二条,公共场所包括:宾馆、饭馆、旅店、招待所、车马店、咖啡馆、酒吧、茶座;公共浴室、理发店、美容店;影剧院、录像厅(室)、游艺厅(室)、舞厅、音乐厅;体育场(馆)、游泳场(馆)、公园;展览馆、博物馆、美术馆、图书馆;商场(店)、书店;候诊室、候车(机、船)室、公共交通工具。

公共卫生文明行为是保持公共场所的卫生,就具体的要求而言,较多涉及禁止性的规定,我们因此将在公共场合中不乱扔垃圾,不随地吐痰,主动清理宠物的粪便,不在设有禁烟标志的公共场所抽烟,打喷嚏时有所遮蔽,如若忍不住,应及时侧身掩面作为公共卫生文明行为的二级指标。2017 年 9 月出台的《厦门经济特区促进社会文明若干规定》,将乱扔垃圾、随地吐痰、在公共场所吸烟、携带犬只户外活动违规列为重点治理的不文明行为。

人们践行公共卫生文明行为的重要性第一在于保持公共场所的卫生,保障公众健康,建立环境优美、社会和谐、人群健康的宜居城市。公共场所是公众从事社会生活的场所,这里聚集了大量的人群,是传播疾病的重要场合,公共场所的卫生与否直接关乎公众的健康安全状况。虽然在我国保持公共场所清洁卫生的主要责任在于政府的环卫相关部门,就思明区具体而言,主要责任在于思明区市容环境卫生管理处,但目前思明区尚未对破坏公共场所卫生情况的行为进行处罚,破坏公共卫生的行为成本仍由公共财政承担。如果居民没有养成公共卫生文明行为的良好习惯,这种不文明行为的负外部性会极大提高政府清洁成本,居民整体的公共卫生文明行为指数越低,这种成本将越高。

公共卫生文明行为的重要性第二在于,公共卫生文明行为情况是城市整体素质的直观体现。“市容市貌体现了居民的精神面貌和道德水准,体现出城市政府管理社会的能力和权威。”②“一个城市的市容市貌,环境状况,不仅仅是城市管理水平的体现,更重要的是,它本身就是城市的一种重要资源……第一,优美的市容环境是人类居住的首选地区……第二,良好的市容也是理

① 周小犊.公共场所、公开场合与隐私权[J].青年记者,2013(08):20-21.

② 顾世群.城市化进程中应加强市容市貌的管理[J].城乡建设,1996(07):23-24.

想的投资环境。”①由于目前公共卫生文明行为的实践还没有被提升到法律层面，主要依靠大众自觉，公共卫生文明行为反映出的是良好的个人修养与社会公德心，而群体对公共卫生文明行为的实践则体现出了整个城市较高的居民素质与温馨的城市氛围。

思明区自2015年起在鼓浪屿全岛推行垃圾分类，试点定时定点收运垃圾，按户籍信息逐户制定垃圾袋专属条形码，“以奖代补”，2017年初逐步推进全区“垃圾减量分类”，并于6月份全面推开。制定了《思明区生活垃圾分类和垃圾不落地工作方案》及考评标准；在区环卫处增设垃圾分类科并组建督查服务小组，指派一个联络员负责1至2个街道；在加强对思明区居民的宣传教育的同时，强化设施配置，引进APP智能环保屋、智能化系统等；推进厨余垃圾直运工作，规划厨余垃圾收运线路23条、收运点898个，投入转运车22辆，加强顶层设计，提高厨余垃圾收运效率。截至目前，分类桶到位的小区共计908个，占思明区小区总数的100%；已开展厨余垃圾直运的小区共计904个，占思明区小区总数的99.56%；日均厨余垃圾收运量约150吨；累计发放分类垃圾桶41461个。

(3)公共秩序文明行为

公共秩序文明行为，是对公共秩序的维持。广义的公共秩序指人们在工作、生产和社会生活中，为维护公共事业、集体利益和正常的社会公共生活所必须遵守的行为规范，是为了建立一种保障执行后对所有人都有益的秩序环境。公共秩序一般包括一国的重大利益、基本政策、道德的基本观念，或法律的基本原则。② 具体而言，还可以详细分为社会公共秩序、政治公共秩序、经济公共秩序、金融公共秩序等。狭义的公共秩序仅仅指公共场合下个人应当遵守的行为秩序。本书使用的是公共秩序的狭义概念，且着重涉及其在公共交通方面的规范，因此下文统一使用公共秩序(交通)文明行为。

《迎奥运 讲文明 树新风：礼仪知识简明读本》第二章的第59条至第67条详细地介绍了驾驶机动车、机动车座次安排、乘坐自动扶梯和电梯、乘坐飞机、乘坐火车、乘坐公共汽车或地铁、乘坐出租车、骑车、行人应当遵循的礼仪要求。该读本对礼仪要求的记载十分详细，但具体内容并不完全都与公共秩序(交通)文明行为相关。其中与本书所要研究的公共秩序(交通)文明行为较为相关的内容包括：驾驶机动车时，自觉遵守道路交通安全法规、交通信号

① 郭鸿懋.城市市容的建设与管理[J].城市问题，2000(04)：49-52.

② 刘建荣.公共秩序：人类德性与理性之维[J].道德与文明，2008(03)：54-57.

和交通标志,保持车身整洁,不抢道,不抢行,不斗气,不做猛拐、来回穿插、别车等危险动作,遇车队、非机动车或行人时,主动礼让,雨天驾驶或蹚过路面积水时,应缓慢行驶,防止把水溅至路人身上,不向车窗外吐痰或抛掷杂物,在允许或指定区域停放车辆,在没有明确禁鸣喇叭的区域,也应尽量少按、轻按喇叭,不应长时间按喇叭。乘坐自动扶梯,应靠右侧站立,空出左侧通道,以便有急事的人通行;应主动照顾同行的老人与小孩踏上扶梯,以防跌倒;如需从左侧急行通过时,应向给自己让路的人致谢,乘坐箱式电梯,应先出后入;如果电梯有司机,应让老人和妇女先进入,如无电梯司机,可先进入轿厢操控电梯,让老人和妇女后进电梯以确保安全,先进入轿厢的人要尽量往里站,与同乘电梯人不相识时,目光应自然平视电梯门,在电梯里不高声笑谈,保持安静。在没有明令禁止宠物乘电梯的地方,小宠物应由主人抱起乘梯,大宠物应在没有其他乘客的情况下方可由主人带乘电梯。乘坐火车时,放置行李应相互礼让,与人方便,主动帮助老、幼、病、残、孕等特殊旅客,在车厢里,自觉维护车内环境卫生,垃圾投入垃圾箱内;不随意脱下鞋子,更不可把脚跷放到对面座位上;车厢内禁止吸烟;不可长时间占用卫生间和盥洗间,在车厢内不应大声喧哗,以免影响其他旅客。乘坐公共汽车或地铁时,排队候车,先下后上,礼让妇女、老人和孩子先上车,听从司乘人员的引导,主动给老人、病人、残疾人、孕妇和带小孩的乘客让座。骑车时,自觉遵守道路交通安全法规、交通信号和交通标志,礼让行人,红灯不越线,黄灯不抢行,进出有人值守的大门,下车推行,以示尊重,拐弯前先做手势示意,杜绝常见危险行为。行人应按照交通指示灯和标志、标线行走,应当请年长者、女士和未成年人走在离机动车道较远的内侧,多人并行应主动避让他人,不翻越道路交通隔离护栏,以免影响交通和发生危险。①

《厦门经济特区促进社会文明若干规定》,将驾驶机动车不按规定避让行人、行人通过路口或者横过道路不按规定通行、违规停车、占道经营、违禁燃放烟花爆竹列为重点治理的不文明行为,明确了驾驶机动车未按规定避让行人的几种处罚情况及行人通过路口或横过道路未按规定通行的处罚办法。在本测评体系中,本书在公共秩序文明行为下设立了自觉遵守交通规则、行人过马路时走人行道、行人和车辆礼貌避让、乘坐公交或地铁时有序排队、为老弱病残孕及怀抱婴儿者主动让座、车容车貌整洁、车身标语按规使用文明

① 中央文明办.迎奥运 讲文明 树新风:礼仪知识简明读本[M].北京:学习出版社,2007:25-27.

用语、车辆不违章驾驶、安全防范措施到位、在地面标示的规定区域有序停车、不践踏草坪和花木共11个二级指标。

倡导公共秩序(交通)文明行为,有助于培养居民良好的乘车习惯,形成公共乘车秩序。为维护正常的公共生活,社会需要付出一定的人力、物力和财力成本,而社会成本的高低很大程度上取决于社会整体文明程度。倘若社会的公共文明程度低,居民只能在禁止性刚性管理下才能维持正常的公共生活秩序,那么公共秩序维护的成本就会高,譬如倘若居民都随处乱扔垃圾,随地吐痰,那么市政就需要聘用大量的清洁人员保证公共场所的整洁,如果居民都有良好的公共卫生意识,自觉维护公共场所的整洁,那么政府也就可以相应减少这方面的人力、物力和财政投入。“人们不遵守规则就会使公共秩序混乱甚至造成争吵拥挤,行进速度与办事速度都会受到影响,必然降低工作效率和生活效率。效率的降低意味着要付出更多的时间,在追求效率的时代,时间浪费既是社会财富的浪费,也是个体生命的浪费。”[①]有序的社会活动能够极大提高其运行效率,而有序的公共交通文明行为,能够大力提高公共交通的组织与运行效率,增加城市活力。

良好的公共秩序文明行为,尤其是公共交通文明行为,维护了公共场合中的运行秩序,井然有序的安排能够有效提高居民在公共场合中的安全性。马克思曾言,规则与秩序是不可分的,离开法律的秩序必乱,离开秩序的法律无用。任何行为只有在一定的秩序中进行才能达到预期目的。[②] 设想倘若人们都不能自觉遵守交通规则,行人过马路时都任意穿行,车辆也都横冲直撞不避让行人,那么城市混乱的交通秩序就不仅仅是一个文明问题,更会上升到城市安全问题,给居民的生命安全带来极大威胁。

2015年,由厦门交通运输系统的12家单位共同参与,成立了厦门市“小黄帽”文明交通志愿者联盟。该联盟的志愿者被亲切地称为“小黄帽”。志愿者们走街串巷,开展斑马线礼让宣传、推广无饮食车厢、倡导文明乘车、真情服务春运等活动,先后获得市总工会品牌志愿服务队、“金砖国家领导人第九次会晤”筹备和服务保障省级先进集体、全国最佳志愿服务组织等荣誉。2017年,“小黄帽”义务交警队共完成了1443个任务、3590人次的执勤、

---

① 亓凤香.公德缺失与建构分析:基于社会治理的视角[J].理论学刊,2017(03):99-104.

② 李亚慈.论高校师德建设的制度保障[J].三门峡职业技术学院学报,2007(02):69-71.

7291.4小时的志愿服务时长。[①]

厦门市政府撬动传统纸媒、移动媒体、新兴媒体的宣传势能,构筑多维度、全覆盖宣传格局,营造浓厚文明氛围。如针对文明出行、文明家园、文明着装、文明观展等主题,与厦门晚报合作策划系列文明微行动,着力强调话题温暖、内容走心,从"文明一群人·温暖一座城""我的文明微故事"等切入,采取线上线下形式引导居民参与。2017年下半年,思明区委文明办、思明交警大队联合发起"礼让斑马线　文明不止步"倡议,倡导"文明行车,主动礼让""文明行走,快速通过""文明交通,共同营造",并通过厦门新闻广播(FM 99.6)进行宣传播放,思明区被确认为礼让斑马线示范区。思明区在全市首创开设公益宣传栏目《文明思明天天见》,紧扣当前中心工作,每周一主题,并覆盖全市8426个地铁、公交、BRT、楼宇电视等移动端口播出。思明区积极开展了"文明交通行动计划",在加强监管的制度与法制建设,加大执法力度的同时,制定并组织实施道路交通安全宣传教育计划,加大公益宣传力度,全面实施文明交通素质教育,深化道路交通安全文化建设。

(4)公共网络文明行为

公共网络文明行为是在公共网络环境中进行活动时,应当遵循的一套文明规范。自1987年互联网正式进入中国以来,网络迅速渗透人们生活的各个领域,拉近人际距离,提高交流频率。网络空间已成为当下人们除物质世界,交流活动的重要空间,"网络社会"被视为是与"现实社会"同时存在的"双层社会"。"网络虚拟空间是现实社会的延伸,网络参与者既能够通过账号设置、密码保护等技术措施在网络虚拟空间建构属于自己的私人空间,也能够参与到以公共事件或者公共议题所建构的网络虚拟公共空间。"[②]网络使用者除了在为个人提供的私人空间中活动,更重要的一部分是通过网络与他人产生连接,并进入网络公共空间活动。由于网络空间仍然依附于现实世界,是对现实世界的延伸,在网络公共空间的交往中也仍应遵循着现实世界中的文明行为规范。

《迎奥运 讲文明 树新风:礼仪知识简明读本》第二章社会生活礼仪第四十四条对网络交流的礼仪要求:诚实友好交流,不侮辱欺诈他人;不浏览淫秽、暴力、迷信以及其他违法违规信息;不在网站上发布、转载违法、庸俗、格

---

① 厦门公交志愿者携手广大市民营造城市交通文明景观[J].城市公共交通,2018(07):68.

② 匡亚林,马健.网络公共空间的"净化"与秩序建构[J].科学社会主义,2016(06):83-87.

调低下的言论、图片、信息等；抵制黄色、低俗、诽谤、恶意攻击等不健康的网上聊天、交友、游戏等活动；增强自我保护意识，不随意约会网友；不利用网络知识进行攻击网站网页、盗取钱财和信息等活动，维护网络安全和网络秩序。[①] 由中国互联网协会提出的《文明上网自律公约》对于居民个体文明上网的相关要求有：倡导社会公德，拒绝盗版剽窃，拒绝低俗内容等。

在本体系中，本书选取了网络用语文明、不谩骂、攻击他人，不浏览/传播不良信息，不传播虚假信息作为公共网络文明行为的二级指标，这三个指标相互独立又统一构成文明上网的整体。

根据《中国互联网发展报告 2018》，2017 年中国互联网网民量为 7.72 亿人，中国网民的人均上网时长为 27 个小时，截至 2017 年底，中国网页数量共计 2604 亿个，年增长率为 10.3％。根据福建省通信管理局统计，截至 2018 年 6 月底，全省互联网用户达 4605 万户，其中固定宽带用户达 1252 万户、移动互联网用户达 3353 万户。全省固定宽带家庭普及率达 82.3％，移动宽带用户普及率达 82.0％。2017 年，厦门市（固定）互联网宽带接入用户数为 208.59 万户，同比增长 23.6％，网络已成为人民生活不可或缺的重要部分。

关于公权力是否应当介入网络治理以及介入的程度如何，网络空间本位理论"强调网络文化自我发展的有效性和电子空间的独特性，认为现实法律规则缺乏管理电子空间和网络文化的可能性和合法性"[②]。网络社会本位理论认为"网络社会不是独立于现实社会之上的虚幻天国，不是虚假的空间，更不是虚无的存在，本质上它是现实社会的延伸，是延伸了的现实社会"[③]，是介于私人领域和公共领域之间的一个非官方公共领域，因此，公共空间中应当遵循的基本伦理准则在网络空间中仍然应当具有效力双方争辩之声相持不下，网络立法仍存在较大的伦理桎梏，相关法律规范的建设远远落后于日新月异的互联网发展速度。

而由于网络活动表现出的显著匿名性，根据戈夫曼的拟据理论，在网络空间中活动的个人借由此种匿名性，摆脱了承担负面形象的责任，仿佛进入了生活的"舞台"的"后台"，卸下伪装的"符号"，回到真实的、不被"现实社会"

① 中央文明办.迎奥运 讲文明 树新风：礼仪知识简明读本[M].北京：学习出版社，2007：19.

② 何明升.网络文化建设的两个视点与多主体协同发展[J].兰州大学学报（社会科学版），2013(01)：94-100.

③ 陈曙光.网络乱象的伦理拷问[J].伦理学研究，2014(03)：80-86.

的道德规范所要求的自我,网络成为一个更容易暴露公共不文明行为的场所。目前,网络空间的文明秩序需要依靠使用者的自主。“网络社会治理的主体构成是多元的,一方面,网络社会治理秩序是多元网络主体在网络虚拟空间进行交流互动的基本规范,网络虚拟空间秩序的状态直接关涉网络虚拟空间主体的利益状态;另一方面,网络虚拟空间秩序具有内生性,其“网络秩序的形成和维持主要依靠网络行动主体之间的自律‘契约’”①,所以更应对公共网络文明行为建设提起重视。

思明区积极开展网上精神文明创建活动,坚持在网络空间弘扬主旋律,传播正能量,倡导文明办网;拓展网络传播平台,利用新媒体加强文明宣传;壮大网络文明传播志愿者队伍,发动思明区城市义工协会等民间团队,参与日常网上文明传播,组建并完善“五老”志愿者队伍,分发《文明上网倡议书》、《全国青少年网络文明公约》等宣传材料,通过志愿者的模范作用,引导大家文明上网;思明区还通过“网格化”管理,确保监管全覆盖加强对网络直播平台的监管,及时查处本地涉及低俗信息、赌博信息、违法信息的内容。

(5)公共服务文明行为

这一维度的提出根植于对民主的追求,而民主又进一步提出了对居民公共生活及公共精神的要求。“公共生活主要指的是公共的政治生活、经济生活、社会生活等,包括与公共社会相关的重大事件和问题。它是人们为了商讨、确定与解决公共社会面临的困境、可能的出路以及未来走向等问题而涉入的生活。它所处理的是与公共利益相关的一系列问题。公共生活的文明主要包含两方面的内容。首先是个体参与公共生活的热情和积极性。在这里,是否参与本身就是衡量公共生活文明的重要标志。”②公共精神是“对西方自由主义中个人主义的批判,是在承认个人利益基础上对公共利益的追求,是公民在参与公共事务、改善公共生活中所表现出来的态度和行为方式。一般来说,公共意识、公共理性、公共关怀、公共责任感是公共精神的基本要素。”③公共服务,是居民在公共精神的指导下,参与到公共生活中的具体行为表现。

广义上的公共服务主要是指由政府提供给社会公众的公共产品和服务。

---

① 陈华栋,于朝阳,胡薇薇.国内外网络文化建设管理模式比较分析与借鉴思考[J].思想理论教育,2010(17):83-87.

② 杨伟清.公共文明的四个基本向度[J].中国人民大学学报,2008(06):45-51.

③ 冯建军.在公共生活中培育公共精神[J].中国德育,2018(17):47-53.

“政府行使公共权力的重心已经逐渐从行政统治和管制转移到提供高效高质公共服务上。政府运用手中的权力来组织公共服务，负有保障和支配公共服务的责任。”①莱昂·狄骥认为“任何因其与社会团结的实现与促进不可分割、而必须由政府来加以规范和控制的活动，就是一项公共服务。只要它具有除非通过政府干预，否则便不能得到保障的特征。”②可以看出，广义的公共服务都以政府为行为主体，将政府视为公共服务的主要提供者。狭义的公共服务以社会公众为行为主体，指的是由公众免费提供给社会的非营利性公益服务或社会公众参加的不以获得经济报酬为目的，而旨在增加社会公共福利的活动，是一个比公益服务更为广泛的概念，是一种对社会公益与公共事务的情感认同与积极态度。

对于公共服务文明行为的指标化测量，第一个层面就是居民对公共服务的参与的积极程度，在本体系中，选取的二级指标包括积极参加献血、捐款等公益活动，热心参与社区公益活动，积极参加志愿者活动，有强烈的服务意识、向他人提供帮助。第二个层面则是参与的方式，也即在参与的基础上，真正为他人、为社会公益考虑，具体的指标包括鼓励身边的人参与公共服务服务，遵守良好的职业道德。

公共服务文明是对居民公共文明素养更高层面的要求，具有很强的现代性。公共服务文明行为的践行以居民的公共精神为基础，公共服务文明行为是公共精神的可以观察的具体表现。譬如不乱扔垃圾、不随地吐痰、自觉遵守交通规则等公共文明行为是居民对公共文明规范的遵守，在这里居民是被动接受的一方，而譬如积极参加献血、捐款等公益活动、有强烈的服务意识，向他人提供帮助等公共服务文明行为，居民则是主动参与，积极奉献的一方，相对而言有着更高的精神文明要求。只有当居民对城市、对社会、对所生活的环境充满归属感与认可，意识到自我幸福的实现与社会和谐的构建方向一致时，才能以积极而自愿的饱满精神状态投入公共服务中。公共服务文明行为是居民精神文明程度高层次的体现，如果将这一指标剔除在整个测评体系之外，那么测评的结果体现的仍然是较为表层的、基础性的居民文明素养。“公共精神体现的是公众生活的共同利益，同时也体现了个人的权利与尊严。全体公民都重视公共精神，将是实现富国强民的强大动力，也是构建和谐社

① 吴楠.实现有效公共服务的情感动员[J].行政论坛，2018(05)：136-140.

② 莱昂·狄骥.公法的变迁·法律与国家[M].沈阳：辽海出版社，1999：53.

会的价值保障。"①

思明区居民公共服务文明素质较高。思明区在98个社区全面建立志愿服务工作站,广泛动员居民群众参与。建成火车站、轮渡、中山路、演武大桥观景平台等20多个志愿服务驿站和常设志愿服务点,志愿服务的触角延伸到法庭、医院、公共交通站点、行政服务窗口、旅游景区、商业街区等各行各业和社会各领域。积极打造中山路和火车站两个省级"志愿服务驿站",在硬件建设、制度建设、队伍配备上进行强化提升,两个站点及轮渡志愿服务点成为大中专学生和中小学生志愿服务实践基地,火车站志愿服务驿站仅春运期间就有400多人次的大中专学生志愿者参与服务。同时,深挖资源,通过与驻区单位共享共建,在区级行政服务中心、演武大桥观景平台、BRT洪文站等新设7个市级"志愿服务驿站"。涌现出蓝天救援队队长陈素珍、城市义工协会会长王忠武、义工蓝永生、晨曦公益服务队理事长王世伟等一批全国、省、市志愿服务典型。

依托社区书院开设志愿服务技能培训相关课程,如嘉莲街道社区书院每周开设一期英语加油站课程,每期培训60名志愿者;官任社区国际学堂开设了4期"厦门会晤"英语志愿者培训课,外籍志愿者主动担纲,对本土志愿者进行语言培训。成立全省首个区级应急救护培训中心,打造应急救护品牌"博爱学堂",开办"博爱学堂"红十字应急救护技能公益培训班,仅2018年上半年举办50余场,参与培训人数达2500余人。

(6)公共旅游文明行为

关于文明旅游,罗文斌从行为视角、现象视角及发展视角进行了解读。从行为视角来看,"文明旅游是指旅游活动中旅游者符合文明规范的旅游个体行为"②,而这也是文明旅游的狭义概念。从现象视角来看,"文明旅游被看作一种影响深刻的社会现象,是指旅游发展过程中符合文明规范的旅游利益相关者群体行为特征和行为结果的总体表现。文明旅游不仅指旅游者个体的消费行为文明,而且包括旅游从业人员、旅游经营者的交易行为文明,还应该包括旅游社区居民的接待行为文明。"③这个视角下,文明旅游涉及的主体

---

① 张慧娟.培养"公共精神" 摆脱"精神贫困"[J].人民论坛,2018(11):72-73.

② 罗文斌.中国文明旅游的演化历程与多视角解读[N].中国旅游报,2016-11-22(003).

③ 罗文斌.中国文明旅游的演化历程与多视角解读[N].中国旅游报,2016-11-22(003).

要比行为视角涉及的主体更为广泛。从发展视角来看，文明旅游是一个更为抽象、更具有前瞻性的概念。“从发展视角来审视文明旅游，文明旅游被看作一种发展理念或哲学，是指能够促进和反映社会文明进程的旅游发展理念，如同生态旅游、可持续旅游。”①

由于本书以思明区居民的行为为观察主体，并不涉及旅游从业者、旅游经营者等其他主体，仅使用行为视角下的文明旅游概念即可。在社会大众的观念中，思明区游客的旅游活动大多数情况下会接触到公共的部分，譬如会进入公共场所，会与他人有往来等，因此，公共旅游文明行为与旅游文明行为在本书中是一个可以代替使用的概念。

本书将公共旅游文明行为定义为，旅游过程中，旅游者符合旅游文明规范的个体行为。具体而言，根据《中国公民国内旅游文明行为公约》，将游客文明行为义务划分为八大类：维护环境卫生、遵守公共秩序、保护生态环境、保护文物古迹、爱惜公共设施、尊重别人权利、讲究以礼待人、提倡健康娱乐。维护环境卫生已在公共卫生文明行为中体现，尊重公共秩序、讲究以礼待人、尊重别人权利已在公共礼仪文明行为及公共秩序文明行为中有所体现，而提倡健康活动的具体要求——抵制封建迷信活动，拒绝黄、赌、毒，比较难以从行为中体现。因此，本体系选取了能按时入场、退场、爱护公物，不乱涂乱画、得到帮助或服务时表达谢意、耐心热情回答陌生人的询问、友善对待外来人员、主动给予外地游客帮助六项指标作为公共旅游文明行为的二级指标。

2017 年，厦门市思明区累计接待国内外游客 5475.19 万人次，比上年增长 15.1%，占厦门市接待国内外游客数的 70%；旅游总收入 815.23 亿元人民币，比上年增长 20.2%，占厦门市旅游收入的 70%。② 由于思明区的旅游业发展较早，在厦门市发展较为成熟，无论从游客人口数量还是从旅游业的经济贡献方面而言，公共旅游行为都会对思明区整体公共文明行为指数产生重要影响。考察思明区公共文明行为指数，必须将公共旅游文明行为作为其重要的组成部分。

公共旅游文明行为的倡导有助于建设社会主义精神文明，从而建设五位一体的美丽中国。“旅游本质是一种精神文化活动，旅游的根本作用是提高

① 罗文斌.中国文明旅游的演化历程与多视角解读[N].中国旅游报，2016-11-22(003).

② 思明区经济社会年鉴-2018[EB/OL].http://www.siming.gov.cn/zjsm/nj/2018/index2018.htm.

国民素质和提高人力资本的质量。"①"旅游业是建设美国中国的重要途径和载体之一。"②随着旅游业的发展壮大,近年来不文明旅游行为也越来越频繁成为社会大众和国内外媒体的关注焦点,由于群体刻板印象的存在,这种公共旅游不文明行为是对某些地域乃至我国国民的抹黑。"良好的公德水平能够赢得国际信任和支持,不良的行为举止必然会引发批评与厌恶。就负面影响而言,如果中国公民肆意妄为,不顾及国际影响,不仅不能传播和展现中华文化的优秀品质,反而会在国际交往中四处留传恶名,必然会直接损害民族和国家的形象,伤害民族感情,影响国家软实力。"③治理不文明旅游行为,也成为国家有关机构和部门的重要工作之一。2006 年,中央文明办和国家旅游局向全国征集"提升中国公民旅游文明素质十大建议";同年 8 月,中央精神文明建设指导委员会发出通知,部署在全国实施"提升中国公民旅游文明素质行动";同年 10 月,国家旅游局和中央文明办联合颁布《中国公民出境旅游文明行为指南》《中国公民国内旅游文明行为公约》;2013 年,我国颁布的《中华人民共和国旅游法》中出台了一些关于文明旅游的条例;2015 年 3 月,国家旅游局制定了《游客不文明行为记录管理暂行办法》,2016 年 5 月,根据实施情况将其修订为《旅游不文明行为记录管理暂行办法》。④ 将公共旅游文明行为加入公共文明行为指数测评体系,是对有关部门工作成果的检验。

作为"厦门会晤"的主要承办场地,思明区尤其注重公共旅游文明建设。思明区先后印发了《当好厦门会晤东道主文明旅游我先行》、《美丽思明文明旅游》宣传手册、《文明旅游倡议书》等公益宣传品。通过举办各类广场活动、示范活动、专题讲座等,在辖区内居民和来厦游客中普及文明旅游常识,倡导文明出行。自 2016 年 11 月文明素质提升行动启动以来,思明区以一系列文明行为宣导活动为抓手,引导居民游客广泛参与文明传递,逐步培养文明出行习惯。携手厦门市导游协会、厦门市旅游协会旅行社分会开展行业文明旅游宣传培训活动,在组团第一时间通过旅游大巴滚动播放思明文明旅游宣传片;要求旅行社分支机构设立时完善"文明旅游出行指南""中国公民旅游文

---

① 袁国宏.旅游与精神文明建设[J].桂林旅游高等专科学校学报,1998(04):7-10.

② 姚丽芬,龙如银,李庆辰,等.美丽旅游评价指标构建及实证研究:以河北省为例[J].城市发展研究,2016(05):15-19.

③ 亓凤香.公德缺失与建构分析:基于社会治理的视角[J].理论学刊,2017(03):99-104.

④ 拓倩,李创新.国内文明旅游的研究进展、理论述评与学术批判[J].旅游学刊,2018(04):90-102.

明行为公约”“十大文明提示语”“推行‘八不’行为规范做文明公民”等资料并加强宣传，提高游客文明旅游意识。在旅游行业、居民游客中突出文明典型，在旅游工作过程中突出好的经验做法，形成践行文明旅游的强大示范效应，提升旅游行业的文明素养。如携手厦门旅游集散服务中心，组织开展全区家庭旅馆“最美窗口”竞赛活动，促进安全教育到位、人员管理规范、服务质量优质等；注重发挥品牌志愿服务团队的带动作用，在轮渡、曾厝垵等旅游热点区域设立固定文明旅游服务点，提供旅游知识普及、景点咨询、交通指引等便民服务，组织志愿者和公共文明引导员劝导损坏公物、乱丢垃圾等不文明行为。

第三章　思明区公共文明行为指数的实地调查

一、调查的基本情况

(一)调查目标

本书聚焦于厦门市思明区公共文明行为指数,通过构建科学有效的公共文明行为指数评价框架,采用问卷调查、现场观测和深度访谈等调查方式,从总体上把握思明区公共文明行为指数基本情况,分析公共文明行为存在的问题及其影响因素,并对问题的解决提出有一套有效的政策建议,以不断提升居民素质,为文明城市治理提供思路,推动社会文明进步。为了更好地实现这一目标,本书进一步将核心目标分解为以下几个子目标,在子目标的推进中逐步实现本书研究总目标。

子目标1:通过问卷调查获得思明区居民公共文明行为现状的数据,并进行数据处理分析与判断。

子目标2:通过现场观测获得思明区居民公共文明行为表现的数据,并进行数据处理分析与判断。

子目标3:通过深入访谈了解思明区社区居民公共文明行为,并进行判断。

子目标4:通过结合问卷调查、现场观测数据与访谈资料,从整体上把握思明区居民公共文明行为的表现,对各个指标数据进行对比分析,总结思明区居民公共文明行为存在的文明与不文明之处。

子目标5:通过对比分析,找出思明区居民公共文明行为表现的文明与不文明之处,并结合思明区自身的特点,提出政策建议与治理思路,以更好地引导居民公共文明素质的改进与发展、提升思明区的公共文明建设水平。

(二)调查设计

1. 研究方案

本书基于思明区公共文明行为指数的评价体系,通过多种调查维度,运用统计学手段分析调查数据及材料,以求全面而真实地把握公共卫生文明行为、公共旅游文明行为、公共礼仪文明行为、公共网络文明行为、公共卫生文明行为以及公共秩序(交通)文明行为指数情况,确保能够在总体上对思明区公共文明行为指数有一个准确的认知。本书研究过程中通过网络、报纸、书籍、论文等途径收集并分析相关政策与材料,通过对政府工作人员、居委会工作人员与居民等相关主体进行问卷调查、非参与式观察和深度访谈,对思明区人流量多的选址地点进行现场观测,获取相关主体对公共文明行为的评价数据,对思明区公共文明行为情况进行实证评估分析。在充分的前期资料搜集和调研的基础上,构建了思明区公共文明行为指数的指标体系和调查体系,指标体系由问卷调查指标体系与现场观测指标体系两部分构成,调查体系由问卷调查、深度访谈和现场观测三部分构成。

本书研究主要分为三个阶段:第一阶段,对思明区提供的相关材料、调研方案材料及数据进行查漏、补充、整理、筛选、分析,讨论并设计问卷调研提纲,协商具体调研安排。第二阶段,开展并完成问卷调查、深度访谈和现场观测的工作,对资料和数据进行详细分析。第三阶段,撰写报告,完成初稿,在与思明区政府委托方充分讨论的基础上,依据相关意见对报告进行修改,确定报告终稿。

2. 指标体系

科学合理地构建公共文明行为指数测评体系,能够为反映城市公共生活文明程度的实际面貌提供工具与手段,也是公共文明行为指数调查研究的首要目标。本书参照中央文明办的《全国文明城市测评体系》中的"文明行为"测评指标和《厦门经济特区促进社会文明若干规定》相关内容规定及权重设置,依据思明区公共文明行为的实际情况,最终确定了厦门市思明区公共文明行为指数调查指标体系。同时,针对不同调查方法的特点将其分为问卷调查指标体系与现场观测指标体系两部分。

问卷调查指标体系由公共礼仪文明行为、公共卫生文明行为、公共秩序(交通)文明行为、公共网络文明行为、公共服务文明行为、公共旅游文明行为 6 项最能反映城市公共文明水平的一级指标组成,具体包含 38 项二级指标(见表 3-1),问卷调查指标体系在问卷中体现为 A.客评问卷、B.主评问卷两部分。

表 3-1　厦门市思明区公共文明行为调查问卷指标体系

一级指标(6 项)	二级指标(38 项)
1. 公共礼仪文明行为	A/B1-1 低语交谈,交谈时不大声喧哗 A/B1-2 与人交流时面带微笑 A/B1-3 与人交往诚实守信 A/B1-4 公共场合举止端雅 A/B1-5 参加健康有益的文体活动 A/B1-6 在公共场所不拥挤 A/B1-7 公共场所保持安静不喧哗
2. 公共卫生文明行为	A/B2-1 不乱扔垃圾 A/B2-2 不随地吐痰 A/B2-3 主动清理宠物粪便 A/B2-4 不在设有禁烟标志的公共场所抽烟 A/B2-5 打喷嚏时,有所遮蔽
3. 公共秩序(交通)文明行为	A/B3-1 自觉遵守交通规则 A/B3-2 行人过马路时走人行道 A/B3-3 行人和车辆礼貌避让 A/B3-4 乘坐公交或地铁时有序排队 A/B3-5 为老弱病残孕及怀抱婴儿者主动让座 A/B3-6 车容车貌整洁 A/B3-7 车身标语按规使用文明用语 A/B3-8 车辆不违章驾驶 A/B3-9 安全防范措施到位 A/B3-10 在地面标示的规定区域有序停车 A/B3-11 不践踏草坪和花木
4. 公共网络文明行为	A/B4-1 网络用语文明,不谩骂、攻击他人 A/B4-2 不浏览/传播不良信息 A/B4-3 不传播虚假信息
5. 公共服务文明行为	A/B5-1 积极参加献血、捐款等公益活动 A/B5-2 热心参与社区公益活动 A/B5-3 积极参加志愿者活动 A/B5-4 有强烈的服务意识,向他人提供帮助 A/B5-5 遵守良好的职业道德 A/B5-6 鼓励身边的人参与公共服务和公益
6. 公共旅游文明行为	A/B6-1 能按时入场、退场 A/B6-2 爱护公物,不乱涂乱画 A/B6-3 得到帮助或服务时表达谢意 A/B6-4 耐心热情回答陌生人的询问 A/B6-5 友善对待外来人员 A/B6-6 主动给予外地游客帮助

现场观测指标以问卷调查指标体系为基础，包括公共礼仪文明行为、公共卫生文明行为、公共秩序(交通)行为和公共旅游文明行为 4 个一级指标，具体包括 20 个二级指标(见表 3-2)。为便于数据比较，在各方面指标内涵设计上，除了根据现场观测的特点做了必要的修正，还尽可能地与问卷调查的内容相统一，观测指标均为问卷中指标的反向表述。

表 3-2 厦门市思明区公共文明行为现场观测指标体系

一级指标(4 项)	二级指标(20 项)
1. 公共礼仪文明行为	1-1 相互之间大声交谈不顾及他人 1-2 在公共场所做出不雅行为 1-3 在公共场所推攘拥挤 1-4 在公共场所大声喧哗
2. 公共卫生文明行为	2-1 扔垃圾时没有扔进垃圾箱 2-2 随地吐痰 2-3 遛宠物时不主动清理其排泄物 2-4 在禁烟公共场所抽烟 2-5 打喷嚏时没有遮掩
3. 公共秩序(交通)文明行为	3-1 行人乱穿马路、闯红灯、翻越栏杆 3-2 机动车与行人没有礼貌避让 3-3 乘坐公交或地铁时没有做到有序上下车 3-4 没有为老弱病残孕及怀抱婴儿者主动让座 3-5 车身标语没有按规使用文明用语 3-6 机动车有违章变道或加塞等违章驾驶行为 3-7 机动车不在地面标示的规定区域内停车 3-8 随意践踏草坪和花木
4. 公共旅游文明行为	4-1 公交车站与社区楼道等公物有乱涂写现象 4-2 没有在得到他人帮助时礼貌表达谢意 4-3 在陌生人问询时没有礼貌回应并帮助

(三)调查工具

为了更好地了解厦门市思明区居民公共文明行为的真实情况，全面而真实地把握公共卫生文明行为、公共旅游文明行为、公共礼仪文明行为以及公共秩序(交通)文明行为等指数情况,本书将定性研究与定量研究相结合,依据由公共礼仪文明行为、公共卫生文明行为、公共秩序(交通)文明行为、公共网络文明行为、公共服务文明行为、公共旅游文明行为等6个一级指标、38个二级指标组成的公共文明行为问卷调查指标体系,以及由公共礼仪文明行为、公共卫生文明行为、公共秩序(交通)文明行为和公共旅游文明行为4个一级指标、20个二级指标组成的现场观测指标体系,采取问卷调查法、现场观测法和深度访谈法三种相互映照、相互补充的研究方法进行调查。

1. 问卷调查法

问卷调查是定量研究中的主要方法,本书运用结构式的问卷调查方法,量化收集思明区国内和境外居民对自己、他人公共文明行为和对思明区公共文明创建的评价。在问卷指标体系方面,依据由公共礼仪文明行为、公共卫生文明行为、公共秩序(交通)文明行为、公共网络文明行为、公共服务文明行为、公共旅游文明行为等6项最能反映城市公共文明水平的一级指标和38项二级指标的问卷指标体系进行设计。在问卷内容方面,分为主评、客评和认知三大部分,其中主评部分和客评部分采用调查问卷指标体系,更具普遍性;认知部分针对思明区的情况进行了整体情况的设问,更具针对性;问卷每个调查条目按照李克特五级量表进行测评,力求得到准确、全面、真实的公共文明行为数据,更准确地把握思明区公共文明行为指数的整体表现、主要优势和存在的问题。

问卷针对思明区16—69岁的本国居民和生活在思明区半年以上的境外居民进行调查,分别在思明区滨海街道、鼓浪屿街道、嘉莲街道、开元街道、莲前街道、鹭江街道、厦港街道、梧村街道、筼筜街道和中华街道进行问卷发放,共发放问卷1000份,回收问卷850份,问卷回收率为85%,问卷有效率为100%。其中,面向生活在厦门市思明区的国内居民发放问卷800份,回收问卷659份,问卷回收率为82.38%,问卷有效率为100%;面向生活在厦门市思明区的境外居民发放问卷200份,回收问卷191份,问卷回收率为95.5%,问卷有效率为100%。将收回的有效问卷收回后录入数据库,通过描述性统计等多种统计方法、采用SPSS和EXCEL统计软件对回收的问卷进行统计分析,有效地获取了反映居民公共文明行为表现的第一手数据,增强了本书调研的科学性和可信性,使思明区公共文明行为指数调研更为全面地反映思明区公共文明行为的真实状况。

2. 现场观测法

现场观测法也是思明区公共文明行为文明指数调查的主要方法,本书力求通过现场观测获取第一手的客观数据，与问卷调查数据相互补充、相互支撑。首先，依据包括公共礼仪文明行为、公共卫生文明行为、公共秩序（交通）文明行为和公共旅游文明行为4个一级指标和20个二级指标的现场观测指标体系，设计指数调查的原始记录表，主要分为分时段记录表和汇总表，以更加详细地记录观测数据。其次，在观测地点的选取上，坚持整体性和针对性原则，将观测范围覆盖思明区的主要交通路口、重点大街、过街天桥、地下通道、地铁和公交车及车站、影剧院、体育场馆、商场、社区等公共场所，结合思明区的人流特点和区域规划，我们选取了书法广场、鹭城广场、厦门大学附属第一医院、厦门大学附属中山医院、第八海鲜市场、科技中学、湖滨中学、坑内社区、华侨博物馆、前田公交站、厦大西村公交站、135路（厦大学生公寓—中山路）、123路（思明区政府—古楼公交场站）、镇海路地铁站、环岛南路—曾厝垵西路交叉路口、镇海路—鹭江道交叉路口、星美国际影城17个观测点。最后，以暗访为主，对公共文明行为相关指标的发生量、总流量和发生率进行现场考察。

3. 深度访谈法

为对思明区公共文明行为状况进行更为深入的了解，我们在获取大量数据的基础上，结合问卷调查、现场观测的情况和对相关街道社区的了解，对思明区辖区内的五个街道社区进行了深入访谈，分别是拥有较多境外居民的筼筜街道官任社区、典型"村转居"的滨海街道曾厝垵社区、分布着众多老旧小区的鹭江街道双莲池社区、外来流动人口聚集的梧村街道溪东社区和白领阶层居多的嘉莲街道龙山社区。在深度访谈中，坚持针对性原则，在把握思明区公共文明行为总体特征的基础上，针对不同社区的特色与问题进行半结构化的深度访谈，对不同的受访对象追问不同的问题，就相关问题获得较为丰富和客观的信息，通过专题座谈会活动，深入地了解辖区居民公共文明存在的问题。访谈内容包含社区的公共礼仪、公共秩序（交通）、公共网络、公共旅游、公共服务、公共卫生六大方面的文明行为，听取相关的意见和建议，获取了大量结构化问卷无法获取的信息，为从多层面、多角度、多视点探讨问题的解决方案提供了思路。

二、国内居民调查问卷分析报告

国内居民问卷调查中，我们面向生活在厦门市思明区的国内居民，采取随机抽样方式在思明区滨海街道、鼓浪屿街道、嘉莲街道、开元街道、莲前街道、鹭江街道、厦港街道、梧村街道、筼筜街道和中华街道进行了问卷发放,共发放问卷800份,回收问卷659份,问卷回收率为82.38%,问卷有效率为100%。调查问卷中涉及公共礼仪文明行为、公共卫生文明行为、公共秩序(交通)文明行为、公共网络文明行为、公共服务文明行为、公共旅游文明行为6项一级指标和38项二级指标。问卷内容分为客评、主评和认知部分三大部分,其中,客评和主评部分是居民对他人和自我行为的评价,得出的文明指数是居民公共文明行为综合指数的重要组成部分;认知部分是居民对思明区公共文明创建情况的评价,是了解思明区当前文明建设的现状和问题的重要渠道。我们将从客评指数、主评指数和认知情况三大方面分析国内居民问卷调查的数据。

(一)样本概况

性别分布情况:男性301人,占45.68%;女性358人,占54.32%(见图3-1)。

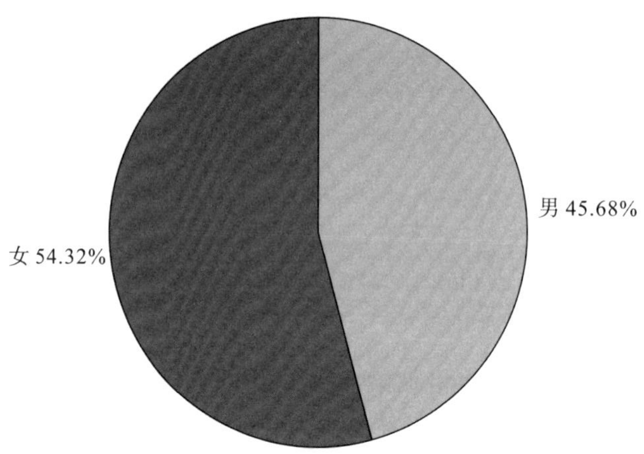

图3-1　性别分布情况

年龄分布情况:18岁以下31人,占4.70%;19—35岁284人,占43.10%;36—55岁239人,占36.27%;56岁以上105人,占15.93%(见图3-2)。

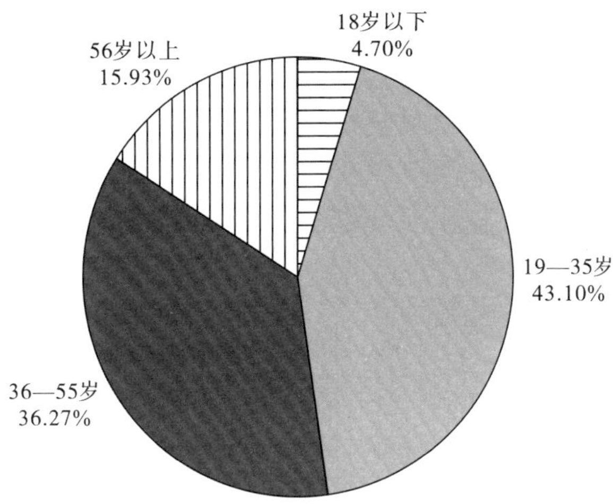

图 3-2　年龄分布情况

户籍分布情况：本市居民 425 人，占 64.49%；外地户籍且在本市居住一年以上的 128 人，占 19.42%；外地户籍在本市居住一年以内的 81 人，占 12.29%；外地临时来此地的 20 人，占 3.03%；其他 5 人，占 0.76%（见图 3-3）。

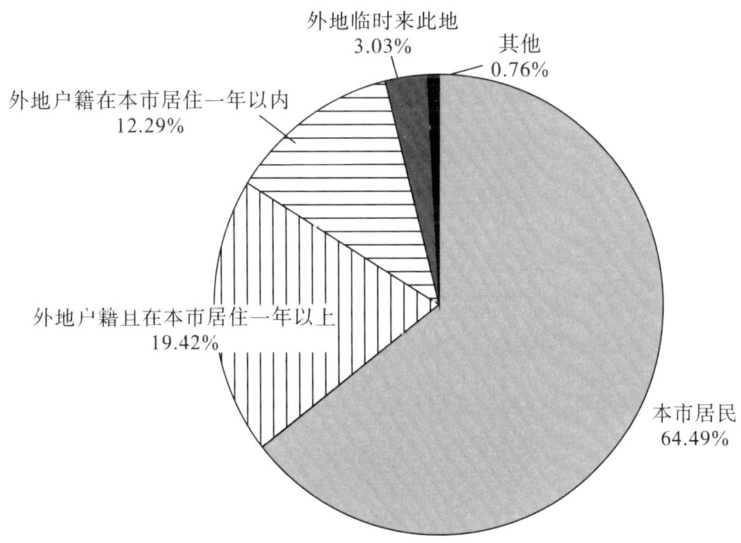

图 3-3　户籍分布情况

学历分布情况：小学及以下 34 人，占 5.16%；初中 115 人，占 17.45%；高中 170 人，占 25.80%；普通专科 160 人，占 24.28%；大学本科 157 人，占 23.82%；硕士研究生 15 人，占 2.28%；博士研究生 8 人，占 1.21%（见图 3-4）。

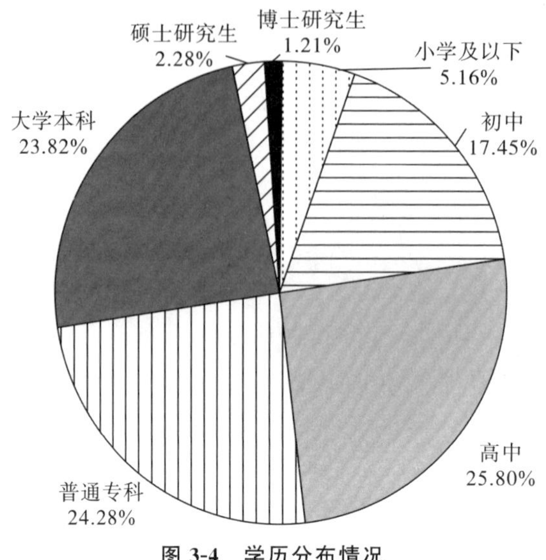

图 3-4　学历分布情况

政治面貌分布情况:群众 452 人,占 68.59%;共青团员 63 人,占 9.56%;中共党员 127 人,占 19.27%;民主党派 4 人,占 0.61%;其他 13 人,占 1.97%(见图 3-5)。

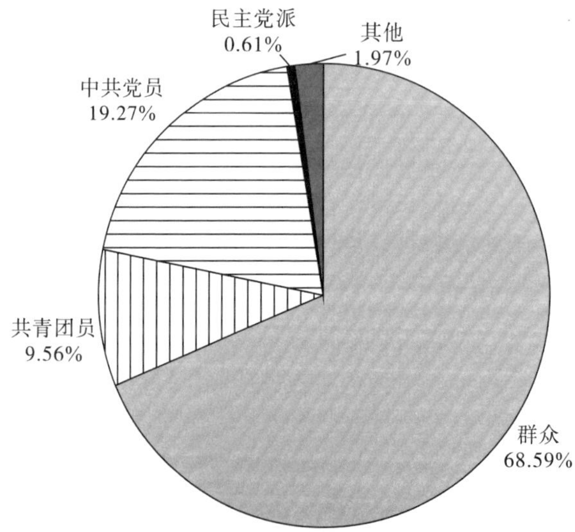

图 3-5　政治面貌分布情况

职业分布情况:党政机关人员 10 人,占 1.52%;事业单位人员 49 人,占 7.44%;军事武警人员 3 人,占 0.46%;企业单位人员 128 人,占 19.42%;专业技术人员 37 人，占 5.61%；进城务工人员 50 人，占 7.59%；离退休人员 57 人，占 8.65%；教师学生 38 人，5.77%；自由职业者 70 人，占 10.62%；纯居民 79 人，占 11.99%；农牧民 9 人，占 1.37%；其他 129 人，占 19.58%（见图 3-6）。

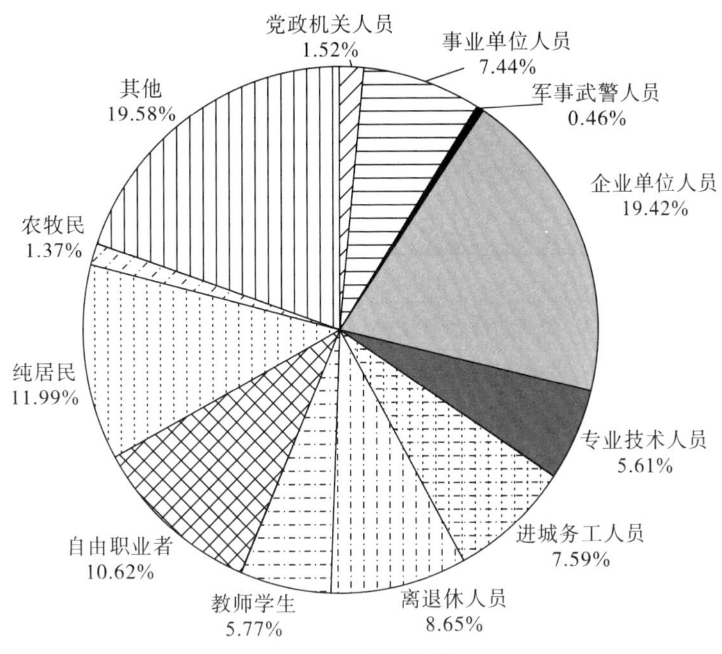

图 3-6　职业分布情况

（二）国内居民客评问卷分析报告

客评问卷是居民对他人的评价，通过居民对生活中所见的身边其他居民的所言所行，所感知到的公共文明行为的表现情况给出有效评价，获得相对客观和真实的数据，从而更有效地分析思明区公共文明行为的现状与问题。居民通过对他人公共文明行为的审视，也能更清晰地审视自己的行为，推动个人文明意识和素质的提升。因此，通过设置客评问卷的方式对思明区公共文明行为指数进行调查是非常必要的。

1. 总体指标数据分析

思明区居民公共文明行为客评问卷的行为指数以被调查者对他人的公共文明行为评价作为主要衡量依据。客评问卷涉及公共礼仪、公共卫生、公共秩序(交通)、公共网络、公共服务和公共旅游 6 大公共文明行为,其中共有 38 项二级指标。从问卷统计的结果来看,公共文明行为指数的居民客评部分评估结果显示(见表 3-3),思明区公共文明行为指数客评中得分最高的 3 个项目为公共旅游文明行为、公共秩序(交通)文明行为、公共网络文明行为,分别为 86.399 分、86.382 分、85.402 分。公共服务文明行为 84.831 分、公共礼仪文明行为 84.357 分、公共卫生文明行为 83.581 分,分别位列第四至六名。本书运用好、较好、一般、较差和差的五个评价等级对文明指数进行评估,就客评指数评估结果来看,思明区国内居民认为身边的思明区居民在公共文明行为表现状况属于"好"水平。

表 3-3 客评总体指数具体情况

一级指标	分值
A1 公共礼仪文明行为	84.357
A2 公共卫生文明行为	83.581
A3 公共秩序(交通)文明行为	86.382
A4 公共网络文明行为	85.402
A5 公共服务文明行为	84.831
A6 公共旅游文明行为	86.399
客评文明行为指数	85.159

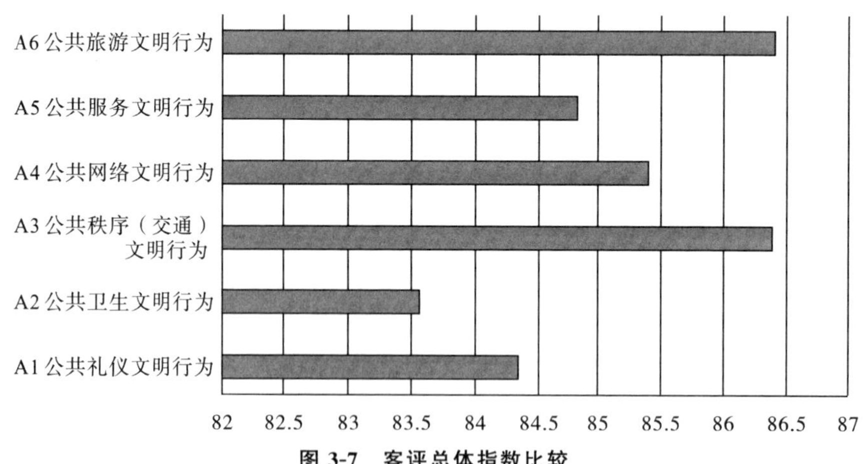

图 3-7 客评总体指数比较

2. 具体指标数据分析

客评问卷中共包含6个一级指标，其中公共礼仪与公共服务文明行为主要通过自我管理和道德约束来实现，公共服务是居民对自己、他人和社会的责任意识的体现，公共礼仪是个人素质、个人道德和社会公德的体现；公共网络文明行为不仅需要自我管理和道德约束，更需要法律法规的行为约束来实现；公共旅游、公共卫生和公共秩序（交通）常常受到公共道德和社会管理的制约。6个一级指标从不同的公共文明行为角度测量居民的公共行为，作为整体全面地表现居民的公共文明行为特点。

（1）公共礼仪文明行为指数

统计结果显示，2018年厦门市思明区居民在公共礼仪文明行为方面的客评指数为84.357，对公共礼仪文明行为的评价体现在七个方面，指数得分由高到低依次是"参加健康有益的文体活动"84.765分、"低语交谈，交谈时不大声喧哗"84.704分、"与人交流时面带微笑"84.522分、"公共场所保持安静不喧哗"84.461分、"与人交往诚实守信"84.310分、"公共场所举止儒雅"84.006分、"在公共场所不拥挤"83.733分。公共文明行为指数最高的是"参加健康有益的文体活动"，最低的是"在公共场所不拥挤"（见表3-4）。

表3-4　公共礼仪文明行为客评指数

一级指标	分值	二级指标	分值
A1公共礼仪文明行为	84.357	A1-1 低语交谈，交谈时不大声喧哗	84.704
		A1-2 与人交流时面带微笑	84.522
		A1-3 与人交往诚实守信	84.310
		A1-4 公共场合举止端雅	84.006
		A1-5 参加健康有益的文体活动	84.765
		A1-6 在公共场所不拥挤	83.733
		A1-7 公共场所保持安静不喧哗	84.461

公共礼仪文明行为是居民个人素质和社会公德的重要体现，由公共礼仪客评指数可见思明区坚持文明城市创建活动成效显著。近几年来，思明区大力推进精神文明精准创建活动，引导各社区举办各类文体活动，充分运用社区贴近基层的优势，发挥传播文明知识和培育共同精神的功能。各社区积极响应，创新活动举办方式，赢得了居民广泛好评。

在访谈中我们了解到，思明区鼓浪屿街道每周举办一至两次大型文体活动,推动社会主义核心价值观落细落小落实,引导群众做社会主义核心价值观的坚定信仰者和积极传播者,进而促进群众性精神文明创建活动向纵深发展,激发群众参与城市管理、社会治理的热情;思明区官任街道的文化交流和公益志愿活动十分丰富,其中跳蚤市场主题文化慈善活动、博爱社工服务和官任国际学堂等吸引了大量居民参加;思明区滨海街道上李社区平均每月举办四次文体活动等。社区文体活动以贴近居民的优势获得了居民的广泛认同,因此,"参加健康有益的文体活动"该项公共文明行为表现的指数值最高。

尽管思明区对文明创建活动也做了很多努力,但是由于居民群体的个体素质和思想意识的异质性,在一些公共礼仪文明行为方面的表现并不理想。就统计数据来看,"在公共场所不拥挤"得分最低,为 83.733 分。统计数据和访谈材料显示,一些社区存在城中村的现象,在公共场所拥挤、喧哗等不文明现象时有发生,虽然思明区采取了积极手段加以引导,比如片长与街长制,但是问题依旧存在。

(2)公共卫生文明行为指数

统计结果显示,2018 年厦门市思明区居民在公共卫生文明行为方面的客评指数为 83.581,对公共卫生文明行为的评价体现在五个方面,指数得分是"打喷嚏时,有所遮蔽"83.581 分、"不乱扔垃圾"85.129 分、"不随地吐痰"83.338 分、"主动清理宠物粪便"81.639 分、"不在设有禁烟标志的公共场所抽烟"84.219 分。公共文明行为指数最高的是"不乱扔垃圾",得分最低的是"主动清理宠物粪便"(见表 3-5)。

表 3-5 公共卫生文明行为客评指数

一级指标	分值	二级指标	分值
A2 公共卫生文明行为	83.581	A2-1 不乱扔垃圾	83.581
		A2-2 不随地吐痰	83.338
		A2-3 主动清理宠物粪便	81.639
		A2-4 不在设有禁烟标志的公共场所抽烟	84.219
		A2-5 打喷嚏时,有所遮蔽	83.581

统计结果显示,公共卫生文明行为指数得分等级为"好",与其他一级指标相比得分最低,反映出公共卫生行为方面的问题多于其他方面。公共卫生文明行为主要依靠自我管理和社会管理进行约束,思明区在提高公共卫生行为的文明程度方面,主要从个人素质和环境文明两个方面进行引导。

从访谈材料来看，各个社区的相关人员都提到公共卫生的管理存在一系列问题，尤其是存在城中村的社区和老旧社区中，车、房出租导致流动人口太多，加剧了卫生管理难题，脏乱差、四害滋生问题突出、物业管理混乱。各个社区也存在一些普遍的卫生问题，比如垃圾分类存在混投、农贸市场卫生情况较差等。各个社区也出台了一系列针对性的解决办法，比如定期走访检查、加强对居民的宣传教育、组织志愿者进行清扫、社区组织工作人员对死角进行清理等，有效地改善了卫生状况。

(3)公共秩序(交通)文明行为指数

统计结果显示，2018 年厦门市思明区居民在公共秩序(交通)文明行为方面的客评指数为 86.382，对公共秩序(交通)文明行为的评价体现在 11 个方面，指数得分由高到低依次是“车身标语按规使用文明用语”87.769 分、“为老弱病残孕及怀抱婴儿者主动让座”87.496 分、“车容车貌整洁”86.889 分、“行人和车辆礼貌避让”和“安全防范措施到位”86.616 分、“车辆不违章驾驶”86.070 分、“自觉遵守交通规则”85.949 分、“行人过马路时走人行道”85.918 分、“在地面标示的规定区域有序停车”85.675 分、“不践踏草坪和花木”85.645 分、“乘坐公交或地铁时有序排队”85.554 分。指数得分最高的是“车身标语按规使用文明用语”，最低的是“乘坐公交或地铁时有序排队”(见表 3-6)。

表 3-6　公共秩序(交通)文明行为客评指数

一级指标	分值	二级指标	分值
A3 公共秩序(交通)文明行为	86.382	A3-1 自觉遵守交通规则	85.949
		A3 2 行人过马路时走人行道	85.918
		A3-3 行人和车辆礼貌避让	86.616
		A3-4 乘坐公交或地铁时有序排队	85.554
		A3-5 为老弱病残孕及怀抱婴儿者主动让座	87.496
		A3-6 车容车貌整洁	86.889
		A3-7 车身标语按规使用文明用语	87.769
		A3-8 车辆不违章驾驶	86.070
		A3-9 安全防范措施到位	86.616
		A3-10 在地面标示的规定区域有序停车	85.675
		A3-11 不践踏草坪和花木	85.645

思明区公共秩序(交通)文明行为指数得分较高,体现了居民在公共秩序(交通)文明行为方面表现良好。访谈材料也显示社区中很少出现违章停车、踩踏草坪等不文明现象,这不仅是居民良好素质的体现,也是思明区公共交通社会管理有序的表现。思明区相关社区通过一系列措施引导居民文明交通行为,比如积极引导社区居民有序停车、在小区物业范围内积极引导物业做好车位停放分配、在不占用消防通道的前提下满足小区居民车辆停放需求。在公共秩序(交通)文明行为中指数得分最低的是"乘坐公交或地铁时有序排队",在对访谈数据的分析中我们发现,大部分社区都存在"拥挤上车"的无序、不文明的乘车行为,公共交通的拥挤现象是亟待解决的问题。

访谈材料显示,思明区也存在一些在指标中没有体现的问题。一些街道指出辖区内存在违章停车等不文明行为,不文明乘坐公共交通工具的行为主要集中在哄抢上车,思明区也已经针对相应问题采取发放宣传单或宣传物品的方式引导居民文明乘车和文明出行。村改居社区地处城中村,流动人口及游客较多,违章停车及践踏草坪等不文明行为时有出现;不文明的乘车行为则主要集中在乘车争抢、不让座、大声喧哗及违规上下车。针对这些特定的问题,社区采取了相应的解决办法,如社区治安巡查队员每天对村庄道路进行巡查整治,发现违章停车等不文明行为时及时进行劝导和纠正,通过广场宣传活动及网格员入户宣传交通安全及文明出行相关知识,强化居民文明素质养成良好出行习惯。

(4)公共网络文明行为指数

统计结果显示,2018 年厦门市思明区居民在公共网络文明行为方面的客评指数为 85.402,对公共网络文明行为的评价体现在三个方面,指数得分由高到低依次是"不传播虚假信息"85.675 分、"不浏览/传播不良信息"85.432 分、"网络用语文明,不谩骂、攻击他人"85.099 分(见表 3-7)。

表 3-7　公共网络文明行为客评指数

一级指标	分值	二级指标	分值
A4 公共网络文明行为	85.402	A4-1 网络用语文明,不谩骂、攻击他人	85.099
		A4-2 不浏览/传播不良信息	85.432
		A4-3 不传播虚假信息	85.675

思明区公共网络文明行为的表现相对较好,客评指数为 85.402,这与思明区近几年来推出的"打造文明建设网络阵地"的活动息息相关。思明区充

分发挥网络志愿者作用，积极利用网络平台，参与监督网络热点话题，通过发表微博、博文、跟帖、评论等形式，积极引导言论导向，揭发恶意诽谤言论，宣传网络文明，大力宣扬好人好事，传导文明理念，引领社会风尚，传播社会正能量。开展网络文明传播志愿服务，依托各级文明单位（学校），组建网络传播志愿者队伍，招募发展一批社会影响力大的骨干志愿者，回应社会热点、引导正确舆论。举办各类志愿服务培训，有效提高志愿者的业务能力和传播水平；开展网吧义务监督志愿服务活动，加强对网吧的巡查督导，引导未成年人健康成长，营造文明有序的上网环境。2018 年 8 月，思明区委文明办携手厦门文明网，在新浪微博上发起"微文明聚力新风尚"的网络文明传播活动，推动了居民的多元化参与，扩大了活动的感染力。居民们通过分享周边的文明景观，增进了对厦门荣膺全国文明城市"五连冠"的自豪感和认同感，提升了自觉参与和建设文明城市的热情。

在思明区网络文明创建的影响下，思明区各社区也积极推动社区网络文明的建设。滨海街道以街道微信公众号"思明书香滨海"为对外传播途径，微博"书香滨海"同时转发积极向上正能量的文字与图片，短信平台定期对外传播积极向上的主题，积极配合区政务信息中心对网络展开清查与网络健康宣传，社区通过社区微信公众号、短信等平台，向社区居民传播文明、健康积极向上的信息。鹭江街道通过各种公共场合、绿地，沿街主干道电灯杆宣传积极向上的思想观、道德观、志愿服务等主题内容，通过小区电梯厢等视频展播渠道宣传文明上网、文明旅游等视频，营造文明网络氛围。梧村街道根据区委文明办要求持续开展网络文明传播活动，在街道微博、微信公众号定时定量传播正能量信息。同时，街道设有由宣传干部担任的舆情监督员，负责纠正不文明、不健康的信息。各社区积极响应，发挥基层平台的作用，有效提升了居民文明上网的意识。通过思明区的推动和社区的积极响应，网络文明之风滋润着每一位居民，大家主动成为文明网络文化的传播者和践行者，共同守护着网络文明这一片净土。

（5）公共服务行为指数

统计结果显示，2018 年厦门市思明区居民在公共服务文明行为方面的客评指数为 84.831，对公共服务文明行为的评价体现在 6 个方面，指数得分由高到低依次是"遵守良好的职业道德"85.281 分、"有强烈的服务意识，向他人提供帮助"85.159 分、"鼓励身边的人参与公共服务和公益"84.886 分、"积极参加志愿者活动"84.704 分、"热心参与社区公益活动"84.643 分、"积极参加献血、捐款等公益活动"84.310 分。指数得分最高的是"遵守良好的职业道德”，得分最低的是“积极参加献血、捐款等公益活动”（见表 3-8）。

表 3-8　公共服务文明行为客评指数

一级指标	分值	二级指标	分值
A5 公共服务文明行为	84.831	A5-1 积极参加献血、捐款等公益活动	84.310
		A5-2 热心参与社区公益活动	84.643
		A5-3 积极参加志愿者活动	84.704
		A5-4 有强烈的服务意识，向他人提供帮助	85.159
		A5-5 遵守良好的职业道德	85.281
		A5-6 鼓励身边的人参与公共服务和公益	84.886

公共服务文明行为指数为 84.831，在一级指标的指数得分中位列第四，可见居民认为周边的居民在公共服务文明行为方面的表现良好。从思明区公共服务文明建设情况来看，思明区在志愿活动推动方面已经取得了很大的成效。思明区采取“活动＋项目＋阵地”的示范带动模式，积极开展文明交通志愿服务、文明旅游志愿服务、文明上网志愿服务、党员志愿服务等，从内容和参与主体多方位全面引领社会公共服务文明风尚，持续扩大志愿服务的覆盖面和影响力，让更多居民认可、响应并积极参与志愿服务。

（6）公共旅游文明行为指数

统计结果显示，2018 年厦门市思明区居民在公共旅游文明方面的客评指数为 86.399，在 6 个一级指标中位列第一，可见，近几年思明区在公共旅游文明方面成效显著。对公共旅游文明行为的评价体现在 6 个方面，指数得分由高到低依次是“得到帮助或服务时表达谢意”87.527 分、“耐心热情回答陌生人的询问”86.313 分、“友善对待外来人员”86.282 分、“能按时入场退场”86.222 分、“主动给予外地游客帮助”86.191 分、“爱护公物，不乱涂乱画”85.857 分。文明指数得分最高的是“得到帮助或服务时表达谢意”，文明指数得分最低的是“爱护公物，不乱涂乱画”（见表 3-9）。

表 3-9　公共旅游文明行为客评指数

一级指标	分值	二级指标	分值
A6 公共旅游文明行为	86.399	A6-1 能按时入场、退场	86.222
		A6-2 爱护公物，不乱涂乱画	85.857
		A6-3 得到帮助或服务时表达谢意	87.527
		A6-4 耐心热情回答陌生人的询问	86.313
		A6-5 友善对待外来人员	86.282
		A6-6 主动给予外地游客帮助	86.191

近几年来，厦门市思明区努力建立健全文明旅游工作机制，尤其2017年思明区围绕“厦门会晤”筹备、文明创建再提升等重点工作，积极落实《关于开展“文明旅游我先行 当好‘厦门会晤’东道主”主题宣传实践活动的实施方案》等相关文件要求，大力倡导文明旅游新风尚。思明区和各街道、社区都在诸多方面做了积极有效的探索，取得了显著的成效，使“公共旅游文明行为指数”在一级指标中的排名跃居第一。

首先，思明区有效运用传统媒体、新媒体等宣传平台，丰富宣传形式，提升宣传效果，传播文明旅游理念。一是加强公益宣传，在景区、社区、小区、广场、商场、学校等处营造浓厚的公益宣传氛围及文明和谐的旅游环境。二是加强文明旅游成果宣传，提升文明旅游知名度和美誉度，如加大对“见义勇为模范”鼓浪屿家庭旅馆协会业者王江怀、王远凤兄妹，“市劳动模范”厦门旅游集散服务中心林淑华等行业先进的宣传力度，展示宣传康小欢、靳绮赟等思明文明旅游新形象。通过厦门晚报开设“文明思明 · 礼遇金砖”专栏，普及乘车、出行、观景等场合中的文明礼仪规范。三是创新宣传形式，利用直观、生动的宣传形式让文明旅游理念更加深入人心，如厦港街道将“文明取景人称赞”“垃圾再多不落地”倡导融入《沙坡尾文明公约》。

其次，思明区通过举办文明旅游活动，引导和带动文明旅游风尚的形成，在居民游客中普及文明旅游常识，倡导文明出行。2017年以来，全区围绕文明旅游主题，开展了一系列形式多样的文明旅游宣导活动，并且引导旅游从业人员带头践行文明旅游、游客自发展示文明旅游。进一步提升居民文明旅游素质，倡导游客一同成为文明理念的传播者、文明行为的践行者和文明城区的维护者。

最后，思明区通过营造文明旅游的氛围，提升旅游服务水平。提升旅游行业、窗口从业人员的文明素质和服务水平，以能力再提升、服务再优化打造更为文明优质的软环境。2017年，思明区在全区42家旅游饭店不间断播放“讲文明树新风”公益广告，在4家A级景区、47家重点旅游企业和272家旅行社门店等地增加文明旅游宣传页、社会主义核心价值观、中国公民国内旅游文明公约、中国公民出境文明旅游行为指南等宣传品的投放，引导居民游客文明出游。借助7个思明区旅游志愿服务驿站，招募培训旅游志愿服务者530余人次，为游客提供旅游咨询服务15万余人次，发放文明旅游宣传资料6万余份，陆续推出文明旅游季和文明倡导月等主题活动，发动旅游企业深入参与文明旅游宣传，营造了良好的文明旅游氛围。另外，2017年5月中旬推出千人微笑墙，在观音山、胡里山、筼筜湖等景区进行展示，授予胡里山炮台表演队等3家单位"示范窗口"、苏交通等10名同志"服务明星"荣誉称号,形成践行文明旅游的强大示范效应,带动更多旅游从业者微笑服务、文明服务。思明区通过大力宣传旅游文明、举办主题文明活动、着重提升旅游服务水平,有效地打造了更为优质的文明旅游软环境,进一步擦亮了思明区的文明底色。

可见,思明区文明旅游的文明创建活动取得了显著成效。我们在访谈中也了解到,各街道辖区居民能够在游客前展现良好的文明形象。但是,也发现了一些问题,客评文明旅游行为指数中显示,"爱护公物,不乱涂乱画"得分相比其他二级指标要低,反映出居民在这一方面表现仍略有不足。更好地解决这一问题,不仅需要居民游客的自我管理,还需加强旅游景点和公共场所他律的制约和管理。

(7)思明区国内居民客评指数最高的十大公共文明行为

从表3-10可以看出,厦门思明区居民客评指数最高的十大公共文明行为的指数值都在86以上,"车身标语按规使用文明用语"是他人评价最高的行为。同时,可以发现,客评指数最高的十大文明行为集中于公共秩序(交通)文明行为和公共旅游文明行为两个方面,其中,排名前六的集中在公共秩序(交通)文明行为,排名七至十的均为公共旅游文明行为。公共礼仪、公共网络、公共服务、公共卫生等方面的文明行为均没有进入前十。可见,思明区在公共礼仪、公共网络、公共服务和公共卫生等方面的文明行为方面的发展,还需做一些努力。

表3-10 2018年厦门市思明区客评指数最高的十大公共文明行为

排序	公共文明行为	客评指数
1	A3-7 车身标语按规使用文明用语	87.769
2	A6-3 得到帮助或服务时表达谢意	87.527
3	A3-5 为老弱病残孕及怀抱婴儿者主动让座	87.496
4	A3-6 车容车貌整洁	86.889
5	A3-3 行人和车辆礼貌避让	86.616
6	A3-9 安全防范措施到位	86.616
7	A6-4 耐心热情回答陌生人的询问	86.313
8	A6-5 友善对待外来人员	86.282
9	A6-1 能按时入场、退场	86.222
10	A6-6 主动给予外地游客帮助	86.191

(8)思明区国内居民客评指数最低的十大公共文明行为

从表3-11可以看出,厦门思明区居民客评指数最低的十大公共文明行为的指数值在81～84.5之间,"主动清理宠物粪便"是他人评价最低的行为,同时,可以发现,客评指数最低的十大文明行为集中于公共礼仪和公共卫生文明行为两个方面,公共服务文明行为有一项行为入选,公共礼仪文明行为有五项行为入选,公共卫生文明行为有四项行为入选。虽然思明区在卫生文明宣传方面做了很大努力,各基层社区也在精神建设和行为约束等方面做了积极探索,但是居民"不主动清理宠物粪便"等关乎公共卫生的个人行为一直都是文明建设的痛点和难点。公共卫生文明行为在很大程度上需要自我管理,靠自身的道德和文明素质的支撑。若居民的文明素质水平停滞不前,单靠规则和他人的约束和监管则治标不治本。因此,思明区需引导居民提升卫生文明的意识,自觉主动做卫生文明的践行者,才能从根本上解决公共卫生行为"不文明"的现象。

表3-11　2018年厦门市思明区客评指数最低的十大公共文明行为

排序	公共文明行为	客评指数
1	A2-3 主动清理宠物粪便	81.639
2	A2-2 不随地吐痰	83.338
3	A2-5 打喷嚏时,有所遮蔽	83.581
4	A1-6 在公共场所不拥挤	83.733
5	A1-4 公共场合举止端雅	84.006
6	A2-4 不在设有禁烟标志的公共场所抽烟	84.219
7	A5-1 积极参加献血、捐款等公益活动	84.310
8	A1 3 与人交往诚实守信	84.310
9	A1-7 公共场所保持安静不喧哗	84.461
10	A1-2 与人交流时面带微笑	84.522

公共礼仪文明行为中有五项行为列入思明区客评指数最低的十大不文明行为,分别是"在公共场所不拥挤""公共场合举止端雅""与人交往诚实守信""公共场所保持安静不喧哗""与人交流时面带微笑"。居民在公共礼仪方面表现出的公德心与文明素质,不仅是对待他人态度的体现,更是一个城市公民的文明素质的重要表现。厦门市思明区作为旅游城市的主要旅游区域,其居民应当展现出大度宽容的交往形象,在与周边的人交往中更应表现得文

明礼貌,这样才能使社区、城市变得愉悦与和谐。从客评指数来看,思明区居民认为周边的人在公共礼仪文明行为方面表现较差,思明区需要加强对居民文明交往行为的引导,推动交往行为文明程度的提升。

(9)认为他人最应该改进的公共文明行为

在居民客评问卷中,我们发现,居民认为周边居民最应该改进的前两位的公共文明行为是公共服务文明行为和公共卫生文明行为,分别占24.00%与19.52%,这也与客评指数的统计结果基本一致。公共服务文明行为与公共卫生文明行为的文明指数都在83~85之间,与最高得分公共旅游文明行为指数86.399还有一定距离。同时,虽然客评指数中公共网络文明行为指数得分排名靠前为85.402分,但是有18.87%的居民认为周边的居民应该进一步改进公共网络文明行为,可见在网络文明中仍存在一些未在客评问卷中体现出的问题,需要进一步探索改进。

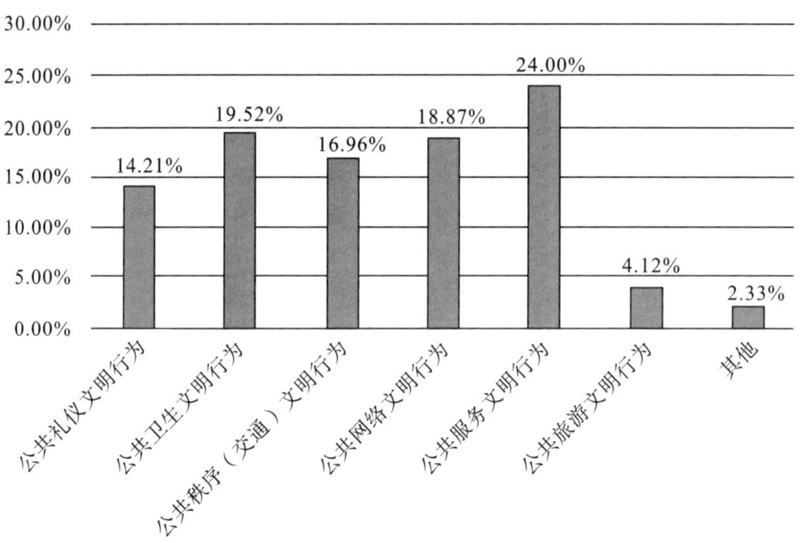

图3-8　认为他人最应该改进的公共文明行为

(三)国内居民主评问卷分析报告

主评问卷是居民对自己公共文明行为的评价,得出的主评指数是居民公共文明行为综合指数的重要组成部分。主评问卷在客评问卷之后,有利于居民在客评问卷中对他人公共文明行为的审视之后,更清晰地审视自身在公共文明行为方面的表现，更有效地发现自身的问题。2018 年厦门市思明区主评指标体系由公共礼仪文明行为、公共卫生文明行为、公共秩序（交通）文明行为、公共网络文明行为、公共服务文明行为、公共旅游文明行为 6 个一级指标和 38 个二级指标构成。

1. 总体指标数据分析

思明区居民公共文明行为主评问卷的行为指数以被调查者对自己的公共文明行为评价作为主要衡量依据。主评问卷涉及公共礼仪、公共卫生、公共秩序（交通）、公共网络、公共服务和公共旅游 6 大公共文明行为，其中共有 38 项二级指标。从问卷统计的结果来看，公共文明行为指数的居民主评部分评估结果显示（见表 3-12），思明区公共文明行为指数主评中得分最高的三个项目为公共旅游文明行为、公共网络文明行为、公共秩序（交通）文明行为，分别为 91.057 分、90.865 分、90.710 分。主评指数得分明显高于相应指标的客评指数得分，且主评中得分最高的三项与客评统计中的数据一致，可见，居民公共文明行为的自我认知和他人认知基本保持一致。公共卫生文明 90.191 分、公共礼仪文明 89.677 分、公共服务文明 87.744 分，分别位列第四至六名。本书运用好、较好、一般、较差和差的五个评价等级对文明指数进行评估，就主评指数评估结果 90.041 来看，思明区国内居民认为自己在公共文明行为表现状况属于“好”水平。

表 3-12　主评总体指数具体情况

一级指标	分值
A1　公共礼仪文明行为	89.677
A2　公共卫生文明行为	90.191
A3　公共秩序（交通）文明行为	90.710
A4　公共网络文明行为	90.865
A5　公共服务文明行为	87.744
A6　公共旅游文明行为	91.057
主评文明行为指数	90.041

2. 具体指标数据分析

主评问卷中共包含 6 个一级指标，公共礼仪、公共服务、公共网络、公共旅游、公共卫生和公共秩序（交通）文明行为都需要良好的自我管理进行约束，是个人公德和文明素质的体现。主评问卷通过调查居民对自身的公共文明行为的认知情况，从主观层面获取思明区公共文明行为指数数据，6 个一级指标从不同的公共文明行为角度测量居民的公共行为，整体全面地表现居民的公共文明行为特点,有利于全方位地了解相关情况,更有效地作出判断。

(1)公共礼仪文明行为指数

统计结果显示,2018年厦门市思明区居民在公共礼仪文明行为方面的主评指数为89.677,对公共礼仪文明行为的评价体现在7个方面,指数得分由高到低依次是"与人交往诚实守信"90.349分、"与人交流时面带微笑"90.046分、"公共场所保持安静不喧哗"89.863分、"在公共场所不拥挤"89.712分、"低语交谈,交谈时不大声喧哗"89.590分、"公共场所举止儒雅"89.378分、"参加健康有益的文体活动"88.801分。公共文明行为指数最高的是"与人交往诚实守信",最低的是"参加健康有益的文体活动"(见表3-13)。公共礼仪主评指数的整体水平还是比较高的,思明区居民较高的受教育水平、待人和气的态度等都使居民在公共礼仪的主评指数保持一个相对较高的水平。

表3-13 公共礼仪文明行为主评指数

一级指标	分值	二级指标	分值
B1 公共礼仪文明行为	89.677	B1-1 低语交谈,交谈时不大声喧哗	89.590
		B1-2 与人交流时面带微笑	90.046
		B1-3 与人交往诚实守信	90.349
		B1-4 公共场合举止端雅	89.378
		B1-5 参加健康有益的文体活动	88.801
		B1-6 在公共场所不拥挤	89.712
		B1-7 公共场所保持安静不喧哗	89.863

(2)公共卫生文明行为指数

统计结果显示,2018年厦门市思明区居民在公共卫生文明行为方面的主评指数为90.191,对公共卫生文明行为的评价体现在五个方面,指数得分由高到低依次是"不乱扔垃圾"90.804分、"不随地吐痰"90.713分、"不在设有禁烟标志的公共场所抽烟"90.288分、"打喷嚏时,有所遮蔽"90.046分、"主动清理宠物粪便"89.105分。公共文明行为指数最高的是"不乱扔垃圾",最低的是"主动清理宠物粪便"(见表3-14)。公共卫生文明行为主评指数的整体水平还是比较高的,但是也存在一些问题,我们了解到"垃圾分类投放"做得相对较差,一些街道垃圾分类仍是个难题,沿街商铺聚集了很多小饭店和小摊贩,厨余垃圾过多,导致街道卫生状况和垃圾分类情况堪忧。为了解决这一难题,街道社区想了很多办法,比如清洁工定时定点上门收垃圾、清洁工定时清扫街道和垃圾桶、洒水车和清扫车定时清扫街道等,相较之前取得了显著的成效。

表 3-14　公共卫生文明行为主评指数

一级指标	分值	二级指标	分值
B2 公共卫生文明行为	90.191	B2-1 不乱扔垃圾	90.804
		B2-2 不随地吐痰	90.713
		B2-3 主动清理宠物粪便	89.105
		B2-4 不在设有禁烟标志的公共场所抽烟	90.288
		B2-5 打喷嚏时，有所遮蔽	90.046

(3)公共秩序(交通)文明行为指数

统计结果显示，2018 年厦门市思明区居民在公共秩序(交通)文明行为方面的主评指数为 90.710，对公共秩序(交通)文明行为的评价体现在 11 个方面，指数得分由高到低依次是“乘坐公交或地铁时有序排队”91.290 分、“为老弱病残孕及怀抱婴儿者主动让座”91.077 分、“自觉遵守交通规则”90.865 分、“行人和车辆礼貌避让”90.744 分、“车身标语按规使用文明用语”90.713 分、“安全防范措施到位”90.622 分、“行人过马路时走人行道”90.592 分、“不践踏草坪和花木”90.561 分、“车辆不违章驾驶”90.531 分、“车容车貌整洁”90.501 分、和“在地面标示的规定区域有序停车”90.319 分。指数得分最高的是“乘坐公交或地铁时有序排队”，最低的是“在地面标示的规定区域有序停车”(见表 3-15)。

表 3-15　公共秩序(交通)文明行为主评指数

一级指标	分值	二级指标	分值
B3 公共秩序(交通)文明行为	90.710	B3-1 自觉遵守交通规则	90.865
		B3-2 行人过马路时走人行道	90.592
		B3-3 行人和车辆礼貌避让	90.744
		B3-4 乘坐公交或地铁时有序排队	91.290
		B3-5 为老弱病残孕及怀抱婴儿者主动让座	91.077
		B3-6 车容车貌整洁	90.501
		B3-7 车身标语按规使用文明用语	90.713
		B3-8 车辆不违章驾驶	90.531
		B3-9 安全防范措施到位	90.622
		B3-10 在地面标示的规定区域有序停车	90.319
		B3-11 不践踏草坪和花木	90.561

“乘坐公交或地铁时有序排队”和“为老弱病残孕及怀抱婴儿者主动让座”分别得分为91.290分、91.077分,主评指标中得分最高。可见,思明区居民认为自己在这两个方面做得不错,这既得益于居民自身的文明素质和自我管理的推动,也得益于思明区相关部门对“文明礼让”和“文明出行”等新风尚的宣传。这一新风尚吹进了居民的心里,深深影响着居民的出行行为,让公共秩序(交通)行为变得更加有秩序。

“在地面标示的规定区域有序停车”得分90.319,居民认为自己在这一方面做得相对不好,这主要是由于思明区土地资源紧张、车库车位基础设施不足。随着经济的发展,大多数家庭都拥有了一辆甚至更多辆小轿车,基础设施和车位的规划没有跟得上需求的增长,另外,由于思明区是厦门市主要的旅游区,外来车辆的进入流量也很大,给思明区交通带来了压力。除了居民自我意识的提升,相关部门应该加强对社区、街道、商业地区停车场所的规划,科学预测车流量,合理规划停车场所,更好地提升居民停车的便捷性与满意度。

(4)公共网络文明行为指数

统计结果显示,2018年厦门市思明区居民在公共网络文明行为方面的主评指数为90.865,对公共网络文明行为的评价体现在三个方面,指数得分由高到低依次是“不浏览/传播不良信息”90.926分、“网络用语文明,不谩骂、攻击他人”90.653分、“不传播虚假信息”90.017分。

表3-16 公共网络文明行为主评指数

一级指标	分值	二级指标	分值
B4公共网络文明行为	90.865	B4-1 网络用语文明,不谩骂、攻击他人	90.653
		B4-2 不浏览/传播不良信息	90.926
		B4-3 不传播虚假信息	91.017

随着信息技术和互联网技术的发展,我国网民数量越来越多,网络逐渐具有公共空间的属性。网络在为我们提供交流、学习等空间的同时,也对我们提出了更高的要求,公共网络文明应运而生。居民在公共网络空间的一言一行不仅是自身素质的体现,也是城市文明的重要窗口。思明区的一系列网络文明传播活动等,都对思明区居民的网络行为产生了重要的影响,使思明区居民能在公共网络的使用中自觉主动地自我约束和自我管理,共同维护着思明区公共网络文明这一方净土。

(5)公共服务文明行为指数

统计结果显示,2018年厦门市思明区居民在公共服务文明行为方面的主评指数为87.744,对公共服务文明行为的评价体现在6个方面,指数得分由高到低依次是"遵守良好的职业道德"89.560分、"有强烈的服务意识,向他人提供帮助"88.346分、"鼓励身边的人参与公共服务和公益"87.466分、"热心参与社区公益活动"87.375分、"积极参加志愿者活动"87.314分、"积极参加献血、捐款等公益活动"86.404分。指数得分最高的是"遵守良好的职业道德",得分最低的是"积极参加献血、捐款等公益活动"(见表3-17)。

统计结果显示,思明区居民对公共服务文明行为的主评指标略高于客评指标,指标得分排序与客评指标的情况基本一致。公共服务和志愿服务体现着居民的良善之心,是居民参与社会公共服务的表现,是公共文明的表现。近年来,思明区大力推行各类公共服务活动,主题活动的对象范围包含各类居民群体,获得了居民的大力支持。与其他主评一级指标相比,公共服务文明的主评指数得分位列最后一名,可见,居民认为自身在公共服务行为方面做得仍有不足。思明区相关部门应重视此现象,根据社区的不同特点、不同人群持续推进公共服务和公益活动的开展,为居民提供参与的机会与条件,引导居民参与公共服务的思想自觉和行动自觉,让居民发自内心、主动地参与公共服务。

表3-17　公共服务文明行为主评指数

一级指标	分值	二级指标	分值
B5 公共服务文明行为	87.744	B5-1 积极参加献血、捐款等公益活动	86.404
		B5-2 热心参与社区公益活动	87.375
		B5-3 积极参加志愿者活动	87.314
		B5-4 有强烈的服务意识,向他人提供帮助	88.346
		B5-5 遵守良好的职业道德	89.560
		B5-6 鼓励身边的人参与公共服务和公益	87.466

(6)公共旅游文明行为指数

统计结果显示,2018年厦门市思明区居民在公共旅游文明方面的主评指数为91.057,与客评指数排位一致,在6个一级指标中位列第一,可见,近几年思明区在公共旅游文明方面成效显著。关于公共旅游方面的文明行为评价,主要包含6个方面,指数得分由高到低依次是"能按时入场退场"91.411

分、"爱护公物,不乱涂乱画"91.381分、"得到帮助或服务时表达谢意"91.351分、"友善对待外来人员"91.108分、"耐心热情回答陌生人的询问"90.774分、"主动给予外地游客帮助"90.319分。

文明指数得分最高的是"能按时入场退场",文明指数得分最低的是"主动给予外地游客帮助"(见表3-18)。日常经验表明,前往电影院或话剧院等场所观看电影或演出的居民具有较高的文化程度、一定的消费能力与较高的文明素养,因此居民认为"能按时入场退场"这一公共旅游文明行为的文明指数最高。"主动给予外地游客帮助"的得分较低,我们通过访谈发现,大多街道都提到,近几年来思明区的外国游客和居民日益增多,大多居民的外语口语能力较弱,无法有效沟通,在主动给予外国游客帮助方面心有余而力不足,因此居民自评在"主动给予外地游客帮助"这一方面做得不够好。鉴于此,思明区相关部门可以推出相应的措施予以推动,比如官任社区举办的官任国际学堂公益课,不仅致力于传播中国传统文化,开办宣传中国传统文化的书画课,而且吸引了众多外国志愿者开办韩语课、英语课等,在社区中营造了良好的学外语的氛围。这一措施推动了居民和境外居民的友好关系的构建,有利于提升居民的外语水平,推动居民和外国游客友好关系的建立。

表3-18　公共旅游文明行为主评指数

一级指标	分值	二级指标	分值
B6公共旅游文明行为	91.057	B6-1能按时入场、退场	91.411
		B6-2爱护公物,不乱涂乱画	91.381
		B6-3得到帮助或服务时表达谢意	91.351
		B6-4耐心热情回答陌生人的询问	90.774
		B6-5友善对待外来人员	91.108
		B6-6主动给予外地游客帮助	90.319

(7)思明区国内居民主评指数最高的十大公共文明行为

从表3-19可以看出,厦门思明区国内居民主评指数最高的十大公共文明行为的指数值都在90以上,"能按时入场、退场"公共文明行为的自我评价最高。同时,可以发现,主评指数最高的十大文明行为集中于公共网络、公共秩序(交通)和公共旅游文明行为三个方面,其中,排名前三的均为公共旅游文明行为。可见,思明区居民认为自身在公共秩序(交通)、公共旅游和公共网络方面做得较好。

表 3-19　2018 年厦门市思明区主评指数最高的十大公共文明行为

排序	公共文明行为	主评指数
1	B6-1 能按时入场、退场	91.411
2	B6-2 爱护公物，不乱涂乱画	91.381
3	B6-3 得到帮助或服务时表达谢意	91.351
4	B3-4 乘坐公交或地铁时有序排队	91.290
5	B6-5 友善对待外来人员	91.108
6	B3-5 为老弱病残孕及怀抱婴儿者主动让座	91.077
7	B4-3 不传播虚假信息	91.017
8	B4-2 不浏览/传播不良信息	90.926
9	B3-1 自觉遵守交通规则	90.865
10	B2-1 不乱扔垃圾	90.804

(8)思明区国内居民主评指数最低的十大公共文明行为

从表 3-20 可以看出，厦门市思明区国内居民自我评价最低的十大公共文明行为的指数值最低为 86.404，对“积极参加献血、捐款等公益活动”的自我评价最低。

表 3-20　2018 年厦门市思明区主评指数最低的十大公共文明行为

排序	公共文明行为	主评指数
10	B1-1 低语交谈，交谈时不大声喧哗	89.590
9	B5-5 遵守良好的职业道德	89.560
8	B1-4 公共场合举止端雅	89.378
7	B2-3 主动清理宠物粪便	89.105
6	B1-5 参加健康有益的文体活动	88.801
5	B5-4 有强烈的服务意识，向他人提供帮助	88.346
4	B5-6 鼓励身边的人参与公共服务和公益	87.466
3	B5-2 热心参与社区公益活动	87.375
2	B5-3 积极参加志愿者活动	87.314
1	B5-1 积极参加献血、捐款等公益活动	86.404

(9)认为自己最需要改进的公共文明行为

在国内居民主评问卷中，我们发现，居民认为自己最应该改进的前三位的公共文明行为是公共网络文明行为、公共卫生文明行为和公共服务文明行为,分别占22.33%、19.56%与19.42%,这也与客评问卷中"认为他人最应该改进的公共文明行为"的统计结果相一致。更加表明,思明区居民对公共服务文明和公共卫生文明的需求还未得到满足,一方面,要建立完善的制度措施和基础设施,为公共服务文明和公共卫生文明的创建提供有力的支撑。另一方面,要继续加强对居民公共服务文明意识和公共卫生文明意识的引导,尤其是城中村区域。力争从文明风尚和制度、设施基础两个方面,从软环境和硬环境入手,全面提升思明区的公共服务文明和公共卫生文明水平。

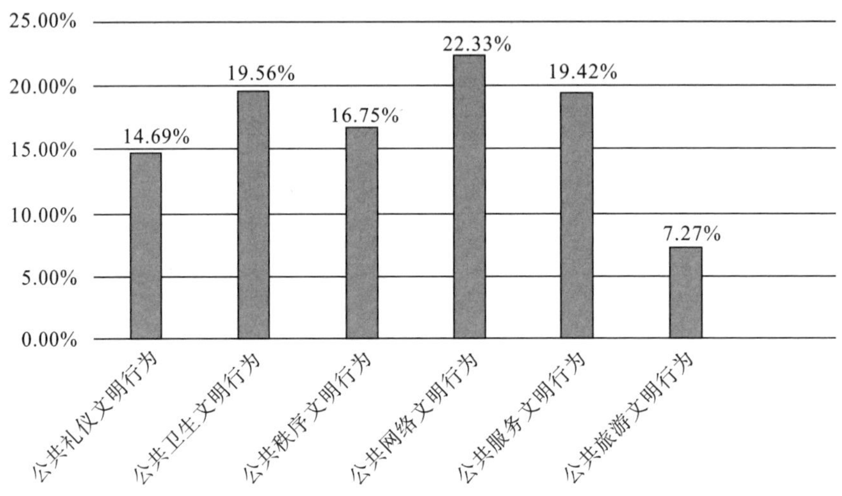

图3-9 认为自己最应该改进的公共文明行为

(四)国内居民认知问卷分析报告

认知问卷针对思明区的情况进行了整体情况的设问,主要涉及居民是否支持厦门思明区创建"全国公共文明行为典范城市"活动,居民认为当前思明区公共文明行为建设工作成效如何,居民认为思明区公共文明行为建设工作的主要优势体现在哪些方面,居民认为思明区公共文明行为建设工作的主要劣势体现在哪些方面,居民认为厦门市思明区公共文明行为的影响是怎样的,居民认为未来思明区在文明城市创建活动中最需要改进哪些方面等。

立足于厦门市思明区的特点,结合当前思明区开展文明创建活动的情况,调查居民对思明区文明创建活动的看法、意见等,有利于将客评主评问卷内容与厦门市思明区的具体情况相结合,有利于获取居民对思明区文明创建活动看法的第一手资料,从而更好地发现问题、解决问题。总体而言,厦门市思明区居民对思明区文明创建活动的支持度和评价都很高，且大部分居民都愿意响应思明区的文明创建活动，积极参与文明建设活动。

1. 是否支持厦门思明区创建"全国公共文明行为典范城市"活动

统计结果显示，关于是否支持厦门思明区创建"全国公共文明行为典范城市"活动，大部分思明区居民表示"非常支持"和"支持"思明区创建"全国公共文明行为典范城市"的活动。59.94%的居民表示"非常支持"，33.23%的居民表示"支持"，4.25%的居民表示"无所谓"，只有2.58%的居民表示"不支持"(见表3-21)。有了居民的支持，思明区政府就能更好地开展各项文明创建工作。

表3-21 思明区居民对"全国公共文明行为典范城市"活动的支持情况

选项	次数	百分比(%)
非常支持	395	59.94
支持	219	33.23
无所谓	28	4.25
不支持	17	2.58
总计	659	100.0

2. 当前思明区公共文明行为建设工作的成效

关于居民对当前思明区公共文明行为建设工作成效的认知，统计结果显示49.00%的居民认为当前思明区公共文明行为建设工作成效水平为"好"，37.60%的居民认为"较好"，12.10%的居民认为"一般"，只有0.80%的居民认为"较差"、0.50%的居民认为"差"(见表3-22)。厦门市思明区居民对于当前思明区公共文明行为建设工作的肯定和认可，是对近几年来思明区相关部门文明创建工作的肯定，也是接下来思明区继续推进文明创建工作的动力。

表3-22 当前思明区公共文明行为建设工作成效

选项	次数	百分比(%)
好	323	49.0
较好	248	37.6
一般	80	12.1
较差	5	0.8
差	3	0.5
总计	659	100.0

3. 思明区公共文明行为建设工作的主要优势与劣势

关于思明区公共文明行为建设工作的主要优势,调查表明,居民认为思明区公共文明行为建设工作的主要优势在于公共礼仪文明行为、公共卫生文明行为和公共服务文明行为,分别占比为 21.60%、19.40%和 19.15%。

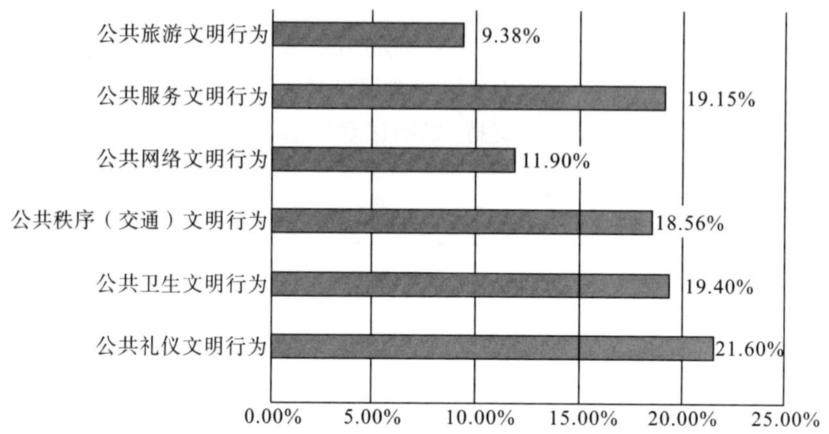

图 3-10　思明区公共文明行为建设工作的主要优势

关于思明区公共文明行为建设工作的主要劣势,调查表明居民认为思明区公共文明行为建设工作的主要劣势集中在公共秩序(交通)文明行为、公共卫生文明行为和公共服务文明行为,分别占比为 19.97%、19.26%和 18.61%。

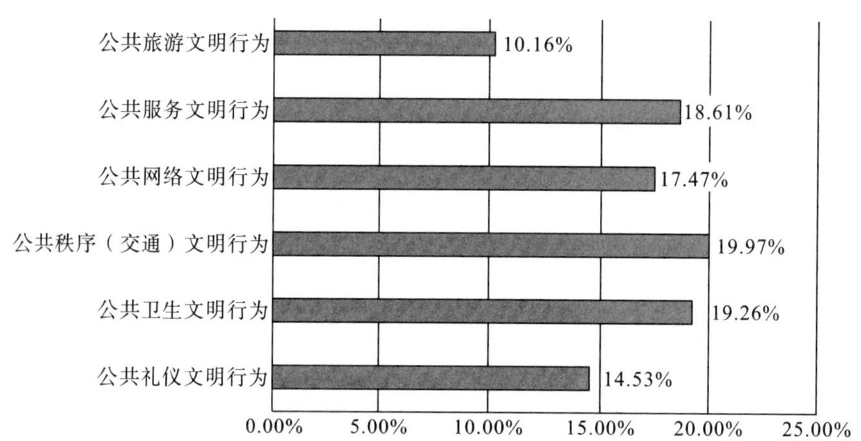

图 3-11　思明区公共文明行为建设工作的主要劣势

由以上数据可知,公共卫生文明行为和公共服务文明行为同时出现在了思明区公共文明行为建设工作的优势与劣势中。通过访谈和现场观察，我们发现，之所以出现这样的结果，原因有很多：一是思明区存在着大面积的城中村社区，城中村的存在使居民对公共卫生文明行为的评价降低，居民认为这是文明建设中很大的问题；二是思明区是典型的旅游区，大多数的街道、景点、商业区都维持着良好的公共卫生环境，得天独厚和依山傍水的地理位置，使居民认为公共卫生理应是思明区公共文明行为创建工作中的一大优势；三是公共服务活动分布不均衡，一些社区尤其是城中村社区公共服务举办次数较少、体验相对较差，而其他社区公共服务活动趋于常态化、完善化。鉴于此，思明区公共文明行为建设工作的主要优势与劣势集中在了这几个方面。思明区应重视这一问题，有效配置资源，推动公共服务文明创建活动实现社区间的均等化，推动公共卫生尤其是城中村的公共卫生状况的改善。

4. 文明创建活动对厦门市思明区公共文明行为的影响

关于厦门市思明区文明创建活动对厦门市思明区公共文明行为的影响，统计结果显示大多数居民认为有影响，只有小部分居民认为有“基本没影响”或“完全没影响”。在公共礼仪、公共卫生、公共秩序（交通）、公共网络、公共服务和公共旅游 6 个文明行为方面，居民认为思明区文明创建活动对思明区公共文明行为的影响为“很有影响”和“有影响”的比例集中在 58%～60%和 28%～33%，可见，大部分居民认为思明区文明创建活动对公共文明行为是有影响的。居民认为“基本没影响”或“完全没影响”分别占比 0.40%～2.00%和 0.30%～1.40%，居民认为影响“一般”的约为 10%（见表 3-23）。大部分居民对于思明区文明创建活动的影响是认可的，给予了思明区相关部门很大信心，有利于思明区更好地开展相关的文明创建工作。

表 3-23　文明创建活动对厦门市思明区公共文明行为的影响

	很有影响	有影响	一般	基本没影响	完全没影响	总计
公共礼仪文明行为	388/58.9	218/33.1	48/7.3	3/0.5	2/0.3	659/100
公共卫生文明行为	392/59.5	207/31.4	53/8	5/0.8	2/0.3	659/100
公共秩序（交通）文明行为	393/59.6	189/28.7	70/10.6	5/0.8	2/0.3	659/100
公共网络文明行为	360/54.6	212/32.2	74/11.2	11/1.7	2/0.3	659/100
公共服务文明行为	392/59.5	189/28.7	61/9.3	11/1.7	6/0.9	659/100
公共旅游文明行为	383/58.1	197/29.9	57/8.6	13/2.0	9/1.4	659/100

5. 认为未来思明区在文明城市创建活动中最需要改进的方面

调查表明,关于未来思明区在文明城市创建活动中最需要改进的方面,12.98%的居民认为应改进公平正义的法治环境,12.21%的居民诚信守法的市场环境,10.18%的居民认为应改进舒适便利的生活环境,认为应改进文明道德风尚培育、廉洁高效的政务环境、安全稳定的社会环境的居民占比都约为9.00%。认为应该改进理想信念教育、有利于青少年健康成长的社会文化环境、健康向上的人文环境的居民占比都超过8.00%,认为应改进社会主义核心价值观建设的居民占比约为7.00%,认为应该改进长效常态的创建工作机制的居民占比4.52%。可见,思明区居民对于法治环境、市场环境和生活环境的改进诉求声较高。

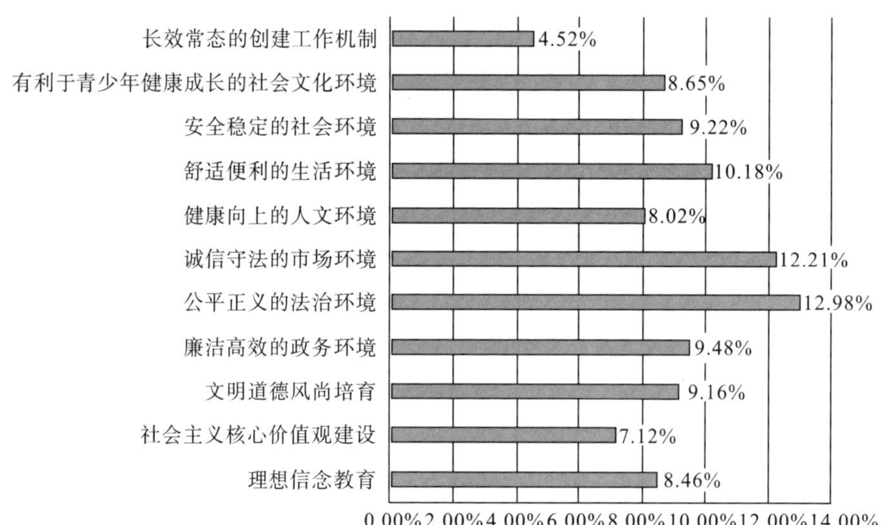

图 3-12 未来思明区在文明城市创建活动中最需要改进的方面

三、境外居民调查问卷分析报告

境外居民问卷调查中,我们面向生活在厦门市思明区的境外居民发放问卷200份,回收问卷191份,问卷回收率为95.50%,问卷有效率为100%。调查问卷中涉及公共礼仪文明行为、公共卫生文明行为、公共秩序(交通)文明行为、公共网络文明行为、公共服务文明行为、公共旅游行文明行为6项一级指标和38项二级指标。问卷内容分为客评、主评两大部分,客评和主评部分是居民对他人和自我行为的评价，得出的文明指数是居民公共文明行为综合指数的重要组成部分。我们将从客评指数和主评指数两大方面分析境外居民问卷调查的数据。

（一）样本概况

我们向厦门市思明区的境外居民发放问卷共 200 份，回收问卷 191 份，问卷回收率为 95.50%，问卷有效率为 100%（见表 3-24）。

表 3-24　思明区境外居民调查样本的基本情况

变量	具体指标	频数	百分比（%）	变量	具体指标	频数	百分比（%）
生活年限	0.5～3 年	134	70.2	年龄	18 岁以下	8	4.2
	4～10 年	32	16.8		19—35 岁	82	42.9
	10 年及以上	25	13.1		36—55 岁	69	36.1
性别	男	100	52.4		56 岁及以上	32	16.8
	女	91	47.6	职业	留学生	43	22.5
学历	小学及以下	1	0.5		商务人员	81	42.4
	初中	5	2.6		公职人员	9	4.7
	高中	19	9.9		宗教人士	6	3.1
	普通专科	24	12.6		离退休人员	12	6.3
	大学本科	91	47.6		教育工作者（外教）	26	13.6
	硕士研究生	43	22.5				
	博士研究生	8	4.2		其他	14	7.3

（二）境外居民问卷分析报告

1. 总体指标数据分析

思明区境外居民公共文明行为客评问卷的行为指数以被调查者对他人的公共文明行为评价作为主要衡量依据。客评问卷涉及公共礼仪、公共卫生、公共秩序（交通）、公共网络、公共服务和公共旅游 6 大公共文明行为，其中共有 38 项二级指标。从问卷统计的结果来看，公共文明行为指数的境外居民客评部分评估结果显示(见表 3-25),思明区公共文明行为指数客评中得分最高的四个项目为公共旅游文明行为、公共服务文明行为、公共秩序(交通)文明行为、公共网络文明行为,分别为 83.962 分、82.339 分、82.332 分和 82.024 分。公共礼仪文明行为 78.025 分、公共卫生文明行为 74.660 分,分别位列第五、六名。本书运用好、较好、一般、较差和差的五个评价等级对文明行为指数进行评估,就客评指数评估结果来看,思明区境外居民认为身边的思明区居民在公共文明行为表现状况属"较好"与"好"的中下水平。

表 3-25 客评总体指数具体情况

一级指标	分值
A1 公共礼仪文明行为	78.025
A2 公共卫生文明行为	74.660
A3 公共秩序(交通)文明行为	82.332
A4 公共网络文明行为	82.024
A5 公共服务文明行为	82.339
A6 公共旅游文明行为	83.962
客评文明行为指数	80.557

思明区境外居民公共文明行为主评问卷的行为指数以被调查者对自己的公共文明行为评价作为主要衡量依据。从问卷统计的结果来看,公共文明行为指数的境外居民主评部分评估结果显示,思明区公共文明行为指数主评中得分最高的三个项目为公共旅游文明行为、公共网络文明行为、公共卫生文明行为,分别为 91.937 分、91.937 分、91.791 分。公共礼仪文明行为 89.813 分、公共秩序(交通)文明行为 90.652 分、公共服务文明 86.981 分(见表 3-26)。就主评指数评估结果来看,思明区境外居民认为自己在公共文明行为表现状况属于"好"的水平。

表 3-26 主评总体指数具体情况

一级指标	分值
B1 公共礼仪文明行为	89.813
B2 公共卫生文明行为	91.791
B3 公共秩序(交通)文明行为	90.652
B4 公共网络文明行为	91.937
B5 公共服务文明行为	86.981
B6 公共旅游文明行为	91.937
主评文明行为指数	90.519

2. 具体指标数据分析

(1)公共礼仪文明行为指数

统计结果显示,2018 年厦门市思明区境外居民在公共礼仪文明行为方面的客评指数为 78.025,对公共礼仪文明行为的评价体现在七个方面,指数得分由高到低依次是“与人交流时面带微笑”82.199 分、“与人交往诚实守信”81.885 分、“参加健康有益的文体活动”80.314 分、“公共场所举止儒雅”80.209 分、“低语交谈,交谈时不大声喧哗”77.173 分、“公共场所保持安静不喧哗”72.356 分、“在公共场所不拥挤”72.042 分。公共文明行为指数最高的是“与人交流时面带微笑”,最低的是“在公共场所不拥挤”(见表 3-27)。

表 3-27　公共礼仪文明行为客评指数

一级指标	分值	二级指标	分值
A1 公共礼仪文明行为	78.025	A1-1 低语交谈,交谈时不大声喧哗	77.173
		A1-2 与人交流时面带微笑	82.199
		A1-3 与人交往诚实守信	81.885
		A1-4 公共场合举止端雅	80.209
		A1-5 参加健康有益的文体活动	80.314
		A1-6 在公共场所不拥挤	72.042
		A1-7 公共场所保持安静不喧哗	72.356

统计结果显示,2018 年厦门市思明区境外居民在公共礼仪文明行为方面的主评指数为 89.813,其中主评指标分数最高的是“与人交往诚实守信”92.670 分、“公共场所举止儒雅”90.995 分、“与人交流时面带微笑”90.785 分。其他指标主评得分分别为“低语交谈,交谈时不大声喧哗”89.319 分、“公共场所保持安静不喧哗”89.110 分、“参加健康有益的文体活动”88.063 分、“在公共场所不拥挤”87.749 分。最高的是“与人交往诚实守信”,最低的是“在公共场所不拥挤”(见表 3-28)。

表 3-28　公共礼仪文明行为主评指数

一级指标	分值	二级指标	分值
B1 公共礼仪文明行为	89.813	B1-1 低语交谈,交谈时不大声喧哗	89.319
		B1-2 与人交流时面带微笑	90.785
		B1-3 与人交往诚实守信	92.670
		B1-4 公共场合举止端雅	90.995
		B1-5 参加健康有益的文体活动	88.063
		B1-6 在公共场所不拥挤	87.749
		B1-7 公共场所保持安静不喧哗	89.110

(2)公共卫生文明行为指数

统计结果显示,2018 年厦门市思明区境外居民在公共卫生文明行为方面的客评指数为 74.660,对公共卫生文明行为的评价体现在五个方面,指数得分由高到低依次是“不乱扔垃圾”81.257 分、“不随地吐痰”79.162 分、“不在设有禁烟标志的公共场所抽烟”72.251 分、“打喷嚏时,有所遮蔽”70.366 分、“主动清理宠物粪便”70.262 分。公共文明行为指数最高的是“不乱扔垃圾”,得分最低的是“主动清理宠物粪便”(见表 3-29)。

表 3-29　公共卫生文明行为客评指数

一级指标	分值	二级指标	分值
A2 公共卫生文明行为	74.660	A2-1 不乱扔垃圾	81.257
		A2-2 不随地吐痰	79.162
		A2-3 主动清理宠物粪便	70.262
		A2-4 不在设有禁烟标志的公共场所抽烟	72.251
		A2-5 打喷嚏时,有所遮蔽	70.366

统计结果显示,2018 年厦门市思明区境外居民在公共卫生文明行为方面的主评指数为 91.791,对公共卫生文明行为的评价体现在五个方面,指数得分由高到低依次是“不随地吐痰”93.927 分、“不乱扔垃圾”92.670 分、“主动清理宠物粪便”92.042 分、“不在设有禁烟标志的公共场所抽烟”90.890 分、“打喷嚏时,有所遮蔽”89.424 分。公共文明行为指数最高的是“不随地吐痰”,最低的是“打喷嚏时,有所遮蔽”(见表 3-30)。

表 3-30　公共卫生文明行为主评指数

一级指标	分值	二级指标	分值
B2 公共卫生文明行为	91.791	B2-1 不乱扔垃圾	92.670
		B2-2 不随地吐痰	93.927
		B2-3 主动清理宠物粪便	92.042
		B2-4 不在设有禁烟标志的公共场所抽烟	90.890
		B2-5 打喷嚏时，有所遮蔽	89.424

(3)公共秩序(交通)文明行为指数

统计结果显示，2018 年厦门市思明区境外居民在公共秩序(交通)文明行为方面的客评指数为 82.332，对公共秩序(交通)文明行为的评价体现在 11 个方面，指数得分由高到低依次是"为老弱病残孕及怀抱婴儿者主动让座"89.738 分、"车身标语按规使用文明用语"和"车容车貌整洁"84.607 分、"车辆不违章驾驶"82.723 分、"自觉遵守交通规则"81.571 分、"安全防范措施到位"81.361 分、"行人和车辆礼貌避让"81.047 分、"行人过马路时走人行道"和"在地面标示的规定区域有序停车"80.628 分、"不践踏草坪和花木"79.791 分、"乘坐公交或地铁时有序排队"78.953 分。指数得分最高的是"为老弱病残孕及怀抱婴儿者主动让座"，最低的是"乘坐公交或地铁时有序排队"(见表 3-31)。得分最低的"乘坐公交或地铁时有序排队"与国内居民客评结果一致，思明区居民乘坐公共交通工具有序上下车方面的表现有待提升。

表 3-31　公共秩序(交通)文明行为客评指数

一级指标	分值	二级指标	分值
A3 公共秩序(交通)文明行为	82.332	A3-1 自觉遵守交通规则	81.571
		A3-2 行人过马路时走人行道	80.628
		A3-3 行人和车辆礼貌避让	81.047
		A3-4 乘坐公交或地铁时有序排队	78.953
		A3-5 为老弱病残孕及怀抱婴儿者主动让座	89.738
		A3-6 车容车貌整洁	84.607
		A3-7 车身标语按规使用文明用语	84.607
		A3-8 车辆不违章驾驶	82.723
		A3-9 安全防范措施到位	81.361
		A3-10 在地面标示的规定区域有序停车	80.628
		A3-11 不践踏草坪和花木	79.791

统计结果显示,2018 年厦门市思明区境外居民在公共秩序(交通)文明行为方面的主评指数为 90.652,对公共秩序(交通)文明行为的评价体现在 11 个方面,指数得分由高到低依次是"安全防范措施到位"92.565 分、"为老弱病残孕及怀抱婴儿者主动让座"91.518 分、"车辆不违章驾驶"91.204 分、"行人和车辆礼貌避让"91.099 分、"乘坐公交或地铁时有序排队"90.576 分、"车身标语按规使用文明用语"90.471 分、"行人过马路时走人行道"90.471 分、"自觉遵守交通规则"90.157 分、"在地面标示的规定区域有序停车"90.157 分、"不践踏草坪和花木"90.052 分、"车容车貌整洁"88.901 分(见表 3-32)。

表 3-32 公共秩序(交通)文明行为主评指数

一级指标	分值	二级指标	分值
B3 公共秩序(交通)文明行为	90.652	B3-1 自觉遵守交通规则	90.157
		B3-2 行人过马路时走人行道	90.471
		B3-3 行人和车辆礼貌避让	91.099
		B3-4 乘坐公交或地铁时有序排队	90.576
		B3-5 为老弱病残孕及怀抱婴儿者主动让座	91.518
		B3-6 车容车貌整洁	88.901
		B3-7 车身标语按规使用文明用语	90.471
		B3-8 车辆不违章驾驶	91.204
		B3-9 安全防范措施到位	92.565
		B3-10 在地面标示的规定区域有序停车	90.157
		B3-11 不践踏草坪和花木	90.052

(4)公共网络文明行为指数

统计结果显示,2018 年厦门市思明区境外居在公共网络文明行为方面的客评指数为 82.024,对公共网络文明行为的评价体现在三个方面,指数得分由高到低依次是"不浏览/传播不良信息"82.827 分、"不传播虚假信息"82.304 分、"网络用语文明,不谩骂、攻击他人"80.942 分(见表 3-33)。

表 3-33　公共网络文明行为客评指数

一级指标	分值	二级指标	分值
A4 公共网络文明行为	82.024	A4-1 网络用语文明，不谩骂、攻击他人	80.942
		A4-2 不浏览/传播不良信息	82.827
		A4-3 不传播虚假信息	82.304

统计结果显示，2018 年厦门市思明区境外居民在公共网络文明行为方面的主评指数为 91.937，对公共网络文明行为的评价体现在三个方面，指数得分由高到低依次是“不传播虚假信息”92.251 分、“网络用语文明，不谩骂、攻击他人”91.832 分、“不浏览/传播不良信息”91.728 分。

表 3-34　公共网络文明行为主评指数

一级指标	分值	二级指标	分值
B4 公共网络文明行为	91.937	B4-1 网络用语文明，不谩骂、攻击他人	91.832
		B4-2 不浏览/传播不良信息	91.728
		B4-3 不传播虚假信息	92.251

(5)公共服务文明行为指数

统计结果显示，2018 年厦门市思明区境外居民在公共服务文明行为方面的客评指数为 82.339，对公共服务文明行为的评价体现在六个方面，指数得分由高到低依次是“积极参加志愿者活动”83.979 分、“热心参与社区公益活动”83.874 分、“积极参加献血、捐款等公益活动”83.141 分、“遵守良好的职业道德”83.037 分、“有强烈的服务意识，向他人提供帮助”81.047 分、“鼓励身边的人参与公共服务和公益”78.953 分。指数得分最高的是“积极参加志愿者活动”，得分最低的是“鼓励身边的人参与公共服务和公益”(见表 3-35)。

表 3-35　公共服务文明行为客评指数

一级指标	分值	二级指标	分值
A5 公共服务文明行为	82.339	A5-1 积极参加献血、捐款等公益活动	83.141
		A5-2 热心参与社区公益活动	83.874
		A5-3 积极参加志愿者活动	83.979
		A5-4 有强烈的服务意识，向他人提供帮助	81.047
		A5-5 遵守良好的职业道德	83.037
		A5-6 鼓励身边的人参与公共服务和公益	78.953

统计结果显示,2018年厦门市思明区境外居民在公共旅游文明方面的主评指数为86.981。对公共服务文明行为的评价体现在6个方面,指数得分由高到低依次是“遵守良好的职业道德”88.482分、“有强烈的服务意识,向他人提供帮助”87.958分、“热心参与社区公益活动”86.702分、“鼓励身边的人参与公共服务和公益”86.387分、“积极参加志愿者活动”86.178分、“积极参加献血、捐款等公益活动”86.178分。指数得分最高的是“遵守良好的职业道德”,得分最低的是“积极参加献血、捐款等公益活动”(见表3-36)。

表3-36 公共服务文明行为主评指数

一级指标	分值	二级指标	分值
B5公共服务文明行为	86.981	B5-1 积极参加献血、捐款等公益活动	86.178
		B5-2 热心参与社区公益活动	86.702
		B5-3 积极参加志愿者活动	86.178
		B5-4 有强烈的服务意识,向他人提供帮助	87.958
		B5-5 遵守良好的职业道德	88.482
		B5-6 鼓励身边的人参与公共服务和公益	86.387

(6)公共旅游文明行为指数

统计结果显示,2018年厦门市思明区境外居民在公共旅游文明方面的客评指数为83.962。对公共旅游文明行为的评价体现在6个方面,指数得分由高到低依次是“友善对待外来人员”86.911分、“主动给予外地游客帮助”84.817分、“能按时入场退场”84.188分、“耐心热情回答陌生人的询问”83.141分、“爱护公物,不乱涂乱画”82.408分、“得到帮助或服务时表达谢意”82.304分。文明指数得分最高的是“友善对待外来人员”,文明指数得分最低的是“得到帮助或服务时表达谢意”(见表3-37)。

表3-37 公共旅游文明行为客评指数

一级指标	分值	二级指标	分值
A6公共旅游文明行为	83.962	A6-1 能按时入场、退场	84.188
		A6-2 爱护公物,不乱涂乱画	82.408
		A6-3 得到帮助或服务时表达谢意	82.304
		A6-4 耐心热情回答陌生人的询问	83.141
		A6-5 友善对待外来人员	86.911
		A6-6 主动给予外地游客帮助	84.817

统计结果显示,2018年厦门市思明区境外居民在公共旅游文明方面的主评指数为91.937。关于公共旅游方面的文明行为评价,主要包含6个方面,指数得分由高到低依次是“得到帮助或服务时表达谢意”93.508分、“爱护公物,不乱涂乱画”93.089分、“能按时入场退场”91.518分、“耐心热情回答陌生人的询问”91.832分、“友善对待外来人员”91.728分、“主动给予外地游客帮助”89.948分(见表3-38)。

表3-38　公共旅游文明行为主评指数

一级指标	分值	二级指标	分值
B6公共旅游文明行为	91.937	B6-1能按时入场、退场	91.518
		B6-2爱护公物,不乱涂乱画	93.089
		B6-3得到帮助或服务时表达谢意	93.508
		B6-4耐心热情回答陌生人的询问	91.832
		B6-5友善对待外来人员	91.728
		B6-6主动给予外地游客帮助	89.948

四、现场观测调查报告

现场观测法也是思明区公共文明行为文明指数调查的主要方法。在现场观测指标的确立方面,根据《厦门市思明区公共文明行为指数调查指标体系》,确立了现场观测指标体系,包括公共礼仪文明行为、公共卫生文明行为、公共秩序(交通)文明行为和公共旅游文明行为4个一级指标,具体包括20个二级指标。同时,设计了指数调查的原始记录表,主要为分时段记录表和汇总表,通过开展暗访和非参与式观察,对观测点居民的公共文明行为进行观测记录。

在观测点的选取方面,依据厦门市思明区的人流特点和区域规划,坚持整体性和针对性原则,在思明区居民出入频繁的各类公共场所设置了17个观测点,进行公共文明行为指数现场观测。观测范围覆盖思明区的主要交通路口、重点大街、地铁和公交车及车站、影剧院、体育场馆、商场、社区等公共场所,具体包括书法广场、鹭城广场、厦门大学附属第一医院、厦门大学附属中山医院、第八海鲜市场、科技中学、湖滨中学、坑内社区、华侨博物馆、前田公交站、厦大西村公交站、135路(厦大学生公寓—中山路)、123路(思明区政府—古楼公交场站)、镇海路地铁站、环岛南路—曾厝垵西路交叉路口、镇海路—鹭江道交叉路口、星美国际影城17个观测点。

(一)现场观测的基本情况

在厦门市思明区居民出入频繁的各类公共场所(包括广场、医院、市场、社区、公交站、交通路口、电影院、学校等)设置了17个现场观测点,在工作日和双休日不同时段,对居民公共文明行为状况进行了累计200多小时的现场观测与数据采集。

观测指标包括公共礼仪、公共卫生、公共秩序(交通)和公共旅游等方面的文明行为共20个主要指标(见表3-39)。为便于数据比较,在各方面指标内涵设计上,除根据现场观测的特点做了必要的修正,还尽可能地与问卷调查的内容相统一,观测指标均为问卷中指标的反向表述。

表3-39　2018年厦门市思明区公共文明行为指数调查现场观测指标

指标(4项)	指标内涵(20项)
公共礼仪文明行为	1. 相互之间大声交谈不顾及他人
	2. 在公共场所做出不雅行为
	3. 在公共场所推攘拥挤
	4. 在公共场所大声喧哗
公共卫生文明行为	5. 扔垃圾时没有扔进垃圾箱
	6. 随地吐痰
	7. 遛宠物时不主动清理其排泄物
	8. 在禁烟公共场所抽烟
	9. 打喷嚏时没有遮掩
公共秩序(交通)文明行为	10. 行人乱穿马路、闯红灯、翻越栏杆
	11. 机动车与行人没有礼貌避让
	12. 乘坐公交或地铁时没有做到有序上下车
	13. 没有为老弱病残孕及怀抱婴儿者主动让座
	14. 车身标语没有按规使用文明用语
	15. 机动车有违章变道或加塞等违章驾驶行为
	16. 机动车不在地面标示的规定区域内停车
	17. 随意践踏草坪和花木

续表

指标(4 项)	指标内涵(20 项)
公共旅游文明行为	18. 公交车站与社区楼道等公物有乱涂写现象
	19. 没有在得到他人帮助时礼貌表达谢意
	20. 在陌生人问询时没有礼貌回应并帮助

(二)现场观测的数据分析

对所选定的厦门市思明区 17 个观测点在不同时段进行现场观测，所观测的总流量为 188646 人次/辆次，其中不文明现象发生量为 4333 人次/辆次，不文明现象总体发生率为 2.30%。

1. 四个方面的总体情况

从四个方面的情况来看，公共礼仪方面，观测总流量为 35000 人次，其中不文明现象发生量为 1120 人次，不文明现象发生率为 3.20%；公共秩序(交通)方面，观测流量为 63093 人次/辆次，不文明现象发生量为 2713 人次/辆次，不文明现象发生率为 4.30%；公共卫生方面，观测所得总流量为 59839 人次，其中不文明现象发生量为 371 人次，不文明现象发生率为 0.62%；公共旅游方面，观测所得总流量为 30714 人次，其中不文明现象发生量为 129 人次，不文明现象发生率为 0.42%。

四个方面不文明现象发生率从低到高依次为公共旅游文明行为、公共卫生文明行为、公共礼仪文明行为、公共秩序(交通)文明行为。

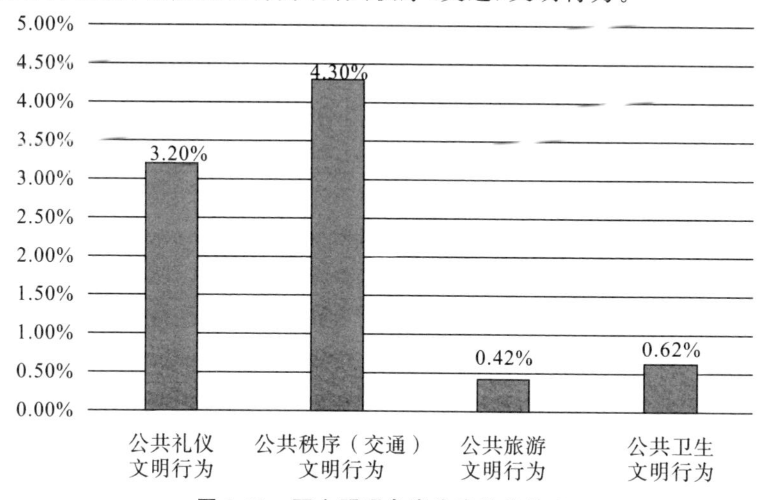

图 3-13　不文明现象发生率总体情况

2. 四个方面的具体情况

(1)公共礼仪文明行为

对所设置的 4 个指标在 07:00～09:00、10:00～12:00、13:00～15:00、16:00～18:00 全天内 4 个时段进行观测,观测的总流量为 35000 人次,其中不文明现象发生量为 1120 人次,不文明现象总体发生率为 3.20%。

从具体指标与公共礼仪方面的不文明现象总观测量的比较来看,"在公共场所大声喧哗"的不文明现象发生率最高,频数 409 次,占比 36.50%;"相互之间大声交谈不顾及他人"中发生的不文明行为频数 378 次,占公共礼仪方面不文明现象总观测量的 33.80%;"在公共场所做出不雅行为"和"在公共场所推攘拥挤"频数分别为 166 次和 167 次,分别占公共礼仪方面文明现象总观测量的 14.80%和 14.90%,明显低于"在公共场所大声喧哗"和"相互之间大声交谈不顾及他人"。

从具体指标的不文明现象发生率来看,"在公共场所大声喧哗"观测的总流量为 7250 人次,不文明现象发生量为 409 人次,不文明现象发生率为 5.64%;"相互之间大声交谈不顾及他人"所观测的总流量为 9947 人次,其中不文明现象发生量为 378 人次,不文明现象发生率为 3.80%;"在公共场所做出不雅行为"的总观测量为 9222 人次,不文明现象发生量为 166 人次,不文明现象发生率为 1.80%;"在公共场所推攘拥挤"的总观测量为 8581 人次,不文明现象发生量为 167 人次,不文明现象发生率为 1.95%(见图 3-14)。

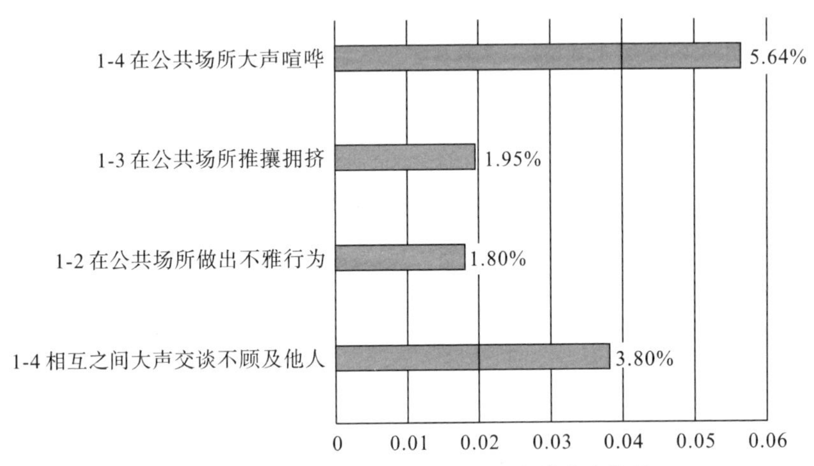

图 3-14　公共礼仪各指标不文明现象发生率比较

从时间段来看,7:00～9:00 观测总流量为 11295 人次,不文明现象发生量为 360 人次,不文明现象发生率为 3.19%。10:00～12:00 观测总流量为

5026 人次,不文明现象发生量为 200 人次,不文明现象发生率为 3.98%。13:00～15:00 观测总流量为 8679 人次,不文明现象发生量为 200 人次,不文明现象发生率为 2.30%。16:00～18:00 观测总流量为 10000 人次,不文明现象发生量为 360 人次,不文明现象发生率为 3.60%(见图 3-15)。

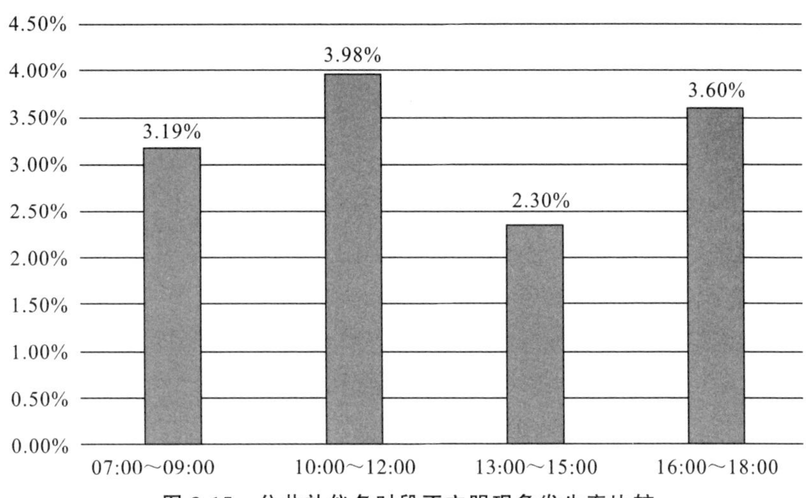

图 3-15　公共礼仪各时段不文明现象发生率比较

(2)公共卫生文明行为

对所设置的指标在 07:00～09:00、10:00～12:00、13:00～15:00、16:00～18:00 全天内四个时段进行观测,观测的总流量为 59839 人次,其中不文明现象发生量为 371 人次,不文明现象总体发生率为 0.62%。

从具体指标与公共卫生方面的不文明现象总观测量的比较来看,"扔垃圾时没有扔进垃圾箱"的不文明现象发生率最高,频数 146 次,占比 39.40%;"打喷嚏时没有遮掩"中发生的不文明行为频数 93.00%,占公共卫生方面不文明现象总观测量的 25.00%;"随地吐痰"的不文明行为频数 72.00%,占公共卫生方面文明现象总观测量的 19.40%;"遛宠物时不主动清理其排泄物"不文明行为的发生量为 31.00%,占公共卫生不文明现象总量的 8.40%;"在禁烟公共场所抽烟"不文明行为发生量为 29.00%,占公共卫生不文明现象总量的 7.80%。

从具体指标的不文明现象发生率来看,"扔垃圾时没有扔进垃圾箱"观测的总流量为 6636 人次,不文明现象发生量为 146 人次,不文明现象发生率为 2.20%;"打喷嚏时没有遮掩"所观测的总流量为 11625 人次,其中不文明现象发生量为 93 人次,不文明现象发生率为 0.80%;"随地吐痰"的总观测量为

15500 人次,不文明现象发生量为 72 人次,不文明现象发生率为 0.46%;"遛宠物时不主动清理其排泄物"的总观测量为 13055 人次,不文明现象发生量为 31 人次,不文明现象发生率为 0.24%;"在禁烟公共场所抽烟"的总观测量为 13023 人次,不文明现象发生量为 29 人次,不文明现象发生率为 0.22%(见图 3-16)。

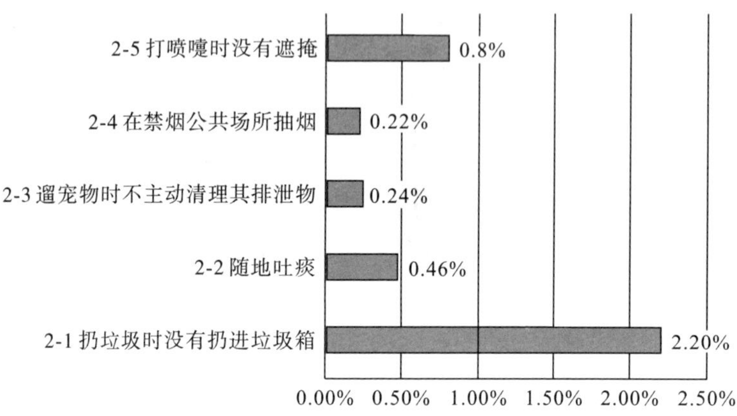

图 3-16　公共卫生各指标不文明现象发生率比较

从时间段来看,7:00～9:00 观测总流量为 17095 人次,不文明现象发生量为 91 人次,不文明现象发生率为 0.53%。10:00～12:00 观测总流量为 12563 人次,不文明现象发生量为 51 人次,不文明现象发生率为 0.41%。13:00～15:00 观测总流量为 14250 人次,不文明现象发生量为 94 人次,不文明现象发生率为 0.66%。16:00～18:00 观测总流量为 15931 人次,不文明现象发生量为 135 人次,不文明现象发生率为 0.85%(见图 3-17)。

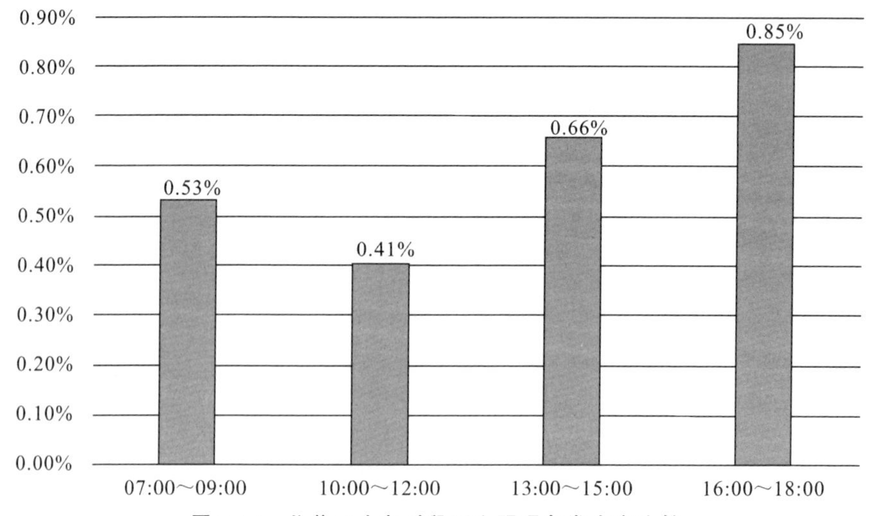

图 3-17　公共卫生各时段不文明现象发生率比较

(3)公共秩序(交通)文明行为

对所设置的8个指标在07:00～09:00、10:00～12:00、13:00～15:00、16:00～18:00全天内四个时段进行观测,观测的总流量为63093人次,其中不文明现象发生量为2713人次,不文明现象总体发生率为4.30%。

从具体指标与公共秩序(交通)方面的不文明现象总观测量的比较来看,“行人乱穿马路、闯红灯、翻越栏杆”的不文明现象发生率最高,频数794次,占比29.27%;“机动车不在地面标示的规定区域内停车”中发生的不文明行为频数643辆次,占公共秩序(交通)方面不文明现象总观测量的23.70%;“机动车与行人没有礼貌避让”中发生的不文明行为总量为560人次/辆次,占公共秩序(交通)方面不文明现象总观测量的20.64%;“乘坐公交或地铁时没有做到有序上下车”中发生的不文明行为总量为368人次,占公共秩序(交通)方面不文明现象总观测量的13.56%;“机动车有违章变道或加塞等违章驾驶行为”中发生不文明行为的总量为179辆次,占公共秩序(交通)方面不文明现象总观测量的6.60%;“随意践踏草坪和花木”中发生不文明行为的频数为126人次,占公共秩序(交通)方面不文明现象总观测量的4.64%;“没有为老弱病残孕及怀抱婴儿者主动让座”中发生不文明行为只有22人次,占公共秩序(交通)方面不文明现象总观测量的0.81%;“车身标语没有按规使用文明用语”不文明行为发生量为21辆次,占公共秩序(交通)不文明现象总观测量的0.77%。

从具体指标的不文明现象发生率来看,“行人乱穿马路、闯红灯、翻越栏杆”观测的总流量为10109人次,不文明现象发生量为794人次,不文明现象发生率为7.85%;“机动车不在地面标示的规定区域内停车”所观测的总流量为10230辆次,其中不文明现象发生量为643人次,不文明现象发生率为6.29%;“机动车与行人没有礼貌避让”的总观测量为9680人次,不文明现象发生量为560人次/辆次,不文明现象发生率为5.79%;“乘坐公交或地铁时没有做到有序上下车”的总观测量为8656人次,不文明现象发生量为368人次,不文明现象发生率为4.25%;“机动车有违章变道或加塞等违章驾驶行为”的总观测量为7530人次,不文明现象发生量为179人次,不文明现象发生率为2.38%;“随意践踏草坪和花木”的总观测量为8656人次,不文明现象发生量为126人次,不文明现象发生率为4.16%;没有为老弱病残孕及怀抱婴儿者主动让座”的总观测量为3492人次,不文明现象发生量为22人次,不文明现象发生率为0.63%;“车身标语没有按规使用文明用语”的总观测量为4740人次,不文明现象发生量为21人次,不文明现象发生率为0.44%(见图3-18)。

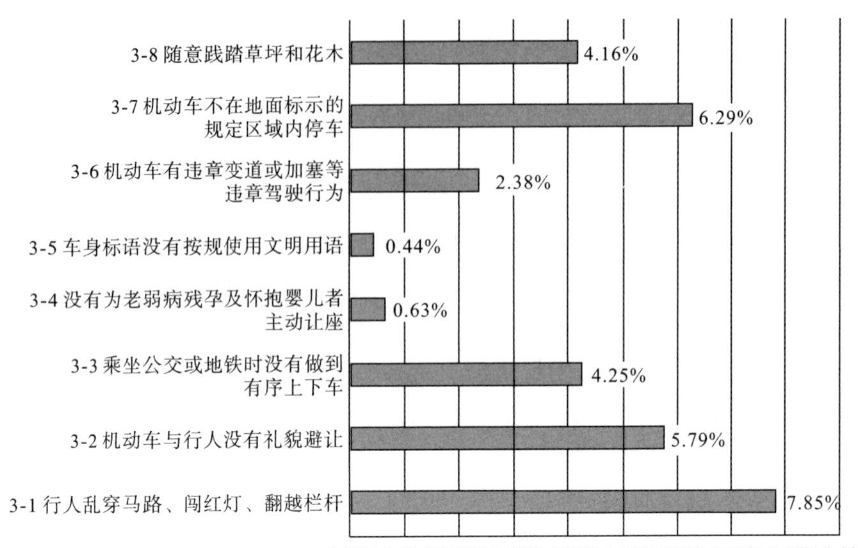

图 3-18　公共秩序(交通)各指标不文明现象发生率比较

从时间段来看,7:00～9:00 观测总流量为 18320 人次,不文明现象发生量为 822 人次/辆次,不文明现象发生率为 4.49%。10:00～12:00 观测总流量为 10250 人次,不文明现象发生量为 326 人次/辆次,不文明现象发生率为 3.18%。13:00～15:00 观测总流量为 15323 人次,不文明现象发生量为 554 人次/辆次,不文明现象发生率为 3.62%。16:00～18:00 观测总流量为 19200 人次,不文明现象发生量为 1011 人次/辆次,不文明现象发生率为 5.27%(见图 3-19)。

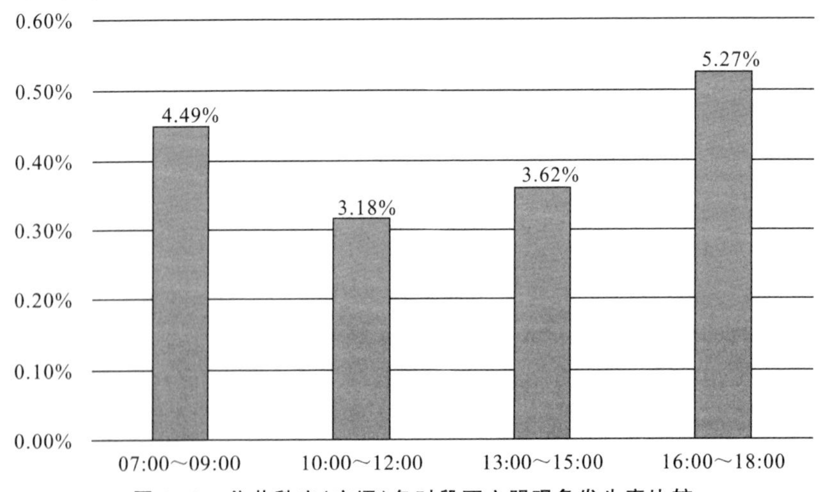

图 3-19　公共秩序(交通)各时段不文明现象发生率比较

(4)公共旅游文明行为

对所设置的 3 个指标在 07:00～09:00、10:00～12:00、13:00～15:00、16:00～18:00 全天内四个时段进行观测，观测的总流量为 30714 人次，其中不文明现象发生量为 129 人次，不文明现象总体发生率为 0.42%。

从具体指标与公共旅游方面的不文明现象总观测量的比较来看，“公交车站与社区楼道等公物有乱涂写现象”的不文明现象发生率最高，发生量为 52 人次，占比 40.31%；“没有在得到他人帮助时礼貌表达谢意”中发生的不文明行为总量为 47 人次，占公共旅游方面不文明现象总观测量的 36.43%；“在陌生人问讯时没有礼貌回应并帮助”中发生不文明现象的频数为 30 人次，占公共旅游方面不文明现象总观测量的 23.26%。

从具体指标的不文明现象发生率来看，“公交车站与社区楼道等公物有乱涂写现象”观测的总流量为 10238 人次，不文明现象发生量为 52 人次，不文明现象发生率为 0.51%；“没有在得到他人帮助时礼貌表达谢意”所观测的总流量为 12036 人次，其中不文明现象发生量为 47 人次，不文明现象发生率为 0.39%；“在陌生人问讯时没有礼貌回应并帮助”的总观测量为 8440 人次，不文明现象发生量为 30 人次，不文明现象发生率为 0.36%(见图 3-20)。

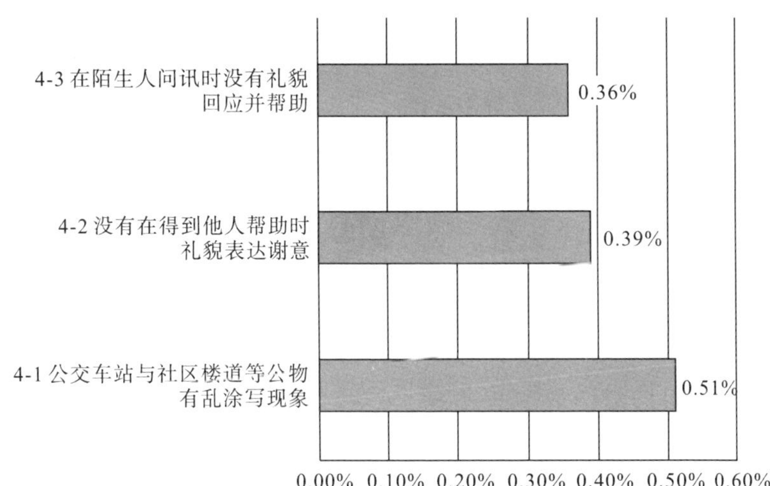

图 3-20　公共旅游各指标不文明现象发生率比较

从时间段来看，7:00～9:00 观测总流量为 10320 人次，不文明现象发生量为 40 人次，不文明现象发生率为 0.39%。10:00～12:00 观测总流量为 5520 人次，不文明现象发生量为 32 人次，不文明现象发生率为 0.58%。13:00～15:00 观测总流量为 6876 人次，不文明现象发生量为 31 人次，不文明现象发生率为 0.45%。16:00～18:00 观测总流量为 7998 人次,不文明现象发生量为 26 人次,不文明现象发生率为 0.33%(见图 3-21)。

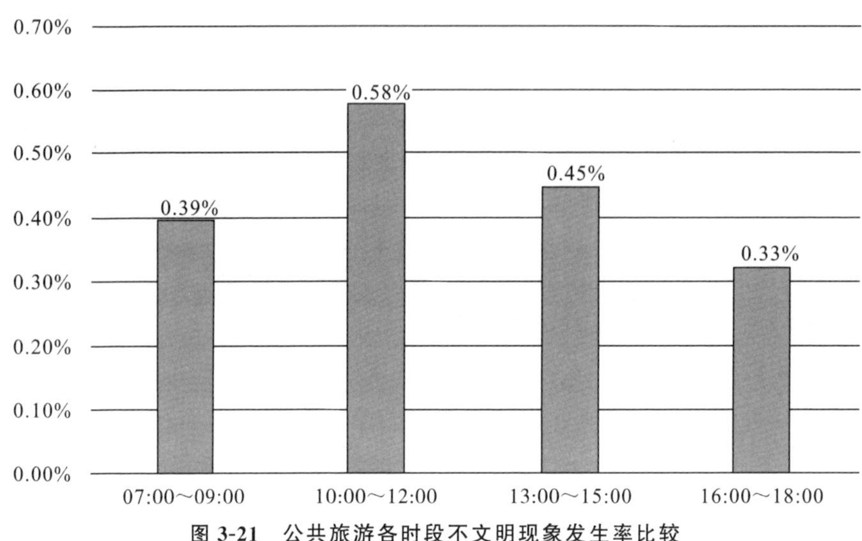

图 3-21 公共旅游各时段不文明现象发生率比较

五、文明行为指数调查的总体分析

在厦门市思明区公共文明行为指数的调查中,本书从问卷数据、深度访谈与现场观测数据中获取到了大量的第一手数据资料,结合对街道社区的深入访谈资料,我们进行了多维度的比较分析,对指数情况进行了广泛深入的研讨论证,得出了 2018 年厦门市思明区公共文明行为指数调查反映的成效与不足。

(一)公共文明行为指数调查反映的成效

1. 公共文明建设步入良性可持续发展阶段

近几年来,思明区以培育和践行社会主义核心价值观为根本,以促进城区文明程度和居民文明素质的“双提升”为主要目标,围绕“文明出行、文明旅游、文明服务、文明礼仪、文明环境”主题,大力推进思明区的精神文明建设活动。公共文明行为指数调查结果显示,厦门市思明区公共文明建设取得了显著成效。在 2015—2017 年度全省精神文明建设各类先进表彰中,思明区以全省第2名的成绩获评省级文明城区，连续五届荣膺“省级文明城区”称号。思明文明创建工作经验和成果获央媒、省媒专题报道，光明日报以《细微之处见真章》为题，福建新闻联播头条播出《厦门思明：让文明成为代代相传的基因》报道，展现思明文明建设举措。

思明区国内居民调查问卷中，居民对公共礼仪、公共卫生、公共秩序（交通）、公共网络、公共服务和公共旅游6大公共文明行为的客评指数均在83分以上，主评问卷指数在87分以上，可见，居民对思明区周边居民和自己的公共文明行为是较认可的。在境外居民调查问卷中，境外人士对公共礼仪、公共卫生、公共秩序（交通）、公共网络、公共服务和公共旅游6大公共文明行为的客评指数在74分以上，略低于国内居民的评价，整体水平居于“较好”与“好”，可以看出，境外居民对思明区周边居民的公共文明行为也是较为认可的。现场观测数据中，观测的总流量为188646人次/辆次，其中不文明现象发生量为4333人次/辆次，不文明现象总体发生率为2.30%，现场观测不文明率在较低水平。这些数据反映出厦门市思明区各项公共文明行为状况处于“较好”或“好”的等级水平。

2018年以来，思明区进一步推进精神文明建设工作，思明区精神文明建设工作以习近平新时代中国特色社会主义思想为指导，深入贯彻落实党的十九大精神，以新一轮全国文明城市创建为契机，推动居民文明素质和社会文明程度共同提升。思明区在更高水平上推进城市文明建设的条件更加充分，公共文明建设步入良性可持续发展阶段。

2. 文明旅游渐成风尚，出游文明根植内心

厦门市思明区是厦门市的主要旅游区域，其旅游文明的建设在思明区和厦门市的文明城市创建工作中占据着重要的地位。思明区将文明旅游作为培育和践行社会主义核心价值观的有效载体，坚持出境游与境内游两手抓，不断完善“文明委抓总、文明办协调、相关职能部门组成”的联席会议工作机制。各有关部门、各街道把文明旅游工作作为培育和践行社会主义核心价值观的重要任务和精神文明建设的重点工作来抓，不断把文明旅游工作引向深入。

一是思明区重视文明旅游氛围的营造，通过报纸、宣传栏、微信公众号平台等多元文化宣传载体，投放文明旅游公益广告、视频，在人流量密集的商业街区、景区、公园、交通枢纽、学校等地发放宣传手册。莲前街道创新“厝边公交”公益宣传形式，将车身上的城市形象设计成为流动的文明旅游公益广告。思明区还十分注重主题活动对塑造良好社会风尚的辐射引导作用，通过举办各类广场活动、示范活动、专题讲座等,在辖区内居民和来厦游客中普及文明旅游常识,倡导文明出行、理性消费,进一步拓展和丰富文明旅游内涵,比如在2015年,思明区城市义工协会联合南普陀寺发起"善心善行365"活动,践行"出行垃圾不落地"等6项公共文明准则,由本地卡通动漫形象星星狐代言,活动辐射带动各行业协会、公益组织、区直机关、媒体等3000余家单位等。通过从文明理念宣传和文明行为倡导两个主要方面的引导,使居民具有从意识到行为的主动自觉性,文明旅游理念渐成风尚,文明理念深入人心。

二是思明区重视旅游形象的提升,通过对旅游服务行业的整治和对相关行业从业人员的引导,净化旅游环境,打造更为文明的旅游环境。思明区已经开展了一系列相关工作,比如面向全区旅游行业、景区景点、旅游志愿者等一线服务团队,组织开展"思明区旅游服务窗口培训",提升思明区旅游服务的整体水平。通过志愿服务促进常态的旅游文明宣传,思明区在轮渡、曾厝垵等旅游热点区域设立固定文明旅游服务点,提供旅游知识普及、景点咨询、交通指引等便民服务,组织居民志愿者和公共文明引导员劝导损坏公物、乱丢垃圾等不文明行为,并结合"洁净家园"、"垃圾不落地"、旅游法制宣传等志愿服务活动,推进居民游客文明素质和社会文明程度的"双提升"。

思明区通过一系列的举措大力推进了旅游文明风尚的形成,问卷数据中国内居民对"公共旅游文明行为"的客评指数为86.399,在其他一级指标中位列第一,主评指标为91以上,境外居民问卷中"公共旅游文明行为"的客评指数为83.962,高于客评总指数。可见,思明区居民的旅游文明行为处于"好"的水平,在公共礼仪等一级指标中表现优异,体现了思明区居民具有较高的旅游文明素质,思明区文明旅游渐成风尚,出游文明深入内心。

3. 文明服务渐趋常态,基层社区激发活力

思明区的公益活动和公共服务活动已成为文化建设和文明建设的一大特色,公共服务和志愿活动的理念也已经被广大的居民和基层街道、社区所接受和践行。调查发现,公共服务文明行为的指数水平在整个指数体系中依然偏低,但是在现场走访、参加相关主题活动和对街道、社区的深入访谈中,我们了解到思明区以社区为主要活动载体,大力推进主题公益和志愿活动,在主题活动中潜移默化地向居民宣传公共服务理念,引导更多的居民自觉加入服务活动。通过基层社区平台举办公共服务和志愿活动,推动服务和志愿活动常态化。截至2018年10月,思明区公共服务和志愿活动已经取得了阶段性的成效。思明区举办全区志愿服务团队骨干培训班,邀请专家学者进行授课,来自13支品牌志愿服务队伍的40名志愿者骨干参加首期培训;首创党员志愿服务智能平台——思明党员志愿服务 APP，实现“居民点单、街居发单、党员接单、数据共享”的精准志愿服务模式，已有近万名市区机关企事业单位、国有企业和驻区单位在职党员注册并在线认领超过 2500 个服务项目；依托全省首个区级“红十字救护培训中心”，成立应急救护志愿服务讲师团，打造应急救护品牌“博爱学堂”，目前已进行常态化技能公益培训 115 期，培训近万人等。

思明区依托社区平台载体和互联网＋途径，让更多居民、更多年轻的力量加入志愿队伍。“思明区党员志愿服务 APP”带动党员发挥先锋模范作用，公益和公共服务逐渐成为一种时尚，常态化的社区活动也推动着公共服务文明生根开花，散播到各处。滨海街道号召街道、社区党员志愿者参与“绿色101”党员志愿服务项目，积极发挥党员的先锋模范带头作用，形成了特色的志愿服务项目。鹭江街道率先成立全市首家社工服务站——前埔南社工服务站，以鹭江街道小学社区为试点，积极探索推行“社工＋义工”志愿服务模式，开发社工岗位，培育专业社工队伍。前埔北等社区的精品社区书院，充分运用社区书院贴近基层、贴近实际、贴近群众的平台优势，发挥社区书院传播文化知识、协商民主共治、培育共同精神的功能。社区通过统筹配置教育资源及完善管理运行体系等运作，激发了社区居民的参与感和获得感，培养了和提升了居民的服务意识和参与意识。官任社区活动形式丰富多样，每周六的跳蚤市场主题文化慈善活动、官任国际特色学堂、博爱社工的社区服务等，都推动着居民自助参与社区服务。公益和公共服务已经成为一种时尚，居民在闲暇时间参与其中，感染着越来越多的人加入其中，“人人公益”的新局面正在形成。

4. 文明意识自觉形成，行为规范深入人心

2018 年厦门市思明区公共文明行为指数调查数据显示，一级指标指数值均在 80 以上，二级指标也在 80 以上，虽然主评指数高于客评指数，但是二者差值较窄，这表明居民的思想观念中，能够相对客观地看待自己与他者，表现出了“我们”一同作为文明建设共同体的大局意识。在调查思明区公共文明建设的主要优势一题中，居民认为思明区公共文明行为建设工作的主要优势在于公共礼仪文明、公共卫生文明和公共服务文明，分别占比为 21.60%、19.40%和 19.15%，公共礼仪占比最高，深得广大居民的肯定，这反映出厦门市思明区公共礼仪文明规范深入人心，居民自觉践行文明礼仪，居民文明素质的提升步入良性持续发展阶段。

5. 文明出行谦恭礼让,守法行车安全出行

思明区为推动创建文明城市、文明交通活动深入开展,思明区积极开展“文明交通行动计划”。主要开展了以下几个方面的工作:一是强化道路安全工作格局,将道路交通安全工作纳入精神文明创建活动中。二是加大隐患排查治理,合理规划建设城市快速路网,发展慢行交通网络,减少“人非共板”“机非混行”等现象。三是完善安全防控体系,针对突出问题,确定查处重点,适时组织区域性交通违法专项整治。四是强化交通安全宣传,实施道路交通安全宣传教育计划,加大公益宣传力度,全面实施文明交通素质教育,深化道路交通安全文化建设。2018 年厦门市思明区公共文明行为指数调查数据显示,公共秩序(交通)文明行为国内居民客评指数在 85 以上,公共秩序(交通)文明行为得到了广大居民的自觉践行。

6. 文明上网氛围浓厚,网络文化日渐繁荣

思明区高度重视创建文明网站活动,把精神文明建设的要求落实到了网站建设和日常管理之中。思明区近几年来推出了“打造文明建设网络阵地”的活动,“思明文明网”在 2016 年正式上线,现已成为思明区传播文明的重要阵地,为居民群众提供了参与文明创建的平台。在思明区网络文明创建的影响下,思明区各社区也积极推动社区网络文明的建设。除前所述的各项举措,思明区还通过以下几个方面开展:一是建立网评员队伍,壮大网络文明传播志愿者队伍,加强网络评论的业务培训。将网络文明传播工作纳入年度精神文明建设工作要点,实现区级以上文明单位、学校、社区全覆盖,全区设置评论员、网络文明传播志愿者。同时发展辖区内道德典型、知名博主参与网络文明传播队伍。健全“线上+线下”工作交流制度,建立网络文明传播志愿者队伍 QQ 群和微信群,强化工作交流指导。以培训为抓手,组织参与网评员、网络志愿者业务学习培训,提升舆论引导、文明传播等专业技能,形成了思明区城市义工、嘉莲爱心在线等特色队伍。结合各时期文明创建中心工作和文明主题,组织全区网络志愿者积极参与博文、微博撰写,并关注转发、发表评论;网评员分小组作业,积极做好网上舆论引导工作,传递社会正能量。

二是倡导文明办网、文明上网。2015 年以来,思明区对全区近 300 家党政机关、企事业单位和区属中小学“两微一站”平台进行多轮隐患排查。同时开展网络文明传播志愿服务,组建网络传播志愿者队伍,招募发展了一批社会影响力大的骨干志愿者,引导正确舆论,带动网民文明上网、传播网络正能量。加强与新媒体战略合作,开拓“人民网福建频道”合作的新路径,与厦门网合作继续开设“思明频道”“民生热议”专栏,正面展示思明区形象。开展社会主义核心价值观作品征集活动，在厦门网开设专题网站，在“思明文明风”微信公众号、厦门网展播，网络点击率超过百万，专门设立“思明区社会主义核心价值观曲艺库”，持续开放展示交流。

思明区和各街道社区的一系列措施营造了浓厚的文明网络氛围，净化了网络环境，推动了思明区居民参与公共网络建设的积极性，打造了文明建设的一片新天地。

7. 文明环境你我共建，公共卫生持续改善

2015 年以来，思明区推行了一系列措施改善卫生状况，提升居民的公共卫生文明程度，并取得了阶段性的成效。

一是，2015 年起思明区在鼓浪屿全岛推行垃圾分类，试点开展定时定点收运垃圾，按户籍信息逐户制定垃圾袋专属条形码，“以奖代补”等工作，2017 年初逐步推进全区“垃圾减量分类”工作。区环卫处增设垃圾分类科并组建督查服务小组，指派一个联络员负责 1 至 2 个街道，搭好“责任网”，实现服务和督导并举。分批次组织专题培训，举办垃圾分类知识竞赛活动，依托电视等媒体开展主题宣传。规划厨余垃圾收运线路 23 条、收运点 898 个，投入转运车 22 辆，建立“三张图”，规划总体收运线路，更直观地体现厨余垃圾、可回收物、有毒有害垃圾的接驳点、集中收集点和暂存点，提高收运效率。通过以上一系列措施有效解决了鼓浪屿岛上生活垃圾的处理难题，同时通过“垃圾减量分类”手段，提升了居民的垃圾分类意识，取得了显著的成效。

二是，推动区内公共卫生考评机制、激励引导机制和区领导约谈机制。在公共卫生考评机制方面，建立区、街、居“三级”考核制度：区对街道部门实行月查，街道对社区、社区对小区实行周查，充分发挥考评督促作用。根据区里“月公开、月评议”工作方案，开展第三方机构考评工作。制定出台《思明区物业服务企业生活垃圾分类工作评比方案》，评比结果与物业服务企业信用综合评价挂钩，从而促进物业服务企业更好地落实责任。在激励引导机制方面，通过广泛深入宣传、积分兑换奖励等方式，提高居民分类投放的积极性。信隆城小区建立可追踪溯源、可实时监测的垃圾分类大数据平台，同时打造了独具特色的环保驿站和信隆书院，将垃圾分类小知识和环保理念融入其中；海龙小区建立“社区好邻居”荣誉榜，激发住户参与垃圾分类的荣誉感；滨海街道上李社区鹭悦小区建设立体菜园，居民可以用厨余垃圾兑换新鲜蔬菜或蔬菜种子、有机肥营养土。在领导约谈机制方面，市垃分办委托第三方每周 6 天，每天 4～5 个居民生活小区随机暗访，对暗访工作中发现的问题，每天进行通报，责成各街道及时整改，跟踪反馈，每月对岛内两区 15 个街道进行排名。对暗访成绩差、回访整改不力的街道,区分管领导对街道主要领导进行约谈。

思明区通过全区和各街道社区的公共卫生文明宣传活动,通过推进垃圾分类活动,构建考评机制、约谈机制等配套约束制度,持续性地改善着思明区的公共卫生文明状况,在一些典型社区已经取得了很大的成效。

(二)公共文明行为指数调查显示的不足

1. 公共卫生问题突出,环境意识亟需加强

2018 年厦门市思明区公共文明行为指数调查数据显示,国内居民客评指数为 83.58,位列 6 项一级指标的最后一名,而境外居民客评指数显示仅有 74.66,也位列最后一名。国内居民客评问卷结果显示,厦门思明区国内居民客评指数最低的十大公共文明行为中“主动清理宠物粪便”是他人评价最低的行为,指数排名最低的三个均为公共卫生文明行为;国内居民认为周边居民最应该改进的前两位的公共文明行为是公共服务文明行为和公共卫生文明行为,分别占 24%与 19.52%。国内居民主评问卷显示,居民认为自己最应该改进的前三位的公共文明行为是公共网络文明行为、公共卫生文明行为和公共服务文明行为,分别占 22.33%、19.56%与 19.42%,这也与客评问卷中“认为他人最应该改进的公共文明行为”的统计结果基本一致。可见,思明区公共卫生文明建设仍处在相对落后位置,已经引起了居民的普遍不满和对公共卫生环境的抱怨。

思明区公共卫生文明建设的问题主要体现为卫生文明建设的不均衡性,尤其表现在城中村社区、摊贩和沿街店面较多的旅游商业景点和小吃街地段等。第一,城中村社区、村改居社区、流动人口较多的社区和老旧社区,居民素质参差不齐,公共卫生意识相对薄弱,车、房出租导致流动人口太多,加剧了卫生管理难题;脏乱差、四害滋生问题突出;物业管理混乱;垃圾分类存在混投;农贸市场卫生情况较差;社区内垃圾清运不及时;垃圾乱堆放、非法小广告等问题突出,周边环境卫生无法始终保持干净整洁。第二,在沿街店面较多的区域垃圾分类情况堪忧,游客量大,很多游客经常将垃圾混投至居民厨余垃圾桶,导致商业街地段垃圾的分类准确率较差。第三,商家门前三包落实较差,特别是小吃街地段,油烟及叫卖扰民现象严重,以及农贸市场周边早市期间,占道现象严重且持续。

2. 公共服务面临困境，保障机制仍需加强

2018年厦门市思明区公共文明行为指数调查数据显示，国内居民客评问卷中文明行为指数客评中得分最低的三个项目为公共服务文明行为84.831分、公共礼仪文明行为为84.357分、公共卫生文明行为为83.581分；居民认为周边居民最应该改进的前两位的是公共服务文明行为和公共卫生文明行为，分别占24.00%与19.52%。国内居民主评问卷结果显示，公共服务文明行为指数得分为87.744分，在六项一级指标中排名靠后；居民认为自己最应该改进的前三位的公共文明行为是公共网络文明行为、公共卫生文明行为和公共服务文明行为，分别占22.33%、19.56%与19.42%，这也与客评问卷中“认为他人最应该改进的公共文明行为”的统计结果基本一致。境外居民问卷调查结果显示，思明区公共文明行为指数主评部分得分最低的三个项目公共秩序（交通）文明行为为90.652分、公共礼仪文明行为为89.813分、公共服务文明行为为86.981分，公共服务文明行为排名靠后。可见，思明区的公共服务文明创建活动虽然取得了很大进展，仍面临困境。

我国公益和服务事业的发展还处于初期阶段，社会组织数量少、公众缺乏专业知识、政府定位不准等问题困扰着公益事业的发展，这些难题在厦门市思明区也有体现。在访谈中我们了解到，思明区公益服务和志愿活动也面临着问题和困境。一是志愿服务驿站选址难。这是困扰厦门市思明区志愿服务驿站建设发展的主要问题。比如中山路志愿服务驿站的拆除问题，中山路志愿服务驿站作为首批省级志愿服务示范驿站，在提升家庭义工模式、服务居民游客、引领文明风尚方面发挥了重要作用，但在中山路文明创建再提升活动中，原驿站已被拆除，区委文明办正在多方沟通，积极推动选址新建；火车站南广场驿站属临时性用房，面积小、条件简陋，北广场站点尚未落实；其他人流密集区域，都存在站点缺乏、选址建设难的问题，亟待市区相关部门支持解决。二是老年志愿者新技术应用能力不足。大部分志愿者均能够通过“全国志愿服务信息系统”进行注册、登记和记录志愿活动，但一些老年人志愿者新技术应用能力不足，尚不会运用电脑和手机进行操作，造成管理空白。建议针对老年志愿者，研发一个更有针对性、更加行之有效的平台。三是志愿服务组织管理社会保障不足。面向志愿服务的社会支持网络尚不完善，缺乏场所、资金等支持，管理和运作均存在种种困难，如总部在思明区的蓝天救援队，长年开展山地、水域等专业救援，但设备短缺、资金不足，困扰其发展。四是志愿组织的行政化色彩较浓，难以发挥民间组织灵活性、创新性的优势。五是志愿者资源短缺，很大部分由离退休人员构成，在职职工和年轻人的比例较低,无法满足社区居民日益多样化的需求。六是服务内容单调,流于形式,大多为分散的救济式服务形式,没有形成更可持续的服务品牌。七是志愿服务短期性、随意性强,没有建立有效的志愿服务需求信息采集机制,存在供需对接不通畅现象。加强保障机制建设,早日走出发展困境,才能让志愿服务和公益事业的路走得更远、走得更好。

3. 礼仪文明问题初显,文明意识有待加强

2018年厦门市思明区公共文明行为指数调查数据显示,在国内居民客评问卷部分,思明区公共文明行为指数客评中得分最低的三个项目为公共服务文明行为84.831分、公共礼仪文明行为84.357分、公共卫生文明行为83.581分,公共礼仪文明行为排名较后;国内居民客评指数最低的十大公共文明行为结果显示,公共礼仪文明行为中有五项行为入选,分别是"在公共场所不拥挤""公共场合举止端雅""与人交往诚实守信""公共场所保持安静不喧哗""与人交流时面带微笑"。国内居民主评问卷调查结果显示,公共文明行为指数主评得分中公共卫生文明行为90.191分、公共礼仪文明行为89.677分、公共服务文明行为87.744分,分别位列第四至六名,公共礼仪文明行为指数排位靠后,与国内居民客评指数排名一致。境外居民问卷调查结果显示,思明区公共文明行为指数客评得分中公共礼仪文明行为78.025分、公共卫生文明行为74.660分,分别位列第五、六名,公共礼仪文明排名靠后。思明区公共文明行为指数主评中得分最低的为公共秩序(交通)文明行为90.652分、公共礼仪文明行为89.813分、公共服务文明行为86.981分,公共礼仪行为排名靠后。同时,在调查思明区公共文明建设的主要优势一题中,居民认为思明区公共文明行为建设工作的主要优势在于公共礼仪文明行为、公共卫生文明行为和公共服务文明行为,分别占比为21.60%、19.40%和19.15%,公共礼仪行为占比最高,深得广大居民的肯定。综合上述调查结果,可见,公共礼仪文明创建取得成就的同时问题初显,居民的文明意识还需加强,思明区文明礼仪公共行为的创建需要查漏补缺、不断推进。

由于居民群体的个体素质和思想意识的异质性等因素,公共礼仪行为文明创建的非均衡性问题凸显。首先,城中村和村改居社区居民公共礼仪文明意识有待提升。城中村或村改居社区多流动人口,整体文明意识不强,在公共礼仪文明方面表现有待提升,思明区居民文明行为的表现呈现出明显的不均衡性,需要加强对这些居民人群的文明意识引导。其次,机关党员干部、社区工作人员等在文明礼仪、文明习惯养成等方面缺乏示范性,没有充分发挥党员干部和社区相关工作人员的示范带头作用和表率作用,典型引领和榜样作用发挥不充分。最后,思明区文明意识创建活动不均衡性问题突出,有些个体仍不能做到自觉践行文明行为,要致力于让文明意识和文明行为规范成为新风尚,吹入每个社区、每个家庭、每个个体。

第四章 思明区公共文明行为指数调查的影响因素

一、公共文明行为指数调查影响因素的理论分析

公共文明的实质是以参与活动的人为主体的,强调人在公共场所的体验、行动;公共文明行为指发生并实现在公共领域的文明行为,它是公共文明得以落实的形式。正如前文所述,广大公众是公共文明行为的主体,公共文明是由人的行动产生和再生产出来的,公共文明行为是“人”的行动表现与结果,是个人与社会各场域间相互构建与制约的结果,是城市公共文明中的一部分。

思明区公共文明行为指数反映了公共文明行为中体现的城市文明程度,由于个人的行为细节会营造出社会文明空间,在探究公共文明行为指数的影响因素时,从个体公共文明行为的影响因素及其路径出发,对现实情况做出合理的解释。目前对公共文明行为的解读不仅需要遵循理性主义原则,还需要对研究数据与人群特点进行更多的相关分析,寻求公共文明水平提升的理论基础与现实根基。同时需要对不文明现象保持理性反思的态度,对不文明态度持非成见、非歧视的态度。①

(一)个体行为影响理论

计划行为理论是社会心理学中的重要理论,它将人的行为描述为深思熟虑的结果,认为个体行为的产生与改变会经由复杂的心理过程。计划文明行为指出态度并不会直接影响行为本身,而是通过理论核心概念——行为意向施加影响,它反映了个体对进行某项行为的意愿,受到行为态度、主观规范与

① 沙莲香.“北京市民公共行为”的理论核心和研究思路[J].北京社会科学,2010(04):4-7.

知觉行为控制的三项因素的影响。[1] 由于这三项因素可能具有相同的信念基础，它们在概念上相互独立并两两相关。

计划行为理论包含了较全面的社会心理因素，关注信息加工过程，探究各因素对个体公共文明行为意向与行为的影响。运用计划行为理论分析公共文明行为，表现为个体可能具有广泛的公共文明行为信念，但在特定情境中只有少量信念可以被获取，这便是个体对公共文明的态度、文明行为的主观规范和知觉文明行为控制的基础。公共文明行为意向会受到公共文明态度、文明行为主观规范与知觉文明行为控制的影响。对于公共文明行为而言，个体的社会人口特征、文化背景、人格特质、价值观念与特定情境都会通过影响个体的公共文明行为信念，进而影响公共文明态度、行为主观规范与知觉行为控制，最终影响个体的公共文明行为意向与行为。行为意向是个体实施某项行为概率的判定，因此如果居民对公共文明行为的意图越强，则其实施公共文明行为的可能性就越大。

行为态度是个体对行为与事物的评价，强调个体对特定事物的观念，可以反映个体喜欢或厌恶的立场。思明区居民对公共文明行为的态度会受到自身实施文明行为的信念与文明行为结果评价两方面的共同影响。公共文明行为态度在调查问卷中被操作化为，“您对思明区公共文明创建活动的态度”等，并作为重要的自变量进入回归。

主观规范指个体对是否采取某项行为而感受到的社会压力，是个体对内部与外部规范的感知，包括社会群体或其他个体对个体行为决策影响程度的大小。一般来说，在社会普遍对公共文明行为要求的群体压力下，个体的公共文明行为规范能力会明显加强。行为控制的重要性不言而喻，个体拥有的资源和机会一定程度上决定了行为成功的可能性。然而，与实际控制相比，心理学中更感兴趣的是知觉行为控制，及其对行为意图和行为的影响。知觉行为控制指个体对执行感兴趣行为难易程度的感知，它可以通过行为意向间接影响实际行为，甚至可能对实际行为产生直接影响。[2] 当个体发现进行公共文明行为的难度较低，或是成本明显低于收益时，文明行为会更容易实现；相对的，若个体发现采取文明行为的约束较多，则可能会直接降低文明行为

---

① 康茜，王丽娟.基于计划行为理论分析青少年休闲性体力活动的影响因素[J].中国学校卫生，2016(06)：851-855.

② Ajzen I.The Theory of Planned Behavior[J].Organizational Behavior & Human Decision Processes，1991(02)：179-211.

意向，进而减少文明行为。

因为计划行为理论中是个体行为归因的重要理论，所以这一理论在影响因素框架的构建中作为重要的参考。由于这一观点重点遵循态度与行为的路径，侧重关注个体的主观规范、自我效能感与控制信念等因素，对行为意向与行为产生的相应影响，在应用于公共文明行为的研究中，它可以将个体的意识层面对公共文明行为的影响描述得相对翔实。但这一理论依然存在一些不足，例如它相对忽视了个体可能在非意识状态下存在的行为惯性，以及理论对个体理性、自主的预设。个体在实施公共文明行为时，虽然选择是否采取公共文明行为是个体在自我约束和控制下做出的符合自身利益的行为，但实际上个体的理性与自主性都具有一定局限性。①

(二)社会行为影响理论

1. 社会认知理论

美国心理学家班杜拉(Bandura)在20世纪80年代提出了社会认知理论，它强调了人的主体因素，关注认知因素在行为结果上的重要性。社会认知理论的理论框架是通过深入分析研究人的认知因素，及其与行为、环境之间的相互作用建立起的理论框架。其中，人的主体因素指人的自身机能，包括主体的性格特征、生理反应能力与认知能力等身心机能。② 一方面，个体的信念、意向、情绪与动机都会引导个体行为；另一方面，个体的性格会引发不同的环境反应。此外，公共文明行为的产生会受到社会文明环境与个人主体要素的共同影响。由于公共文明行为是一种实践行为，具有社会历史性，它会受到公共文明建设环境的塑造影响；相应的，人作为公共文明行为主体，也是社会历史的创造者，因此其文明行为也会选择与创造文明环境。③

社会学习理论作为社会认知理论的理论基础，其核心观点为，由于个体不具备先天的行为技能，个体行为主要来源于对周围人的学习，既包括个体的直接经验，还包括观察他人行为进行学习。④ 个体会从他人行为中获取直

① 彭远春.国外环境行为影响因素研究述评[J].中国人口·资源与环境，2013(08)：140-145.

② 蔡耀杰.论思想政治教育知行转化的困境与对策[D].复旦大学，2011：10.

③ 牛江永.社会认知理论在思想政治教育中的应用[J].法制与社会，2011(33)：241-242.

④ 沈煜峰，吴清.班杜拉的社会学习理论述评[J].教育研究与实验，1989(03)：64-67.

接经验，并在这一过程中将具有信息与动机功能的行为结果作为学习依据。具体表现为个体行为的反应结果会形成不同情境中的行为要求，过去行为结果的经验会对未来行为结果产生明显预期。居民的公共文明行为可以通过观察他人的文明行为进行学习，当他人的文明行为获得良好的行为结果，会对其他个体产生积极的行为结果依据，并更有可能在未来情境中实施文明行为。

由于个体直接经验的学习效果依然有限，人在复杂社会环境中会受其影响，且人自身具有的主观能动性，即人的认知与自我调节能力。社会认知理论中指出观察学习是社会学习的最主要形式。在观察学习过程中由于行为结果的信息功能，人们会获得示范活动的符号表征，这种表征又会指导他们进行合适的行动。① 其中，观察主体为观察者，被观察对象为榜样，观察者通过观察受到榜样影响的过程，称为榜样示范。观察学习可以进一步分为直接观察学习和抽象性观察学习，观察者既能单一模仿榜样行为，也可以从其行为中归纳出一般原理和行为规范，自主表现出符合这些规范的行为。② 在观察学习情境中，观察者是否表现出示范行为，会受到诱因影响。诱因包括直接、间接和自我生成诱因三类，其中直接诱因指示范行为本身导致的直接结果；间接诱因指对观察者而言，示范原型表现示范行为所导致的结果；自我生成诱因指观察者对示范行为及其结果的自我评价与反应，换言之是观察者对示范者行为的情感赋予与价值评价。

居民在文明环境中实施文明行为，可能由于其观察到身边有相似文明行为的榜样，也可能由于将其他类型的文明行为抽象后进行了学习。居民对文明行为的学习也会受到相关动机的影响。当厦门市某居民在自己的社区中，观察到他人将车停放在指定的停车位置，这一文明行为的直接结果是个体的文明停车行为，对这位居民而言，公共空间没有被杂乱的占用是间接诱因，而此时这位居民对他人行为产生认同或赞许的情感，对其行为表现给予文明评价则是自我生成诱因。

社会认知理论也会聚焦于如自我效能感等一类的自我评估概念，强调主体认知的作用。自我效能感作为其中的核心概念之一，指的是个体对自己是

① 牛江永.社会认知理论在思想政治教育中的应用[J].法制与社会，2011(33)：241-242.

② 中国人民大学课题组.跨层次实证研究中的理论基础：以三份国际期刊的最新论文为例[J].经济管理，2017(05)：201.

否有能力完成某一活动的判断和信念。它是决定个体行为的近端原因,当个体对完成任务的能力有较高预期时,会更主动地投入和参与。① 影响自我效能的因素包括自身的掌握性经验与心理状态,他人的替代性经验以及他人的言语劝导。② 居民实施公共文明行为之前会对自己的行为能力存在判断。当个体认为自身的能力不足以实施志愿服务的文明行为时,其行为可能性会明显降低,但若在这一过程中获得其他居民的鼓励,或接受了其他居民志愿服务的经验分享后,可能会明显增强其文明行为的自我效能感,进而促使其采取文明行为。

2. 社会心理理论

沙莲香在对北京市公共文明行为的实证研究中,运用了社会心理理论,并在理论上论证了公共行为指标体系有助于了解居民公共行为的薄弱环节和社会态度。社会心理理论侧重从个体与社会相互作用的角度,对个体的内在心理因素与社会情境进行探讨,研究了个体在特定社会生活条件中心理活动的发展、变化规律及社会表征③,社会表征在某种社会情境下,表现为居民所共有的认识、态度等,也包括社会传统、风俗习惯、社会价值观、社会氛围、社会舆论和时代精神、风尚与国民性等。④ 公共文明行为会受到居民对文明的普遍认知与态度的影响,此外,也会受到社会主义核心价值观与社会舆论的影响,社会主义核心价值观的导向有利于公共文明行为环境的建设,正确的舆论导向也可以带来正向作用。

3. 社会生态系统理论

社会生态系统理论是一个在20世纪70年代兴起的系统理论分支,它整合了系统理论与生态理论,将人类成长生存的社会环境,如家庭、团体、社会或机构等看作是一种社会性的生态系统,把人置于环境系统中进行考察,强调了生态系统对于分析和理解人类行为的重要性,并关注个体与环境间各系统的相互作用与对行为的重要影响,是考察人类行为与社会环境交互关系的理论。

---

① Bandura A.Social Cognitive Theory:An Agentic Perspective[J].Asian Journal of Social Psychology,1999(01):21-41.

② 牛江永.社会认知理论在思想政治教育中的应用[J].法制与社会,2011(33):241-242.

③ 黄炯华.深圳市罗湖区公共文明水平提升对策研究[D].哈尔滨工业大学,2016:11.

④ 王俊秀.社会心态:转型社会的社会心理研究[J].社会学研究,2014(01):120.

查尔斯·扎斯特罗，将社会生态系统划分为三种基本类型，分别是宏观系统、中观系统与微观系统。[①] 其中，微观系统指处在社会生态环境中的个体，个体具有生物、心理与社会的系统类型；中观系统指小规模的群体，包括家庭与社会群体；宏观系统指更大的社会系统，它的五种主要类型分别为文化，社区、习俗、制度和机构。

微观系统、中观系统与宏观系统间会相互作用与影响。个体的公共文明行为会受到家庭与学校的教育影响，也可能受到职业群体的参与影响，与部门组织的教化倡导影响，更受到社会制度与文化规范的影响；相应的，个体行为对家庭、群体与组织机构等同样会产生影响，进而作用于社会环境塑造，而家庭、学校教育一定程度上也是社会制度与文化规范的缩影。

二、公共文明行为指数调查影响因素的模型建构

整合上述的多项理论内容，并结合调查数据和文献的初步分析，可知个体文明行为是个人因素与其周围环境因素相互作用的结果。本书尝试将思明区公共文明行为影响因素研究置于社会生态系统的理论框架中，分别从宏观、中观与微观系统层面对其进行研究。居民对思明区公共文明行为指数的良好评价可以分别归因：宏观制度政策层面奠定了城市公共文明行为建设的政策基石；中观组织层面把握了公共文明行为的培养、倡导与监督；微观个体行为层面夯实了个人公共文明行为意识与习惯。

在此基础上，将理论部分提到的社会认知理论与社会心理理论，作为社会行为意识层面影响的补充理论支持，借鉴社会心理理论中个体与社会之间的互动影响以及社会认知理论中的三元交互理论，对影响因素框架进行完善；同时，计划行为理论、社会认知理论中的观察学习理论、自我效能理论与自我调节理论以及社会心理理论，阐述了个体意识与心理层面对行为影响的具体路径，为本书提供了理论指导。

---

① 师海玲，范燕宁.社会生态系统理论阐释下的人类行为与社会环境：2004 年查尔斯·扎斯特罗关于人类行为与社会环境的新探讨[J].首都师范大学学报(社会科学版)，2005(04)：94-97.

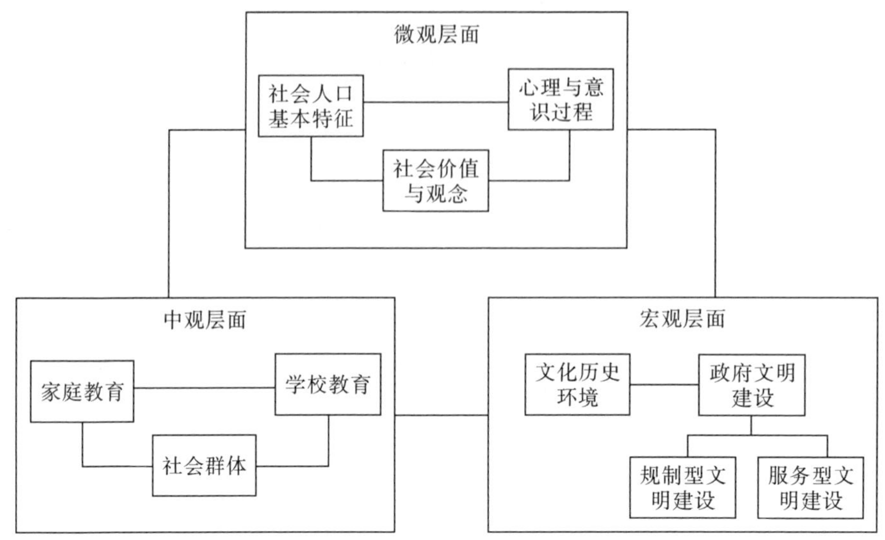

图 4-1　公共文明行为指数调查影响因素的模型

本书尝试对影响公共文明行为指数的各层面影响因素进行梳理。其中,宏观层面的变量包括国内的文化与历史环境,政府主导的制度政策建设与执法监管行为,政府引领的社会文明风尚和文明氛围的建设等因素,其中制度政策基础与政府的执法监管行为侧重于规制型管理行为,其他的社会宣传教化与文明风尚引领的实践活动则侧重于政府的服务型行为;中观层面的变量则包括家庭、学校、社会群体的影响;微观层面的变量包括社会人口基本特征即年龄、职业、性别与受教育程度等,还包括个体行为产生路径中的意识与心理认知层面,例如态度、主观规范、知觉行为控制与自我效能感等,以及个体在社会环境中形成的价值与观念,例如公民观念与素养,法治观念与道德规范等。

(一)微观层面变量

作为自然与社会环境发展的产物,人类个体与自然和社会环境共同构成了一个生态系统,个体通过适应生态系统的自然规律实现自身的发展与环境的平衡。个体对环境的适应包括生物适应与社会适应,微观层面个体本身对其行为的影响源于多种系统要素。

1. 个体基本信息

公共文明行为归根究底是个体文明行为的组合,因此对个体行为有重要影响的因素,也是影响城市公共文明行为表现的重要因素。本书通过引入社会人口特征，探究其与公共文明行为指数之间的关系，其中社会人口特征变量主要包括年龄、教育程度等。

（1）年龄

在影响个体行为与态度的因素中，年龄是不可忽视的因素。伴随年龄增长，个体的社会环境会经历不断变化与发展，个体的社会化程度也会不断加深，具体表现为在个人适应社会的过程中，经历不断丰富，阅历不断积累。个体成长与时代更迭相伴而行，因此个体年龄的差异意味着他们人生观、世界观与价值观形成时期的历史背景有很大差异，在不同社会化阶段接受的心理与行为教育内容也有所差异。不同年龄段的人群因生活环境不同，接触的公共群体与公共场所不同，个体的认知与思维方式不同，价值判断与行为方式上也会表现出多元差异。①

（2）受教育程度

在社会发展中，教育对人的素养的形成与提高具有重要作用。个体的受教育程度不是类似年龄的先赋性因素，它虽然受到家庭经济与户籍状况的影响，但可以通过后天的个人努力获得提升。在调查问卷分析中，受教育程度会影响个体对他人与自身文明行为的评价。

（3）职业

职业是人们获取生活资源的主要方式，也是划分社会群体的重要指标。职业差异会形成不同的职业要求，例如不同的时间与计划性、不同的互动方式与沟通能力，不同的行动力与决策力，不同的思维方式与理解能力等，因此职业会影响人们的生存与发展环境。同时，个体的认知方式、准则与行为习惯在不同职业发展过程中会呈现更明显的差异，其中也包括对周边群体公共文明行为指数的评价。②

（4）性别

在现有的实证研究中，齐秀强与屈朝霞提出性别对大学生的生态文明行为有显著影响，其中男生受到传统文化、社会环境与家庭教育等因素影响，承担的责任更多。③ 唐点权也在实证研究中提出性别对文明心理有一定的

---

① 蒋玲玲.城市公共文明指数调查研究[D].南京师范大学，2011:29.

② 蒋玲玲.城市公共文明指数调查研究[D].南京师范大学，2011:30.

③ 屈朝霞，齐秀强.新媒体时代大学生生态文明行为培育实证研究[J].华北电力大学学报(社会科学版)，2017(04):111-116.

影响。[①]但在思明区的调查数据中,性别对公共文明行为指数评价的差异表现并不显著。

(5)户籍

在本次调查中,我们发现户籍与公共文明行为指数评价之间有相关关系。本市户籍的调查对象对思明区文明行为指数的评价相对更高。这可能由于本市居民对思明区的文明建设评价带入了主人翁意识与归属感,因此表现在主评与客评部分的评价得分均偏高。

(6)居住年限

居住年限是对境外居民进行调查时加入的变量,与调查境内居民的人口特征中的户籍变量具有相似的作用。居住年限长短与所受社会情境影响程度呈相关关系。

2. 个体心理层面

本书在厦门市思明区公共文明行为指数调研的基础上,对思明区公共文明情况进行认知与了解,以期通过归因分析提出改善建议。个体文明行为的产生不仅需要一定的社会性情境条件,还需要个体意识层面对其进行观念与价值建构。情境对个体的改造作用表现了个体在一定程度上的被动性,但个体对情境的解读则体现了个体在文明环境中的主动性,以及个体的自我约束、自我规定与自我改造能力。心理因素可以指导个体发挥主观能动性,是个体影响行为的直接要素,因此关注个体的动机、情绪与态度可以更好地解释思明区公共文明行为指数的结果。

(1)行为态度

文明行为态度包括文明认知与情感,其中,文明行为认知包括个体对文明是否有明确的概念,是否基本了解什么行为属于公共文明行为,是否了解何为公共空间、场域,是否与公共认知相同等;文明行为情感侧重对个体实施文明行为或对他人实施文明行为的情绪感受。文明行为态度的差异会影响个体文明行为的实践,进而对公共文明行为指数产生显著影响。

在已有的实证研究中,文明认知缺乏是个体实施不文明行为的主要原因,超过一半的不文明行为者会将自己实施不文明行为的原因归咎于自己没有意识到,其中多数人对个人行为与公共文明行为间的关系缺乏明确认知,

① 唐点权.青少年文明心理结构及其特征研究[D].西南大学,2007:128.

而仅将这样的行为归类于个体的不良习惯。[①] 部分国内调查对象可能对公共文明的理解与标准不一。例如评价公共秩序(交通)层面的不文明行为——闯红灯或过马路不走人行横道,有些人会认为闯红灯或走人行横道的目的就是保证车辆与行人的安全,那么当没有车辆时,也不必严格遵循这一规定,进而认为这些情况不算是公共秩序(交通)中的不文明行为,于是降低遵守交通秩序的行为意向,并减少公共秩序(交通)文明行为。[②]

(2)主观规范

主观规范是个人在采取某一特定行为时所感受到的社会压力的认知,很大程度上源于个体认为重要的他人或团体对其行为的期望或约束。主观规范会受到规范信念的影响,作为行为主体的个体,在社会群体中实现正常交往的前提是对行为规范要求的适应。因此,个体会将外在的行为要求逐渐转变为内在的行为需要,其中外在行为要求很多时候表现为国家、政府或社会组织制定的社会规范,而规范观念是个体对社会规范内化的具体表现。规范观念会在行为过程中发挥意识指导行为的规范作用,提升个体的公共文明素养。

(3)知觉行为控制

知觉行为控制通常会在不同的情况和行动中有所不同。一般来说,个体具备的行动资源与机会较多,则行为预期阻碍则较少,知觉行为控制会较强;此外,知觉行为控制也会受到个体控制行为意志强度的影响。计划行为理论将知觉行为控制的建构置于信念、态度、意图和行为之间关系的框架内。[③] 计划行为理论中的知觉行为控制观点与班杜拉的自我效能感的观点有相似之处,个体对自身执行能力信心较强即代表有较强的知觉行为控制,在具体的行为过程中会表现为自律能力强,其他行为能力与资源优势等。具备较强的知觉行为控制可以在未来的特定情况下,更好地完成个体预期行为。

(4)自我效能感

社会个体不仅存在对公共文明行为理解差异,其实施文明行为的动机也迥然不同。个体一般会从满足自我实现的角度解释与自己相关的事情。这

---

① 廖菲.对公共文明建设与管理的思考:基于北京市民公共行为文明现场观察的研究[J].江西青年职业学院学报,2014(01):59-64.

② 蒋玲玲.城市公共文明指数调查研究[D].南京师范大学,2011:25.

③ Ajzen I.The Theory of Planned Behavior[J].Organizational Behavior & Human Decision Processes,1991(02):179-211.

可能源于人类个体有自我认可的需要,也希望得到周边人的认同,以获得积极的自我评价。因此,自我效能感可以作为个体文明行为的动机因素。个体对文明行为能获得自我效能感与社会积极评价的认知,也会促使其实施公共文明行为。

3. 个体社会层面

个体的发展过程中,会适时的受到生理、心理与社会各方面的影响。它们作为三个独立的相互作用的系统,对个体会产生重大影响。在社会生态系统理论中,个体在受到社会影响后,会产生影响公共文明行为的变量。由于物质决定意识,社会环境中的基础建设会影响个体认识与观念。思明区居民作为文明社会治理的主体,应对公共文明建设具有参与意识、监督意识、责任意识与法治意识,这也是公民社会的基本价值内核。[①]

(1)法治观念

个体的法治观念源于国家的法治建设与社会的法治环境。法治观念一定程度上是个体法律观点与情感的总和,它不仅包括对法律本质与作用的看法,还包括对目前法律内容与规范的作用评价,与对某行为是否合法的认知等。个体具备较强的法治观念可以很好地以行为规范对自己进行约束。

(2)道德观念

道德观念产生的目的是维护社会秩序,它包含了特殊的道德论证,是人们对自身,对他人,对世界所处关系的系统认识和看法,例如正与邪、对与错、善与恶等观念。社会公共道德指由社会全体成员所普遍认同、遵循的道德准则。公共道德观念的价值取向是社会、团体、他人与个体利益的有机统一。公共道德观念不仅反映行为本身,也对行为价值与合理性进行了评价与阐释,对公共文明行为起指导作用。

(3)公民观念

公民观念指被法律赋予公民身份的个体对自己在国家中地位的自我认识,个体具有较强的公民责任意识是公共文明水平提升的必要前提。现代社会公民责任意识不仅体现在对各类社会现象的态度和评判,也表现为一种公民意识下的主观规范。作为现代公民观念核心的"民主法治、自由平等、公平正义",其深刻内涵不仅表现在维护、争取自身自由和权利的强烈意识,还表现为对社会中其他成员个体自由和权利的关注、尊重与维护,对个体合法权

---

① 廖菲.对公共文明建设与管理的思考:基于北京市民公共行为文明现场观察的研究[J].江西青年职业学院学报,2014(01):59-64.

利与义务的了解，对公共行为进行监督的责任意识等，这又与法治观念和道德观念等内容高度关联。

提高全社会文明程度，必须培育良好社会风尚。[①] 良好社会风尚的营造又需要社会成员具备公民意识与素养。居民在公民意识指导下会自发创造并保护城市的文明成果，增加城市的文明积淀；同样的，具有更高文明素养的居民会更加匹配良好的城市文明发展环境，体现出城市文明的内涵。[②]

（二）中观层面变量

中观层面系统是个体生活于其中的个人关系网络，指小规模的群体，包括家庭、职业群体、和其他社会群体。

1. 家庭环境

家庭教育中，父母的文化程度会影响个体的价值观、人生观、道德观与社会观，进而对个体行为产生影响。家庭内部的和谐程度、家庭成员的处事态度也会影响个体未来行为习惯的养成。例如，家庭的不和谐一定程度上会影响个体卫生习惯的养成，进而在公共卫生文明行为上表现更加突出。发展心理学中提出的社会性参照，指孩子从小参考父母的情绪反应来学习应对社会情景，父母对行为的态度会直接影响个体的认知与判断。当父母对他人在公共场合吐痰表现出明显的厌恶与排斥，孩子会明确感受到这一行为是不被认同的，并在构建行为体系与价值判断时明确表现这一点。另外，若父母在家庭生活严格遵循文明规范，会对孩子的文明行为产生积极的正向影响。当今社会中由于家庭类型众多，家庭成员内部的职业、受教育程度以及行为习惯差异较大，家长的教育态度与方式千差万别，个体在心理、思想、价值取向、行为方式等方面也迥然不同。

注重文明家风与家庭教育的家庭培养的个体，其接受的家庭教育会内化为个体行为方式与准则，不仅有利于实现家庭内部的文明与和谐，更会作为先进的社会个体，推动形成爱国爱家、相亲相爱、向上向善、共建共享的社会主义家庭文明新风尚，以文明的家风支撑起文明的社会风气。

---

① 石书臣.提高全社会文明程度与实现民族复兴[J].中国特色社会主义研究，2018(04):50-58.

② 蒋玲玲.城市公共文明指数调查研究[D].南京师范大学，2011:33.

2. 学校环境

在个人行为塑造的关键时期,学校的教育经历会使个人具有更强的自我认同与社会交流感,他们会更积极地参与社会事务,更多地向新观念、新经验和新的生活方式开放,更重视科学,更容易接受并时刻准备变化,在公共场所的行为表现更符合现代化的公共行为文明要求。[①] 良好的校训与校风对加强思想政治教育和思想道德建设具有针对性。其中,学校德育教育的主要内容之一是个体文明行为习惯的养成。学校的校园活动以及文化氛围对学生行为的影响是潜移默化的,相关文明礼仪包含学校课程等内容或学校活动重视文明参与,可以促使学生提升文明行为水平。此外,丰富而积极向上的校园文化也对个体未来文明行为习惯的养成产生积极影响。学校与家庭不同的教育环境及其交互作用也会直接或间接的影响个体的生活行为方式,进而对其个人身心健康产生深远影响。[②]

3. 社会群体

社会群体是构成社会的基本单位之一,它们体现了个体与个体以及个体与社会间的相互关系。社会群体的形成与发展,会经历相互认同与稳定交往的过程。伴随这一过程,群体会形成协调成员的行为规范,以更好实现群体功能。群体规范是每个成员必须遵守的已经确立的思想、评价和行为的标准。群体内的行为规范形式不仅包括正式的规章制度,也包括非正式的承诺等,在不同群体中会产生不同的作用。积极的社会群体意见与规范会给予个体正向的社会行为指导,提升其公共文明行为水平。

在行为过程中,个体的文明行为一定程度上会受到源于社会群体压力的依从动机的影响。群体压力是群体对其成员的影响力,当社会群体中的文明行为形成主流,关于文明的社会共识形成时,个别群体成员的思想或行为与群体意见或规范发生冲突时,成员为了保持与群体的和谐关系,会感受到需要遵守群体意见与规范的心理压力,促使自身表现出依从群体接受与认可的反应;部分个体的不文明行为会受到身边同伴的指责或批评,在这一过程中个体会感受到羞耻感与边缘感,从而明确认识到自己的社会角色与群体期望,进而更好地规范自己的行为。

---

① 蒋玲玲.城市公共文明指数调查研究[D].南京师范大学,2011:32.

② 方慧.从重大公共卫生事件透析“90后”的现代健康观念[J].当代青年研究,2012(03):16-21.

(三)宏观层面变量

中国目前的宏观制度整体营造了是一种有利于公共文明建设的环境,虽然部分影响因素仍有路径依赖的限制与约束,但伴随目前的经济发展,包括国内的文化与历史环境,政府主导的制度政策环境,以及政府引领的社会文明风尚、文明氛围的建设等因素都对公共文明行为产生积极的推动作用。其中,政府在文明建设中的制度政策环境建设和执法监管倾向于规制与监督管理行为,其他的宣传教化与文明风尚引领的实践活动则倾向于政府服务型行为,但其目的都是在社会化过程中不断提升个体的公民意识、自我约束能力与文明建设参与能力,进而增加个体的公共文明行为,实现社会范围内公共文明行为指数的提升。

根据马克思主义的辩证唯物主义观点,物质基础决定了社会意识形态。经济发展水平是物质基础,社会的经济发展是社会环境构成的基础,其中文明程度则属于社会意识形态的范畴。经济发展中出现的地区不平衡也是公共文明行为指数的重要影响因素。① 城市文明在某种程度上就是城市的文化与内在灵魂,是城市的软实力,与城市的经济发展紧密相连。同时,经济发展与交流是人类文明进步的动力。伴随经济的发展,城市的功能逐渐完善,相关文明城市的创建与管理测评体系也正不断健全。

人均地区生产总值不断提升,适度普惠也成为社会福利的发展目标,公众的福祉水平显著提升,社会阶层分化也逐渐呈现快速化、多元化、知识化的趋势。改革开放后的经济发展推动人们不断优化消费结构,其中满足自我发展需求的消费逐渐占据更大的比重,更多的人加大教育投资与消费,社会划分群体的重要标准之一逐渐成为学历与文凭。社会群体意识的转变,也带动了社会阶层向知识化方向分化,更多的城市居民在经济水平提升的同时,开始重视个体的文明素养。因此,经济发展提升了全民的受教育程度,促进了城市公共文明行为指数的提升。但是,市场经济是一柄双刃剑,从其对思想道德建设和价值观的影响来看,市场经济一方面把自主、自由、平等、法治、权利等现代价值理念带给社会,另一方面也把个人主义、利己主义、拜金主义、功利主义、享乐主义的影响扩展开来,带来价值观的逐利性和信仰缺失、道德

① 秦志英.中国旅游者"不文明行为"的根源与矫治[J].重庆第二师范学院学报,2007(06):93-96.

失范、诚信缺失等负面效应,在一定程度上又对公共文明行为带来一定不良影响。①

1. 文化历史环境

文化是人们在社会生活中共同的态度、价值观、精神信念、社会期待、艺术、技术和行为的综合表现,表现了人们在社会生活中较为广泛的特征。②

(1)传统文化变迁

中国的文化与历史发展悠久,源远流长、博大精深的传统文化为中国特色社会主义文化提供了基础。社会主义核心价值观是当代中国特色社会主义文化的核心内容,对社会文明风气与文明氛围建设有重要积极影响。

社会主义核心价值观对个人提出的要求是爱国、敬业、诚信、友善,其中,诚信、友善是儒家文化中大力提倡的传统美德。传统文化在当前的时代环境中,优秀的文化养分被保留,还增添了与时俱进的新内容,例如,在当代践行社会主义核心价值观,个体应从爱国的高度认识到公共文明行为的重要性,将爱国热情转化为提升自身文明素质,加强公共文明行为的动力。敬业是个体责任与使命感的集中体现,也是构建和谐社会的必然要求,社会发展需要个体爱岗敬业,履行应尽的职责。诚信是为人之道,也是个人立身处世之本。友善是人与人之间的互尊互爱,和谐相处的美德,其核心内涵是利他精神,要求尊重、理解并关爱他人,在社会中倡导与人为善,形成相互爱护的良好社会氛围。③ 传统文化对当代社会主义核心价值观的形成产生了重要影响。

传统文化对公共文明行为产生的影响不仅有正向的,也有一些负向的。在调查结果中,客评部分的公共礼仪文明行为指数的得分偏低,可能由于传统文化的影响在逐渐削弱。中国在现代化发展与社会转型的过程中,经济、社会、文化的发展结构不平衡,面临的抛却传统现象比较严重,部分优秀文化逐渐失去赖以生存的土壤,在现代化进程中缺乏驱动力——无论是向西方学习的驱动力还是自我中心化叙事的驱动力,因此周边的东亚诸国逐渐疏远于

---

① 石书臣.提高全社会文明程度与实现民族复兴[J].中国特色社会主义研究,2018(04):50-58.

② 师海玲,范燕宁.社会生态系统理论阐释下的人类行为与社会环境:2004年查尔斯·扎斯特罗关于人类行为与社会环境的新探讨[J].首都师范大学学报(社会科学版),2005(04):94-97.

③ 滕盛萍.建立公共文明行为规范体系:北京市践行社会主义核心价值观的有益尝试[J].道德与文明,2014(05):146-148.

"中华中心主义",中国也逐渐失去了中华文明曾立足于世界民族之林的优势。[①] 思明区在公共文明建设中正尝试通过多元的实践活动与传媒宣传,加强文化自信来应对当前传统文化面临的挑战。

传统文化中缺乏现代文明与公德的内容也是影响城市公共文明行为指数的重要原因。中国传统社会以宗法群体为本位,具有差序格局的特点,人与人之间的关系是以亲属关系为主轴的网络关系。差序格局的形成受到血缘、地缘、经济水平、政治地位与知识文化水平等因素影响。[②] 这样的社会特点造成了私人空间对公共空间的排挤,进而造成了社会群体的公共文明意识弱化。传统思想中的主流——儒家文化,为礼仪与行为规范赋予了伦理与政治色彩,但也为其限定了特定的伦理与价值观范围。目前中国传统文化中的礼仪还没有实现向现代社会的公共伦理素养的完全转变。

公共文明是现代社会公共性发展的产物,是伴随扩大的公共空间与生活领域产生的新兴文明形态。在思明区的公共文明行为指数研究中可以发现,公共卫生文明行为的表现相对较差,这可能由于现代社会发展中公领域产生之后,个体在社会中的责任意识稍显薄弱。部分城市居民对所在区域、城市甚至国家的关怀意识、参与意识、公德意识不足,对公共空间的感情程度与责任归属上的认知有所偏差,缺乏维护公共空间文明的意识与欲望。同时,由于部分居民在公共空间中的活动时间破碎而短暂,又习惯于私人空间的保护与隔离,部分居民考虑不到个体行为对公共空间带来的影响,此外,也存在部分居民明确意识到行为的不良后果,但选择无视公共领域中的其他人,社会责任感淡漠,实施缺乏文明自律的行为。[③]

传统文化理念对现代公共文明行为评价的影响,也会表现为传统文化思想与现代社会观念认知的差异。传统文化中对特定概念的理解意义多重。举例来说,在中国古代的传统思想中有"身体发肤,受之父母","男女授受不亲"的观念,"身体"背后的文化意义不单包含本身的物理、生理机能,还包含身体与精神、伦理、审美与符号之间的关系,以及它在心理与社会层面的作用。但在当今社会文明行为规范的要求中,对于"身体"文明的理解与评价指标相较传统文化明显降低了标准,放宽了要求。

---

① 马艳.文化视域下城市居民公共行为文明研究:以北京、首尔、东京为例[J].中国名城,2014(08):59-63.

② 费孝通.乡土中国[M].北京:人民出版社,2008:25-34.

③ 蒋玲玲.城市公共文明指数调查研究[D].南京师范大学,2011:33.

传统文化中的公共美德与认同与当代社会的认知差异,也会影响公共文明行为评价。举例来说,在空间开放与多元化的今天,较多公共观赏场合会要求参观者禁止喧哗与静心观赏,但在传统公共生活中,文人骚客会对优秀的文章、创作与表演拍案叫绝。由于观赏传统的影响,仍有部分居民认为在公共观赏场合的“叫好”现象不应被认为是不文明现象,但在某些程度上,受传统文化影响的习惯与举动在当今的某些场合的确是不合时宜的。可知,部分不文明行为是对文化的公共认知偏离、公共认同缺乏和因此而导致的行为误区。①

(2)地区文化差异

文化习俗源自各地的历史传承与积淀,民间自古便有“十里不同风,百里不同俗”之说。我国幅员辽阔,是多民族聚居的国家,不同民族地区的风俗习惯有所差异。此外,自然条件复杂多样,东、中、西部的地形气候条件迥然不同。东部沿海地区地势平缓、降水较多,交通便利,开放程度高,历来经济发展程度较高,居民生活富庶,大多文明儒雅,言语斯文。目前思明区的人员构成中有约35%的外地居民,可能受到地方与民族的文化差异的影响,而产生不同的文化习俗与行为方式,其中部分可能尚未被社会行为规范广泛认同。在公共文明行为指数的评价中,可能会有部分居民因为对地域行为理解差异而产生不同的评价。

(3)中外文化差异

思明区在厦门金砖会晤期间,积极推广金砖国家相关礼仪的学习,目的是引导居民了解文化差异背后不同的文明行为要求,在提升自身素养的基础上,掌握不同场合的对外礼仪。

文化影响社会成员价值观、信念与习惯行为准则的形成,因此文化环境迥异的国家对文明的理解存在差异,也会在公共文明行为指数评价标准上存在差异。调查对象包括16—69岁的厦门市思明区的国内居民和生活在思明区半年以上的境外居民,因此中外文化差异对文明行为指数评价的差异在调研中需要考虑。中国与西方的文明行为要求差异表现在诸多方面,例如在公共礼仪文明行为方面,西方文化要求在公共场合保持安静幽雅的用餐环境,所以对于中国人营造出的热闹用餐氛围可能颇有微词。再者,就国民性而言,在国内属于文明行为的让座行为,在其他东亚文化特别是日本文化中,却可能会使其自尊心受损。因此,在国外环境中,人们可能出于对他人人格的

① 蒋玲玲.城市公共文明指数调查研究[D].南京师范大学,2011:34.

尊重而很少给别人让座。[①]

此外，对西方文化中文明要求的理解也会影响个体的公共文明行为指数。中国在改革开放后引入了西方的多元思想来完善自己的文明体系，但是在实际应用过程中，由于人们认知的偏差，并没有实现预计的效果，甚至西方文明中的“自由”也异化为部分居民不文明行为的理由，而忽视了“自由”是以不妨碍他人为底线的这一文明思想。

(4)古代历史环境

中国素来有“礼仪之邦”的美称，不仅有深远的历史，还有浓厚的文化底蕴。在中国古代历史上发展繁盛的时期，被奉为“天朝上国”，国人的“谦谦君子之风”曾让四海为之倾倒，世界各国对中华文化与文明礼仪赞赏有加，纷纷向中国学习借鉴。即使到现在，周边国家的文化体系中仍留存着众多古代中国传统文化的元素。古代中国与周边国家地区的交流始终秉持着亲和友善的态度，至今一些居民的意识中也认为，应当在外人面前展现自己良好而端庄的一面，这可能是影响研究中客评公共旅游文明行为部分以及主观公共礼仪文明行为部分得分的重要原因之一。

2. 政府文明建设

政府的管理与服务对城市文明建设有着重要作用。居民有时会由于公共道德缺失，做出一些违背公共秩序与传统文化的举止和动作。在已有的实证研究中显示，城市居民在不文明行为管理方式的选择上，支持通过协管与处罚等强制方式进行约束的占50%，支持通过加大对文明行为的宣传教育减少不文明行为的约占31%，支持通过增加公共设施例如垃圾桶或护栏等来增加文明行为的约占11%。[②] 同时，70%的居民认为干预不文明行为是合适的，也是可以接受的。

居民对政府的城市文明建设与管理有一定的期待与预期。部分居民会将城市文明建设引导与监管的责任归因于外界因素，例如依靠政府加强监督管理与公共设施建设等，希望通过外界力量来约束自己的行为。这表明，强化外界因素的约束与干预可以有效降低不文明行为的发生概率。

对思明区政府文明建设的措施进行分类，可以划分为规制型文明建设与

---

① 马艳.文化视域下城市居民公共行为文明研究：以北京、首尔、东京为例[J].中国名城，2014(08)：59-63.

② 廖菲.对公共文明建设与管理的思考：基于北京市民公共行为文明现场观察的研究[J].江西青年职业学院学报，2014(01)：59-64.

服务型文明建设,规制型文明建设中包括制度政策,与政府执法监管活动。其中制度政策基础指已有的具有法律效力的法律法规,以及相关配套的成文政策;政府规制、执法与监督行为则是保障制度政策能顺利实施的基本举措。政府文明建设中的服务型行为包括通过大众传媒进行文明的宣传教化,也包括移风易俗等文明实践活动,还包括引入社会组织共同参与文明建设,以及包括以重大社会事件为契机的文明建设。

(1)规制型文明建设——制度政策基础

文明建设需要政策与制度作为基础,制度环境是维系社会秩序良性运转的基本规则,也是社会存在与发展的重要基础。文明行为制度的建设需要良好的制度环境作支撑,公共文明领域的发展需要社会整体的培育。政策是制度环境中的延伸与具体化,它具备明确的导向与目标。

制度环境是一系列用来建立生产、交换与分配基础的基本的政治、社会和法律基础规则。社会基本制度是指作为资源和社会行为规制的法律、产权规则等制度安排,其中在制度体系中处于较高位置的基本制度,包括宪法、政府、主流意识形态、选举与产权规则等。宪法作为最基本的法律制度,提供的是最基本的制度环境,其变化可以反映并影响整个法律体系的变迁,导致制度环境变化。与其相对的是一般性制度,它是个体根据自己的信息与约束条件进行判断选择的制度,某种程度上具有个人契约性质。在社会的制度安排中,政府是最关键的制度安排,它是决定社会制度环境质量的制度安排。文明的政府可以创建文明的制度与制度环境,进而建设文明的社会。

制度政策环境中的规章制度、法律法规在现代社会中,是一种帮助实现自我约束的重要力量,也是社会公共文明组成中最为基础的部分,它是城市建设与发展中不可缺少的,需要不断强化的重要管理手段①,其完善与改进也是社会公共文明水平提高的最终保障和动力。在研究结论中,我们也看到思明区居民对于法制环境、市场环境和生活环境的改进诉求声较高。公共文明建设实现阶段性的发展,不仅需要社会个体的自律与道德,也需要严谨完善的治理与制度约束。因此,制度层面的公共文明建设不仅可以巩固现有的成果,还对社会文明水平起着持久的规范作用。倘若法律体系中缺乏对不文明行为的明确处罚条例,甚至也缺少外界的指责、监督与舆论压力,会极易形成安全的无意识状态,滋生助长不文明行为的出现。因此,为推动城市公共文

① 廖菲.对公共文明建设与管理的思考:基于北京市民公共行为文明现场观察的研究[J].江西青年职业学院学报,2014(01):59-64.

明行为指数持续而稳定的发展，需要建立健全系统的制度法规体系。

公民社会的制度环境包括多个方面的内容。①宪法作为国家的根本大法，是建设文明社会合理与合法性的基本来源；②法律，即国家关于公共文明行为的普通法律和专门法律；③行政法规，即政府行政管理部门关于公共文明行为的相关法令、条例、准则、规定、规章等；④党的政策，即作为执政党的中国共产党关于规范、倡导公共文明行为的决定、通告、通知、意见、办法、指示等。①

宪法是普通法律的立法依据，因此它不仅具有一般法律的社会控制功能，还为社会发展提供了导向。在权利层面上，宪法赋予了政府制定倡导公共文明行为与管制不文明行为相关制度规范的合理与合法性；在内容层面上，宪法是各项公共文明行为条例制定的基础，公共文明行为条例中的公共文明行为，其前提就是遵守宪法和法律、法规规定的行为。例如，以宪法为基础制定的《治安管理处罚法》与《刑法》等法律规定中，对少数严重的不文明行为提出处罚与管制的相应措施，以此可以有效遏制不文明行为的扩散，提倡社会文明风尚建设。由于各项法律法规建设之间的普遍联系，思明区廉政建设与反腐败工作的制度化与法制化也为城市公共文明建设起到了一定积极作用。由于宪法与法律建设是公民法治意识的基础，伴随法律法规体系的完善，民众的自觉性也日益提升，但相较于西方国家，国内居民的法治意识还相对淡薄。

行政法规是社会管理中不可或缺的重要部分，它在法律基础上细化规制措施，对不文明行为的进行管理与处罚，使个体通过行政法规更好地实现自我约束。思明区为发挥行政法规的作用，相继出台了一系列关于社会文明的行政法规政策，其中《厦门经济特区促进社会文明若干规定》已于 2017 年 8 月 25 日经厦门市第十五届人民代表大会常务委员会第六次会议通过并予以公布，同时思明区为促进网络空间的治理，也在全省率先出台《思明区加强新媒体和网站新闻内容管理的若干意见（试行）》，还制定了《思明区生活垃圾分类和垃圾不落地工作方案》以及考评标准等。此外，还有其他一系列的相关法规政策。

由于目前的制度法律体系仍不够健全，思明区仍在不断加强公共文明行为的行政法规建设。同时由于部分不文明行为目前仍不属于法规制度的管

---

① 俞可平.中国公民社会：概念、分类与制度环境[J].中国社会科学，2006(01)：109-122.

制优化范围内,仅能从道德层面对其进行谴责,思明区公共文明行为指数还存在一定的上升空间。

自十八大以来,党在全国精神文明建设中牢牢抓住培育和践行社会主义核心价值观这一基础工程、铸魂工程,在全社会弘扬真善美、传播正能量,坚持以核心价值观引领公共文明建设。民族的文明进步与文明国家与城市的建设,在党和国家的治理战略中被摆在重要地位,不断积蓄力量。在党中央的领导下,近五年来不断出台关于文明建设的相关政策。2013 年 12 月,中共中央办公厅印发《关于培育和践行社会主义核心价值观的意见》,从推进中国特色社会主义伟大事业、实现中华民族伟大复兴中国梦的高度作出战略部署。2015 年 4 月,中央宣传部、中央文明办印发《培育和践行社会主义核心价值观行动方案》。自党的十八大以来,《关于推进志愿服务制度化的意见》《关于支持和发展志愿服务组织的意见》《志愿服务条例》等陆续出台,进一步推动志愿服务制度化、常态化发展。2018 年 4 月,中央文明委出台了《关于深化群众性精神文明创建活动的指导意见》。十九大报告指出,要发挥社会主义核心价值观对国民教育、精神文明创建、精神文化产品创作生产传播的引领作用。

(2)规制型文明建设——政府执法监管

行政执法主要指实施具体的行政行为,包括行政处理、行政监督检查、行政强制与行政处罚等。它是法律法规实现的途径与保障,具有将文本化的制度规范转化为实际行为规范的作用,也具有维护社会与经济秩序的功能。文明的推进离不开文明的行政执法,执法过程中的文明表现也是公共文明建设的表现。

在城市的公共文明建设中,通过以法律手段惩处和整治在行政监督检查过程中发现的不文明行为,可以对其实现有效的遏制。例如全国文明城市杭州,在推进"车让行人"的公共秩序(交通)文明行为活动中,通过"违者严惩"的严格执法措施,对城市文明建设进行了有效管理。思明区政府也在积极落实公共文明行为的监察机制建设,并坚持以问题为导向,创新工作机制,促进文明创建常态长效,推动化解在市容市貌、交通秩序等城区管理方面存在的问题、难点。

厦门市思明区政府还深入开展了中小学校园周边文化市场的环境专项整治,与涉未成年人网络有害信息的专项整治。通过对城中村、校园周边等重点整治区域进行深入普查,强化行政管制措施,大力打击"黑网吧",形成对"黑网吧"的高压态势。思明区党委与政府针对互联网上网服务市场的行业特点，在2015—2017年间的寒暑假及节假日开展专项整治，共开展互联网上网服务市场专项整治行动20余次，各专项行动及日常巡查共出动执法人员4201人次，检查经营场所2100家次，目的是督促场所规范经营，严禁接纳未成年人等违规违法行为。在政府与社会的合力下，打击"黑网吧"成效显著，2015年以来取缔"黑网吧"10余个，多数业者经过宣传教育均能自行改正，对于拒不改正的，依法立案查处，共办理"黑网吧"案件4起，没收电脑主机及显示器共计75台，罚款及没收违法所得人民币62483元。

政府的行政监控与管制手段，在公共网络文明建设中也是及时控制传播不良信息的源头的重要方式。伴随信息传播范围愈加广泛的同时，当前匹配信息传播速度的互联网监控技术虽也在不断发展，但监管难度仍然存在。安全信息过滤软件与硬件发挥的作用相对有限，不能完全实现有害信息与有益信息的分离与筛选。网络中变化多样的链接技术也可能会削弱了技术方式的有效性①，如果不能及时对传播不良信息的人进行问责，会导致部分居民忽视公共网络也是现实生活的一部分，在网络中发表不文明不道德的言论与信息也是需要受到惩罚的。若不良现象被放任，会诱使人们仿效甚至变本加厉，导致更多群体在虚拟的公共网络空间中，不断降低个人责任感与行为标准，破坏公共网络空间，降低公共网络文明行为指数。虽然大多数网民可能是无意识地实施了个别不文明行为，但也不乏在政治上有非法目的的人，借助网络这个信息容量大，传播速度快的平台散播非法言论，以揭露真相的形式来扭曲事实、蛊惑人心，破坏社会和谐与稳定。

监督反馈的路径畅通能有效推进不文明问题的解决。思明区积极完善文明建设的督查反馈机制，针对日常巡查中发现的问题，第一时间抄告相关部门及时处理；公共网络平台上受理的投诉，均能按时依法进行处理并回复举报人，行业整体秩序不断提升。2015至2017年互联网上网服务行业通过12318、公共安全平台联动等方式受理投诉47起，均按时依法进行处理，办结率100%，投诉数量逐年递减。思明区还通过发挥区级文明程度指数专项测评、重点问题挂牌督办、市办《内部情况通报》、区创建办《整改督办单》等机制督查反馈的功效，针对市区巡查发现的、"文明创建暗访团"回访涉及的辖区内问题，督促相关单位立即整改，2018年已下发整改督办单87件。

政府机关单位和企事业单位对于提升社会服务水平都具有关键作用。

---

① 徐春妹.大学生网络不文明行为形成的原因及对策探析[J].湖北经济学院学报(人文社会科学版)，2010(04)：141-142.

政府作为公共管理与提供公共服务的主体,在加强思明区对文明行为的社会监督与管理的过程中,需要积极与社会力量共同发挥优势,约束不文明行为,完善管理监督体系。同时,政府应在社会治理中重视社会组织的广泛参与作用,使社会组织在监督不文明行为方面发挥重要作用。在当前社会转型发展中,创新社会管理不应是公民为政府单向提出的要求,而应当致力于形成公民参与、社会协同的多主体共同治理模式,并在共同的发展理念指导下,号召每个人投身社会参与、与各社会组织与公共部门共同推行获得社会认同的文明行为,从身边的小事做起,推动公共文明建设的现代化与常态化。公共文明城市建设的社会治理要求包括全部门协同、全民众参与、全标准落实、全流程把控与全方位保障,因此,在政府部门间职能划分层面,若市区职责不明晰、市区联动不紧密,则部分市直部门的工作可能也会交由区、街道、社区兜底,使基层单位和干部们承受较大压力。所以,政府间需要职责明确,部门间的沟通合作亟需加强。

思明区通过启动联动机制,充分利用公安、街道力量,及时发现违法行为,依法处置。政府积极发挥带头作用,不断引导社会组织发挥作用。首先,通过多元的传媒方式,创设了“文明创建随手拍”微信群、不文明行为曝光台,通过多元治理主体的积极参与推动监督机制作用的持续发挥。目前在“思明文明风”的公众号平台上设置的不文明行为曝光台,已开展至第 7 期,加强了全民对不文明现象的认知与思考。“文明创建随手拍”结合“互联网+”思维与“暗访+内刊”的方式,在职能部门、街居干部、特邀监督员、媒体记者等多元力量之间形成了联动机制。在这样的社会监督机制下,更多社会潜在的不文明问题被及时发现、合力督促落实,遏制了不文明行为的实施,不文明行为被有效遏止后,文明创建实效明显提高,也随之带动了城区文明环境升级。

(3)服务型文明建设——传媒宣传教化

政府在公共文明建设中不仅需要通过规制与监督管理方式,也需要通过服务型方式建设社会文明风尚。社会风尚是在一定时期普遍流行的风气和习惯,体现了人们的社会心理和道德观念,反映人们的精神风貌和价值观念。① 社会风尚属于观念文明,是提高社会文明程度的价值导向与必要前提,也是公共文明发展的基础与积淀,与居民公共文明行为相互影响、相互作用。

在文明城市建设中,由于个体行为具有分散性的特征,各级政府承担着社会建设、教育管理和公共服务的职责。在公共文明环境的营造中,政府管

---

① 刘淑兰.论先进文化引领社会风尚[J].科学社会主义,2013(03):88-90.

理者需要发挥主导作用，对个体行为进行整合与引导，利用行为的情境化特征进行管理，激发居民的群众意识。① 思明区目前在城市管理、公益广告氛围营造、志愿服务动员及参与、未成年人思想道德建设等方面，还有不少改进和提升的空间，需要正视差距，开拓思路，创新举措，突破瓶颈，以期取得新成效。

社会宣传教育对公共文明水平的提升具有重要意义，其主要路径是通过提升社会个体的公共认同、共同参与和自觉实现。居民对于文明、公共场合的理解，每个人的要求与准则也可能不甚相同，个人认为的文明行为不一定会获得其他民众的广泛认同，个人对当前城市文明情况的肯定不一定会同样满足他人对文明的要求。宣传与教育工作不足可能会导致居民对公共文明行为的认知千差万别，标准五花八门，在文明行为实践中缺乏统一的准则，在公共文明行为指数的测评指标建设中会形成重重困难。因此，需要政府通过社会宣传教育引导与规则制定促进、规范居民的公共文明行为，并在设立公共文明行为的标准时，考虑居民现有的认知情况，以及感性与理性选择。

大众传媒具有强大的信息传播与扩散能力，对社会范围内的宣传教育有重大影响。伴随信息网络通信技术的迅猛发展，从报刊电台等传统媒体，到电视台、互联网、微信、微博等各种新媒体，传媒的影响范围不断扩大，越来越多的人通过信息网络了解信息。人的态度是由个体的认知、情感与行为构成对事物的评价性总结，其形成是一个复杂的过程，不仅需要个人的内在心理活动，也包括个人与他人，所处场域中其他事物间的相互作用。因此，信息传播媒介的普及能够通过改变个体的态度与认知，例如从他人处获得的信息或是组织中信息自上而下的传播，抑或是大众传媒快速传播信息，产生相对广泛的社会影响。

大众传媒方式多元化为公共文明的社会舆论宣传，以及社会风尚建设带来了机遇与挑战。一方面，精神文明建设宣传的阵地不断扩充，传播主流社会舆论的传媒方式通过进行初步信息筛选，发挥其正向、软性的教育与政策宣传功能，公共文明行为的教育宣传也可以顺应时代潮流，抢占新媒体的宣传阵地的同时，撬动传统纸媒、移动媒体、新兴媒体的宣传势能，构筑多维度、全覆盖宣传格局，营造浓厚文明氛围。

另一方面，网络传媒的范围打破了时空与信息制造和发布者的限制，创新传播信息方式的同时，突出了信息的开放性、自由性、隐匿性与广泛性等特

① 马艳.文化视域下城市居民公共行为文明研究：以北京、首尔、东京为例[J].中国名城，2014(08)：59-63.

点,为信息提供了自由、开放、灵活的交流方式。人们可以自主选择需要的信息,并自由发表自己的言论。每个人都可以成为信息中心,在公共网络空间中人们可以脱离现实社会中赋予的束缚与身份限制,做自己想做的事情。众多良莠不齐的社会信息产生并传播,网络空间中的多元文化对主流文化产生冲击。

政府作为公共文明宣传教育的主体与领导核心,在教育方向紧扣核心价值观的同时,需要充分利用多元的大众传媒来确立主流舆论导向,推动文明建设。思明区政府积极占据精神文明建设的阵地。具体表现为从 2017 年以来在新华网、人民日报、光明日报、福建日报等中央、省、市级主流媒体发布有关思明志愿服务的各类宣传报道 160 余篇;在全市首创开设公益宣传栏目《文明思明天天见》,覆盖全市 8426 个地铁、公交、BRT、楼宇电视等移动端口,加大公共文明行为引导,为文明素质提升奠定基础。

区党委与政府还积极通过大众传媒方式,树立了志愿活动模范,致力营造良好的社会风尚。人民日报、光明日报、新华网等央媒聚焦城市义工、"法庭义工"等志愿服务典型,开展专题宣传报道。自 2017 年以来,新华网以《读懂思明之城市义工:一件温暖人心的"红马甲"》为题、光明日报 5 月 8 日以《义薄云天》为题报道思明城市义工,人民日报 5 月 24 日以《让司法带上温度》专题报道思明法院的法庭义工。区委文明办还在厦门日报、厦门晚报、海西晨报等本地主流媒体上开设"当好东道主·微笑满思明"等专栏,展现小人物的志愿信念与善心善举,在全社会形成崇德向善的良好风气。同时,依托智慧讲堂、价值观论坛等平台开展志愿者事迹巡讲,及开展志愿者心得征集、故事汇、分享会等活动,引领各行各业"知"志愿、"谈"志愿、"赞"志愿,此外,还积极推送志愿服务信息至厦门文明网、福建文明风、中国文明网等网站,营造了志愿奉献的浓厚氛围。

思明区政府在营造文明风尚的同时,也在公共网络空间的文明建设中加强舆情监测力度,及时加以监管与正向引导,倡导文明办网。思明区还根据市网信部门要求,在重要时间节点提前强化对负面舆情的监测处置,实行 24 小时舆情值守,确保意识形态安全,营造文明引导视觉化的空间场域。

思明区政府高度重视创建文明网站活动,把精神文明建设的要求落实到网站建设和日常管理之中。通过开展主题宣传,繁荣网络文化,强化正面引导。为在公共网络空间建设中更好地践行社会主义核心价值观,思明区在全区范围内加强对网站从业人员思想政治教育,举办"新媒体人谈核心价值观"活动,成立新媒体联盟,打造适应新时代的新媒体矩阵。自 2015 年以来,加强与新媒体战略合作，开拓"人民网福建频道"合作的新路径；与厦门网进行合作，陆续开设"思明频道"、"民生热议"专栏，正面展示了思明区形象。

此外，思明区政府还积极贯彻落实依法治国的战略举措，深入开展全民普法教育，弘扬社会主义法治精神，把社会主义核心价值观融入社会主义法治建设全过程。思明区政府引导培育居民的法律法规意识，提升居民的法律法规素养，鼓励居民自觉守法、遇事找法、解决问题靠法，自觉履行法定义务，依法维护自身权益，增强广大居民的学法、尊法、守法与用法的意识，提倡居民向社会主义法治的忠实崇尚者、自觉遵守者、坚定捍卫者的方向努力。同时，法治教育也纳入精神文明创建内容中，思明区通过广泛开展群众性法治文化活动，逐渐形成良好的法治氛围和法治习惯。

(4)服务型文明建设——文明实践活动

思明区政府在公共文明建设中，除利用大众传媒等途径打造有利于文明建设的舆论环境，还将移风易俗宣传与活动紧密结合，通过多元的实践活动深化公共文明宣传教育。思明区党委与政府努力彰显典范力量，每月开展"我评议、我推荐身边好人"活动，培育全区学习、关爱、争当先进的浓厚氛围，2018年以来，何苗生、陈有理、王猛、包连营入选"福建好人榜"好人，陈有理入选"中国好人榜"好人。思明区除政府发挥带头作用，各类社会团体组织也积极发挥公共治理作用，影响着公共文明建设的方向。义务监督员、文化志愿者等民间力量的作用得到发挥，加强了对网吧的巡查督导力度，形成全社会齐抓共管的良好局面，共同营造文明有序的上网环境。由此可知，联动治理机制可以一定程度上实现各主体的综合治理，促使公共文明建设从依靠政府部门的"要求个体文明"转向以居民为主体的共建共享文明。①

思明区还鼓励开展"文明交通、文明旅游、文明网络、文明餐桌"等倡导文明新风活动，引导居民养成良好生活习惯。思明区在公共卫生文明行为建设中，通过分批次组织专题培训，举办垃圾分类知识竞赛活动，依托电视等媒体开展主题宣传，印制分发指导手册、"给居民一封信"，统一制作标识牌、监督牌，积极开展亲子环保体验，制作上线"垃圾分类互动手游"，在试点商业街、社区开展大型户外宣传和"四分类"宣传展示，来提升群众的认知与参与率。此外，还开展"我们的节日"主题活动，在节假日等关键节点，组织策划系列线上线下主题活动，引导居民参与，践行文明新风尚。

① 滕盛萍.建立公共文明行为规范体系：北京市践行社会主义核心价值观的有益尝试[J].道德与文明，2014(05)：146-148.

在文化活动方面,思明区还推动移风易俗工作纳入意识形态责任制考核体系和区级文明单位(社区)创建考评体系,通过文明单位(社区、校园、家庭)创建、网络专题制作、志愿服务引领、开展"移风易俗大家谈"进思明专场访谈等方式,推进移风易俗实践引导,并加深对中华优秀传统文化的认知认同,增强文化自信。思明区积极拓展平台建设,搭建了多元平台,推进了社会主义核心价值观在细节处的落实。思明区还尝试将社区书院打造成为基层宣传思想文化的重要阵地。建成了94家社区书院,6家被确认为全市首批典范社区书院,还通过全区的社区书院开展了课程活动逾2.8万次,受益居民逾58万人次。同时,思明区还积极举办社区书院特色项目评选展演活动,强化品牌打造。推进"社会主义核心价值观动漫小剧场"剧本创作表演,在未成年人中培育和践行社会主义核心价值观,倡导绿色阅读,提升全社会对优秀文化的学习与了解。

思明区通过深入开展文明城市、文明单位、文明校园、文明家庭等群众性精神文明创建活动,强化了群众性精神文明创建机制。召开全区精神文明建设工作会议,对2015—2017年度的3家全国文明单位,45个省级、269个市级、555个区级精神文明建设先进集体及个人进行表扬,启动2018—2020年度全国、省级文明单位(校园、社区)申报工作,印发互联网企业文明单位创建试点工作方案,发动两新组织、互联网企业争创省级文明单位。

(5)服务型文明建设——以人为本导向

厦门市文明风尚的建设还表现为政府部门"以人为本"导向的管理服务行为。思明区致力于强化公共文明的社会风气建设,将以人为本思想贯彻始终,重视在居民文明组织建设过程中发挥环境的引导与教育功能,关注城市居民自身的文明发展,鼓励实现人的全面发展与现代化,积极培育、弘扬公共文明风尚,对不文明行为进行引导,让社会充满正能量,形成公共文明的社会共识。

首先,"以人为本"表现为以人民满意为目的政府的管理与服务行为。十八大报告中提出要建设人民满意的服务型政府,公众满意成为服务型政府建设的主要价值取向。思明区政府在管理中加强"人性化"设置,注重社会成员的感受。例如,在公共网络文明管理过程中,结合宣传教育,针对网吧工作人员流动性大、法律意识不强的特点,加强法治宣传,强化守法经营意识和安全生产意识。

其次,思明区加强文明队伍建设,通过提升政府工作人员的文明程度加强了"文明政府"的建设。思明区政府在公共服务领域的项目包括基础设施、教育、文化、卫生、社会保障等与民生息息相关的公共事业。为持续不断地抓好这些窗口行业的职业道德和服务质量，建设具有较高文明程度的组织队伍必不可少。因为政府部门工作人员行为的文明程度是公共文明行为指数的组成部分，所以“文明政府”建设的相关措施也应受到关注。思明区积极强化政府部门的组织领导，在文明行为创建中不断加强政府队伍建设，通过提升公共服务人员的职业道德、服务态度，坚定其热爱人民，公平正义，热情服务，方便群众的服务观念，更好地为群众提供优质高效的公共服务，提升公众的满意度。

最后，思明区政府“以人为本”的价值导向过程还集中表现为政府在社会治理中重视社会组织的广泛参与作用。社会组织过程主要产生于公共领域，由特定的组织目标与制度化的结构组成，具有共同特征与普遍化的行动规范的人群。由于社会组织在营造公共文明风尚与组织文明相关活动中都发挥着重要的作用。它作为社会公共领域的代表性力量，在公共文明行为建设中发挥着独特的作用。思明区的社会组织被广泛鼓励通过结合自身实际，参与公共文明引导活动，劝阻不文明行为，积极参与公共文明行为推进。

(6)服务型文明建设——志愿文明风尚

十九大报告提出要激励人们向上向善、孝老爱亲，忠于祖国、忠于人民，厦门市思明区中社会文明风尚的培育，表现在对中国特色社会主义的重要表现形式之一——以德治国的践行，倡导崇德向善、守法光荣的社会风尚，推进文明、和谐社会的建设与治理。

厦门市为培养文明的社会风尚，在全市范围内推进各领域的志愿服务活动。通过使居民对城市建设投入更多的时间、精力与感情，产生对文明城市建设的公民责任意识；同时，通过鼓励公益慈善活动的全民化，以更好实现对弱势群体的切实帮扶，在推动公益慈善事业发展壮大的同时，更好地营造和谐友善的文明社会氛围。建立完善见义勇为的保障机制，通过大力宣传先进典型、评选表彰道德模范，来弘扬扶正祛邪、惩恶扬善的社会正气，引导居民自觉抵制不义的行为，形成学习先进的良好社会风尚。[①] 在对思明区居民的调查结果中，可以看到思明区居民已逐渐形成对于志愿服务文明行为的意识。在主评问卷的分析部分，居民认为自己最应该改进的公共文明行为是公共服务文明行为，但客评部分志愿服务文明行为指数的得分依然稍显不足。

---

① 黄炯华.深圳市罗湖区公共文明水平提升对策研究[D].哈尔滨工业大学，2016：42.

近年来,思明区政府不断探索创新,通过凝聚共识、激发活力、风尚引领,持续打造品牌,锤炼志愿服务文化,大力推动志愿服务蔚然成风。"志愿厦门"平台注册的志愿者达 8 万多人、志愿者队伍近 800 个,志愿服务时长累计超过 57 万。此外,思明区还大力开展网络文明传播志愿服务,通过组建网络传播志愿者队伍,招募发展了一批具有广泛社会影响力的骨干志愿者,引导正确舆论,带动网民文明上网、传播网络正能量。

(7)服务型文明建设——完善基础设施

完善的公共基础设施为公共文明行为的情境提供了良好的条件,有利于增加城市居民的公共文明行为。由于个体行为的产生需要特定的情境,部分城市居民可能会将个体的不文明行为归因为公共基础设施的设置不科学、不合理,例如附近没有垃圾箱,红绿灯时间分配不合理,人行道设置不合理,红绿灯没有设置或经常坏掉等。

公共秩序(交通)文明行为状况在不同地区间存在较大差异,无论是行人闯红灯,还是非机动车闯红灯的现象都存在这样的问题。这种情况与区域属性、管理、设计、人和车流量密切关联。行人闯红灯现象与人流具有显著正相关关系。公共设置完善、管理严格的地点会明显减少不文明的公共秩序(交通)行为发生。城市基础设施设计更加科学的地点,会明显减少鼓励不文明的公共秩序(交通)行为。在人流与车流量较大的路口,路口协管员的良好配合与协助可以降低不文明行为的产生概率。[①]

厦门市伴随改革开放迅速成长,但由于岛内资源的有限性,现有的城市规划一定程度上难以满足发展城市的需求,可能会面对发展瓶颈问题。例如,可开发利用土地资源缺乏、发展空间受限,辖区的自然资源不足,流动人口的增加使城区人口数量逐年上升、环境承载力超负荷。城市建设中道路相对狭窄、交通拥堵、停车位紧缺的问题更显突出,这些因素都可能导致居民对交通状况的满意度偏低。厦门市老城区的社区相对老旧,同时由于建设时间较长,可能出现公共设施老化破损问题,还有例如文体活动空间不足,无障碍设施不足等问题。此外,由于厦门市的土地资源有限,房价偏高,非厦门户籍家庭的居住环境较差,缺乏对城市的归属感,基础设施建设的限制性一定程

---

① 廖菲.对公共文明建设与管理的思考:基于北京市民公共行为文明现场观察的研究[J].江西青年职业学院学报,2014(01):59-64.

度上可能会为厦门市公共文明建设带来困难。[①]

思明区积极改善城市文明基础设施的建设情况,在现有条件下以创建全国文明城市为契机,进一步加大城市基础设施建设力度,夯实文明城市创建的基础,促进城市功能的完善。市政部门提出市政设施改造提升项目56个,完成杆件、箱体规整752处、交通标示牌双语化改造120面等。思明区为大力加强公共卫生文明建设,在海龙小区投入APP智能环保屋,先锋营小区引进全市首个智能化系统,嘉成花园设置"环保屋"等。

(8)服务型文明建设——重大社会事件

已有研究证明,重大社会事件对城市的公共文明建设具有重要的正向影响。方巍与耿伊娜在实证研究中提出,浙江省G20峰会期间公共文明指数有明显提升;[②]沙莲香也在对北京居民长达五年的跟踪研究结果中发现,被调查者对包括在京居住二年以上外地务工者在内的北京居民的公共行为文明,给予的文明评价指数逐年提升,特别是在2008年北京奥运和2009年六十周年国庆的两个非常时期内的评价指数都显著提高。[③]

作为旅游城市,厦门市以重大社会事件——厦门会晤保障和文明创建再提升为契机,聚焦市容管理、市政改造、立面整治、居民文明素质等重点,开展系列提升行动,文明、旅游、市政、工商、建设、交通、公安等部门形成联动合力,进一步营造讲文明、守礼仪、重形象、筑诚信的整体环境。

思明区党委与政府关注提升群众在迎接金砖国家领导人厦门会晤中的参与感,引导群众共同识礼仪、正确用礼仪。结合2万册《了解金砖峰会更简单》通识手册宣传,推广金砖国家相关礼仪知识学习,还开展了"人人都是东道主,思明青年展风采"演讲比赛、"共树校园文明风"开学系列活动等,带动广大群众增强主人翁意识,争做中国文化和城市文明的传播者、践行者和示范者。同时,思明区还创新性地举办金砖五国文化分享暨如何当好厦门会晤东道主大家谈,邀请留学生和教授分享五国文化,邀请各界代表座谈交流,共话助力厦门会晤。推动形成厦门会晤人人知晓、人人关注、人人支持、人人参

① 黄炯华.深圳市罗湖区公共文明水平提升对策研究[D].哈尔滨工业大学,2016:33.

② 方巍,耿依娜.关于浙江省公共文明发展现状的研究与思考:基于2014—2016年浙江省公众电话访谈数据的分析[J].观察与思考,2017(09):78-84.

③ 沙莲香."北京市民公共行为"的理论核心和研究思路[J].北京社会科学,2010(04):4-7.

与的良好局面,引导居民以文明热情、志愿奉献的主人翁姿态迎接八方宾客。思明区紧紧把握厦门会晤重大历史发展契机,以系列主题活动为抓手,引导各行各业工作人员练好本领、提升服务、传播文明,激发当好厦门会晤东道主的自豪感和责任感。

在公共旅游文明建设中,思明区力求净化旅游市场环境,文明办加强与各部门沟通,协调督促各相关职能部门,使其切实开展文明旅游宣传活动。通过面向全区举办2017年旅游服务窗口培训,开展首届"思明区文明旅游示范窗口"和"思明区文明旅游服务明星"评选,深入开展"迎接厦门会晤·'码'上文明"等活动,进一步提升旅游服务质量。加强文明旅游行业诚信体系建设,开展"诚信经营,助力厦门会晤"创建活动,营造旅游市场诚信经营、社会共治的良好氛围,如工商部门联合采取"深摸排、强打击、固长效"等举措,确保暑期旅游市场秩序专项整治再提升,制定和完善相关旅游投诉处理机制,2017年以来受理旅游投诉589件,办结率超过96%。思明区的旅游部门还以全国文明城市创建为契机,开展了全区旅游窗口行业文明规范化用语整治活动,对16家旅游景区、旅游饭店、旅行社分支机构检测未达标的单位下发整改通知书,督促做好整改、提升。截至12月上旬,共受理旅游投诉咨询电话291件,其中游客旅游投诉案件33件,为游客挽回经济损失5万多元,游客满意率均为100%。厦门会晤对思明区文明建设的重要影响,也表现在思明区公共文明行为研究中的客评公共旅游文明行为的得分上。

在厦门会晤期间,思明区积极营造良好城区环境。在公共卫生文明建设中,通过推进垃圾分类和垃圾不落地,抓好重要区域精细化改造,促进城区道路、沙滩、园林颜值提升,加大文明交通督导等,为城区文明形象加分。除建设良好的自然城市环境,思明区更致力于营造良好的人文环境。通过发动社会各界参与文明旅游志愿服务,同时通过设计思明旅游志愿者服装、标志"小诸葛"LOGO等,展现具有思明特色的旅游志愿服务风采。依托火车站、演武大桥观景平台等省、市级志愿服务驿站及思明区文明旅游服务驿站、学雷锋志愿者服务站,开展文明宣导、便民服务等活动;整合志愿资源,发动平安志愿者、党员志愿者等担当"文明使者",组建近200人的思明区旅游志愿者总队,发挥思明区城市义工协会、晨曦公益服务队等志愿服务品牌的辐射带动作用,发动社会力量共同投身维护公共秩序、文明旅游宣传等志愿服务活动,引导群众文明出行,为厦门会晤做好坚强的服务保障,助力提升厦门形象。其中,节假日期间在轮渡广场、曾厝垵文创村等处设立旅游咨询服务点,2017年以来培训旅游志愿者245人次、服务11万余人次,进一步增亮了思明文明底色。

上述研究与实践都证明了人们在重大社会事件发生时期，在情境附加的心理与社会效果影响下会逐渐形成心目中理想的文明样式。① 厦门会晤不仅为厦门市带来了空前的发展机会，也激发了全省民众的极大热情，动员了全市力量，思明区政府从理念到行为，从制度完善到改进都有了较大改变。因此，利用重大事件提升社会公众的公共文明素质是推动社会发展的重要契机。举办与公众联系密切的重大社会活动，可以显著增强群众的主人翁意识与荣誉感，在这种认知的驱使下，城市居民会产生自觉与自律意识，促使其增加其公共文明行为，改善整体公共文明水平。

三、公共文明行为指数调查影响因素的实证分析

在调查问卷的评价方向上，既有向外的“客评”，即对他人文明行为的评价，也有向内的“自评”，即自己对自身文明行为的评价。因此，在探究影响因素的过程中，需要分别将其作为因变量进行回归。由于调查样本中的群体有国内居民与境外居民，通过数据筛选进行初步分类，再分别进行影响因素探究。

（一）国内调查对象数据的回归分析

1. 社会人口基本特征

首先对数据信息进行梳理，通过对现有变量进行计算得出可用于回归的自变量与因变量。在客评部分中，对各类型的公共文明行为指数得分进行加总与均值计算，“客评公共礼仪”这一变量的计算过程为各项测量客评公共文明礼仪条目的得分的均值乘以二十，按照百分制对其进行重新计算与赋分，并通过拉大分数差使其相关性更加显著；同样的，其余各项“客评公共卫生”“客评公共秩序”等部分的文明行为指数也均采用相同的变量计算方法获得（见表 4-1）。

① 沙莲香.“北京市民公共行为”的理论核心和研究思路[J].北京社会科学，2010(04)：4-7.

表 4-1 社会人口特征对境内居民客评各类公共文明行为的多元回归

自变量	因变量					
	客评公共礼仪文明行为	客评公共卫生文明行为	客评公共秩序(交通)文明行为	客评公共网络文明行为	客评公共服务文明行为	客评公共旅游文明行为
常数项	95.033***	91.741***	90.136***	88.687***	87.509***	89.811***
性别	−2.428	−1.228	−0.237	−1.441	−.437	−.952
年龄	0.400	−0.524	0.323	1.661	.699	1.305
户籍	−1.257	−0.455	−0.501	−.960	−1.384	−1.666*
职业	−0.001	0.074	−0.077	−.155	−.062	−.179
政治面貌	1.774	1.238	0.648	−1.798	− .662	−.159
受教育程度	−2.745*	−2.180	−1.051	−.923	−.258	−.371
R 方	0.026	0.01	0.004	0.016	0.008	0.017
调和 R 方	0.015*	0.00	−0.007	0.004	−0.003	0.006
F 值	2.340*	0.912	0.353	1.406	0.696	1.515

注:(1) *** $p<0.001$, ** $p<0.01$, * $p<0.05$,双侧检验;
(2)表中回归系数均为非标准化回归系数。

对社会人口特征中的政治面貌,使用虚拟变量重新编码,其中 1 代表中共党员,0 代表非党员;同时对受教育程度重新编码,1 代表初中及以下,2 代表高中或专科,3 代表大学本科及以上,通过重新划分层级,使其影响更加突出;最后,年龄作为连续变量参与回归。

其中,当客评部分中公共礼仪文明行为的评价的得分作为因变量时,通过线性回归我们可以发现学历是影响个体对他人公共礼仪文明行为评价的重要因素,且呈现负向相关关系,即受教育程度越高,在客评公共礼仪文明行为指数的时候值越低,即越不满意;相反的,受教育程度越低,客评公共礼仪文明行为指数的值越高。在评价公共卫生、公共秩序(交通)、公共网络与公共服务的文明行为指数时,问卷中列举的人口特征变量均不显著;在个体评价他人的公共旅游文明行为时,户籍差异对其评价的影响显著,由于系数为负,可知户籍与评价他人公共旅游文明行为之间呈反向相关关系,即户籍为本市居民对他人公共旅游文明行为的评价较高,而其他外地户籍的居民相对评价较低。

表 4-2　社会人口特征对境内居民自评各类公共文明行为的多元回归

自变量	因变量					
	自评公共礼仪文明行为	自评公共卫生文明行为	自评公共秩序(交通)文明行为	自评公共网络文明行为	自评公共服务文明行为	自评公共旅游文明行为
常数项	78.278***	95.955***	95.548***	96.119	88.860	91.098
性别	0.646	−0.095	0.784	0.091	0.048	0.601
年龄	−0.312	−1.064	−0.487	−0.248	0.012	0.272
户籍	−1.650**	−2.319**	−2.204**	−2.157**	−1.671*	−1.439*
职业	−0.014	−0.015	−0.156	−0.156	0.141	−0.153
政治面貌	0.895	1.618	0.713	1.429	2.401	0.943
受教育程度	0.581	0.776	0.228	0.164	0.187	1.110
R 方	0.023	0.022	0.024	0.021	0.021	0.019
调和 R 方	0.012	0.011	0.012*	0.010	0.010	0.008
F 值	2.096	1.97	2.112*	1.881	1.921	1.700

注:(1) *** $p<0.001$, ** $p<0.01$, * $p<0.05$,双侧检验;

(2)表中回归系数均为非标准化回归系数。

在被调查对象的自评部分中,对自身公共礼仪、公共卫生、公共秩序(交通)、公共网络、公共服务与公共旅游等文明行为的评价均明显受到户籍的影响,且同样表现负向关系。即本市户籍的居民更倾向于自我评价公共文明行为表现良好,而相应的非本市户籍的居民更多地在自评部分中认为自身的公共文明行为水平有待提升。

2. 其他重要变量回归

根据问卷中条目的内容(调查问卷样板见本书附录),将部分题目抽象成计入回归的自变量。其中,由于 C1 题目测量的是个体对思明区公共文明创建活动的态度,C2 则测量个体对思明区公共文明创建成效的评价,C1 题目抽象为"个体对公共文明行为指数的态度",C2 题目抽象为"个体对政府公共文明建设的感知",分别作为影响公共文明行为指数因素中"文明建设态度"与"政府行为成效"的变量。此外,由于 C5 测量内容为个体主观上的条例规范对公共文明行为的影响程度,通过对 C5 部分测量条目得分的均值计算,得出个体对制度规范影响的评价,并将这一题目抽象为"个体对制度规范对公共文明建设重要性的感知”,即作为“制度规范影响”对公共文明行为指数影响的测量变量。

“客评公共文明行为指数”作为因变量,是通过对上述六种类型文明行为指数,例如“客评公共礼仪”“客评公共卫生”等重新赋值的变量,对其进行加总与平均的计算,获得其均值;同样的,“自评公共文明行为指数”作为因变量,也是通过对上述“自评公共服务”与“自评公共网络”等各类公共文明行为指数的得分进行均值计算,而产生的新的变量。

各项研究变量之间的相关关系如表 4-3 和表 4-4 所示。首先,文明建设态度与客评公共文明行为指数之间显著相关($p<0.001$),且相关系数为-0.445,这表明文明建设态度与客评公共文明行为指数之间存在负相关关系,由于态度测量的赋值中,数值越大反映个体对文明建设的态度更加不支持,负相关关系表明个体支持文明建设程度越高,对客评公共文明行为指数的评价越高。同样的,文明建设态度与自评公共文明行为指数间的负相关关系($p<0.001$),且相关系数为-0.559,证明文明建设态度对自评公共文明行为指数的影响更大。

其次,政府行为成效与客评公共文明行为指数之间显著相关($p<0.001$),且存在较强的负向相关关系,相关系数为-0.525。据此表明规范个体对政府文明建设的效果评价越高,个体客评的公共文明行为指数会越高。政府行为成效与自评公共文明行为指数之间的负相关关系(相关系数为-0.473,$p<0.001$)也具有相同的影响路径。

再次,由于制度规范影响与客评公共文明行为指数之间显著相关($p<0.001$),且存在很强的正向相关关系,相关系数为 0.733,其与自评公共文明行为指数间的同样表现为强正相关关系(相关系数为 0.731,$p<0.001$)。据此表明,个体对文明制度规范的重要程度评价也会正向影响个体客评与自评的公共文明行为指数。

最后,文明建设态度与政府行为成效之间不仅显著相关($p<0.001$),还存在较强的正相关关系(相关系数为 0.53),由于政府行为成效的赋值方式与文明建设态度测量类似,即值越大反映其态度或评价越消极,可知,当个体支持城市文明建设时,对政府文明建设的评价会相对较高。此外,政府行为成效与制度规范影响之间同样存在负向相关关系($p<0.001$),系数为-0.484,反映当个体对政府行为成效的评价较高时,同样会正向影响其对政府部门制定的制度规范成效的评价。接下来的研究中,将引入控制变量通过多元回归分析。

表 4-3　国内居民客评公共文明行为指数主要变量相关性分析

变量	1	2	3	4
文明创建态度	1			
政府行为成效	0.530***	1		
制度规范影响	−0.485***	−0.484***	1	
客评公共文明行为指数	−0.445***	−0.525***	0.733***	1

注：*** $p<0.001$，** $p<0.01$，* $p<0.05$，双侧检验。

表 4-4　国内居民自评公共文明行为指数主要变量相关性分析

变量	1	2	3	4
文明创建态度	1			
政府行为成效	0.530***	1		
制度规范影响	−0.485***	−0.484***	1	
自评公共文明行为指数	−0.559***	−0.473***	0.731***	1

注：*** $p<0.001$，** $p<0.01$，* $p<0.05$，双侧检验。

在线性回归中，首先将各项社会人口特征变量作为自变量，以客评公共文明行为指数与自评公共文明行为指数分别作为因变量，各项人口特征以进入的方式逐渐进行多元线性回归。对自评公共文明行为指数中进行线性回归后，可知户籍对其具有显著的负向影响，即本市户籍的居民对公共文明行为指数的评价更高，而相应的非本市户籍的居民对公共文明行为指数的评价则相对较低。其中，户籍在对不同类型的公共文明行为指数的评价中，分别具有不同的影响程度。

其次，将社会人口变量作为控制变量，逐渐加入其他的自变量继续进行多元线性回归，我们发现个体对文明创建的态度直接影响着个体对他人的公共文明行为指数的评价。在"文明建设态度"作为具有显著影响的自变量被证明后，将其置于控制变量，引入"政府行为成效"作为自变量进行回归，结果发现"政府行为成效"与"文明建设态度"对公共文明行为指数的影响均显著。

最后，将"制度规范影响"作为自变量，使其进入多元线性回归模型中，观察其是否显著影响客评与自评的公共文明行为指数。最终根据调查结果可知，个体对制度规范的重要性感知与其效果评价对公共文明行为指数有重要的正向影响。综上所述，影响个体对公共文明行为指数评价的因素包括个体态度、政府行为与制度规范等内容。

表 4-5 国内居民客评公共文明行为指数多元回归

变量类型		客评公共文明行为指数			
		模型 1	模型 2	模型 3	模型 4
常数项		89.508***	101.914***	106.627***	36.595***
控制变量	性别	−0.657	−0.859	−0.231	0.606
	年龄	0.704	0.412	0.115	0.782
	户籍	−1.142	−0.494	0.381	−0.21
	职业	−0.06	0.085	0.126	0.074
	政治面貌	0.206	−0.595	−0.368	−0.76
	受教育程度	−1.146	−1.46	−1.01	−0.55
自变量 1	文明建设态度		−8.445***	−3.935***	−0.46
自变量 2	政府行为成效			−8.584***	−4.798***
自变量 3	制度规范影响				0.625***
R 方		0.012	0.178	0.322	0.567
调和 R 方		0	0.167***	0.312***	0.56***
F 值		1.027	15.913***	30.481***	72.602***

注:(1) *** $p<0.001$, ** $p<0.01$, * $p<0.05$,双侧检验;
(2)表中回归系数均为非标准化回归系数。

表 4-6 国内居民自评公共文明行为指数多元回归

变量类型		自评公共文明行为指数			
		模型 1	模型 2	模型 3	模型 4
常数项		90.706***	103.644***	106.010***	49.679***
控制变量	性别	0.55	0.389	0.718	1.296
	年龄	−0.254	−0.401	−0.534	−0.088
	户籍	−2.123**	−1.345*	−0.861	−1.268**
	职业	−0.071	0.051	0.075	0.046
	政治面貌	1.337	0.221	0.355	0.174
	受教育程度	0.57	0.286	0.567	0.962

续表

变量类型		自评公共文明行为指数			
		模型 1	模型 2	模型 3	模型 4
自变量 1	文明建设态度		−9.063***	−6.66***	−3.917
自变量 2	政府行为成效			−4.567***	−1.496*
自变量 3	制度规范影响				0.505***
R 方		0.17	0.291	0.348	0.569
调和 R 方		0.029	0.281***	0.338***	0.561***
F 值		2.578	15.913***	33.873***	72.287***

注：(1) *** $p<0.001$，** $p<0.01$，* $p<0.05$，双侧检验；

(2)表中回归系数均为非标准化回归系数。

(二)境外调查对象数据的回归分析

本书不仅对厦门市思明区内居住的国内居民进行了调查，还对 200 名境外居民进行了调研。通过对影响其评价公共文明行为指数的因素进行探究，可以在与国内居民样本实现对比的同时，对研究结论与建议的提出有补充作用。

表 4-7　社会人口特征对境外居民客评各类公共文明行为的多元回归

自变量	因变量					
	客评公共礼仪	客评公共卫生	客评公共秩序	客评公共网络	客评公共服务	客评公共旅游
常数项	113.463***	121.086***	115.267***	109.289***	106.531***	94.053***
性别	−2.063	−0.969	−0.838	1.794	−0.823	1.087
年龄	0.569	1.889	0.252	−0.185	−0.009	1.313
职业	−0.737	−1.034	−0.697	−1.124	−0.392	−1.137
居住年限	−6.023**	−8.795***	−5.900**	−3.457	−4.655**	−1.494
受教育程度	−6.294*	−9.424**	−5.883**	−6.515**	−3.862	−3.008
R 方	0.099	0.148	0.115	0.083	0.065	0.041
调和 R 方	0.075**	0.125***	0.091***	0.058**	0.04*	0.015
F 值	4.060**	6.436***	4.806***	3.329**	2.568*	1.589

注：(1) *** $p<0.001$，** $p<0.01$，* $p<0.05$，双侧检验；

(2)表中回归系数均为非标准化回归系数。

本书对境外调查对象社会人口特征中的受教育程度,进行重新编码,其中新变量的1代表初中及以下,2代表高中或专科,3代表大学本科及以上,通过对学历等级进行重新划分,使其影响更加突出。年龄与居住年限作为定序变量进入回归。

通过对客评与自评公共文明行为指数的线性回归,我们发现不同学历、职业与居住年限的境外居民群体在自评与客评中存在差异。

在客评部分中,受教育程度是影响个体对他人公共礼仪、公共卫生、公共秩序(交通)与公共网络等文明行为评价的重要因素,且呈现负向相关关系,即受教育程度越高,在客评公共礼仪、公共卫生、公共秩序(交通)、公共网络等文明行为指数的时候值越低,即越不满意;相反的,受教育程度越低,客评公共礼仪、公共卫生、公共秩序(交通)与公共网络等文明行为指数的值越高。在客评公共旅游文明行为时,问卷中列举的人口特征变量均不显著,而在个体评价他人的公共服务文明行为时,居住年限差异对其评价的影响显著,由于系数为负,居住年限与客评公共服务文明行为之间呈反向相关关系,可知居住年限越长的境外居民对客评公共服务文明行为的评价反而越低,而居住年限较短的居民对客评公共服务文明行为的评价相对较高。

表4-8 社会人口特征对境外居民自评各类公共文明行为的多元回归

自变量	因变量					
	自评公共礼仪文明行为	自评公共卫生文明行为	自评公共秩序(交通)文明行为	自评公共网络文明行为	自评公共服务文明行为	自评公共旅游文明行为
常数项	103.946***	93.874***	102.065***	92.371***	110.142***	98.452***
性别	−0.702	1.790	0.456	2.030	−3.054	1.666
年龄	1.162	0.960	0.566	0.751	−1.014	0.001
职业	−0.443	−0.905*	−0.552	−1.057*	−0.045	−0.313
居住年限	−3.594**	0.830	−0.107	0.874	−2.024	0.424
受教育程度	−2.260	−2.430	−4.308**	−1.619	−4.029*	−3.345*
R 方	0.069	0.04	0.054	0.033	0.045	0.032
调和 R 方	0.043*	0.014	0.029	0.007	0.020	0.006
F 值	2.689*	1.549	2.119	1.251	1.758	1.226

注:(1)*** $p<0.001$,** $p<0.01$,* $p<0.05$,双侧检验;

(2)表中回归系数均为非标准化回归系数。

在被调查对象的自评部分中，职业对自评公共卫生与公共网络文明行为指数评价的影响较显著，同时居住年限对自评公共礼仪文明行为指数也具有显著影响。最后，受教育程度对自评公共秩序（交通）、公共服务与公共旅游文明行为指数等评价都具有较显著的影响。居住年限与受教育程度这两个定序变量，对自评各类型的公共文明行为均具有负向相关关系，即居住年限越久，自我评价公共礼仪文明行为得分反而越低。受教育程度越高的境外居民对自我公共秩序、公共服务与公共旅游文明行为的评价越低。

表 4-9　境外居民客评公共文明行为指数主要变量相关性分析

变量	1	2	3	4
文明创建态度	1			
政府行为成效	0.403**	1		
制度规范影响	−0.388**	−0.444**	1	
客评公共文明行为指数	−0.281**	−0.612**	0.608**	1

注：*** $p<0.001$，** $p<0.01$，* $p<0.05$，双侧检验。

表 4-10　境外居民自评公共文明行为指数主要变量相关性分析

变量	1	2	3	4
文明创建态度	1			
政府行为成效	0.403**	1		
制度规范影响	−0.388**	−0.444**	1	
自评公共文明行为指数	−0.342**	−0.402**	0.604**	1

注：*** $p<0.001$，** $p<0.01$，* $p<0.05$，双侧检验。

调查境外居民的各项研究变量之间的相关关系如表 4-9 和表 4-10 所示。与国内居民调查结果相似的是，文明建设态度与客评公共文明行为指数之间仍呈显著相关（$p<0.001$），且相关系数为−0.281，说明文明建设态度与客评公共文明行为指数之间也存在负相关关系。文明建设态度与自评公共文明行为指数之间呈负相关关系（$p<0.001$），且相关系数为−0.342，证明文明建设态度对自评公共文明行为指数的影响更大。政府行为成效与客评公共文明行为指数之间显著相关（$p<0.001$），且存在较强的负向相关关系，相关系数为−0.612。政府行为成效与自评公共文明行为指数之间的负相关关系（相关系数为−0.402，$p<0.001$）也具有相同的影响路径。同时，对于境外居民而言，政府制度规范影响与客评公共文明行为指数之间显著相关（$p<0.001$），且存在较强的正向相关关系，相关系数为 0.608，其与自评公共

文明行为指数间的同样表现为强正相关关系(相关系数为0.604,$p<0.001$)。

最后,境外居民对城市文明建设的态度会直接影响对政府建设效果的评价。文明建设态度与政府行为成效之间存在正向相关关系(相关系数为0.403,$p<0.001$)。此外,政府行为成效与制度规范影响之间存在着负向相关关系($p<0.001$),系数为−0.444。

综上,可知不同的样本人群对公共文明行为表现的"感受"不同,即对负面或不良行为的认知与感知上存在差异。职业、学历与户籍或居住年限等社会人口特征变量对个体的公共文明行为指数评价,会有不同的影响;个体对文明建设的态度,个体对政府建设效果的评价,以及个体对制度规范的影响感知,对于境内外居民而言都是影响公共文明行为指数评价的共性因素。

人们的行为选择还受到了多种因素的影响,包括心理上态度、规范与行为控制的感知,也包括对制度政策环境、政府文明建设行为以及社会风尚的感知。同时国内居民的公共文明行为以及相关认知评价也受到文化与历史环境潜移默化的影响。①

表4-11　境外居民客评公共文明行为指数多元回归

变量类型		客评公共文明行为指数			
		模型1	模型2	模型3	模型4
常数项		109.948***	114.678***	120.281***	65.566***
控制变量	性别	−0.302	0.972	2.236	2.715
	年龄	0.638	0.225	0.769	1.064
	职业	−0.854	−0.895	−0.803	−1.076*
	居住年限	−5.054**	−4.285**	−3.520*	−2.451
	受教育程度	−5.831**	−5.005*	−4.315*	−3.202
自变量1	文明建设态度		−6.379***	−0.836	2.343
自变量2	政府行为成效			−11.860***	−8.086***
自变量3	制度规范影响				0.432***
R方		0.106	0.164	0.442	0.549
调和R方		0.082**	0.137***	0.420***	0.526***
F值		4.392**	5.928***	20.106***	24.049***

① 周秀平.北京市民公共文明:中国民族性研究行动化[J].中国农业大学学报(社会科学版),2013(03):133-139.

表 4-12　境外居民自评公共文明行为指数多元回归

变量类型		自评公共文明行为指数			
		模型 1	模型 2	模型 3	模型 4
常数项		100.142***	103.823***	106.040***	64.116***
控制变量	性别	0.364	1.506	1.803	2.465
	年龄	0.404	0.076	0.182	0.459
	职业	−0.553	−0.619	−0.563	−0.710*
	居住年限	−0.599	−0.018	0.225	1.352
	受教育程度	−2.998*	−2.285	−2.146	−1.365
自变量 1	文明建设态度		−5.092***	−3.189**	−0.933
自变量 2	政府行为成效			−3.899***	−1.215
自变量 3	制度规范影响				0.326***
R 方		0.042	0.153	0.231	0.406
调和 R 方		0.016	0.125***	0.200***	0.376***
F 值		1.632	5.458***	7.617***	13.498***

注：(1) *** $p<0.001$，** $p<0.01$，* $p<0.05$，双侧检验；

(2)表中回归系数均为非标准化回归系数。

对境外居民的数据进行多元线性回归，可以发现其与分析境内居民的方式与路径基本相似。其中境外居民的社会人口特征中的受教育程度、居住年限以及职业等因素在控制变量不同时，分别对客评公共文明行为指数产生不同影响。在自评公共文明行为指数的多元回归部分，可知居住年限的影响基本消失，而受教育程度与职业同样在控制特定变量时产生影响。此外，文明建设态度、政府行为成效与制度规范影响三个变量在进入式回归中，都对客评与自评公共文明行为指数产生了显著影响。

(三)公共文明行为指数影响因素的作用机理

个体特征中影响其文明行为的因素，包括了社会人口特征要素，例如性别、年龄、户籍、职业、政治面貌与受教育程度等。这些社会人口特征会影响其社会群体的划分，由于不同社会群体对其在价值判断、认知、思维与行为方式产生了不同影响,所以个体对公共文明行为的评价也有所差异。此外个体的文明行为态度会受到社会群体规范的导向影响,也会受到学校与家庭教育的内容影响等。不仅如此,个体的法治观念、道德观念与公民观念的强弱都会对文明行为产生不同的影响。其中,法治观念与公民观念会受到制度环境与社会环境建设的影响,而道德意识的产生与发展会受到文化、历史与社会环境的影响。除个体的文明态度影响,在个体的社会人口特征中,其受教育程度也是个体接受学校教育经历的集中表现,它体现了个体受到多久的学校教育与什么样的学校教育等。学校作为中层系统的重要组成部分,对个体行为的影响潜移默化且深远;个体的性别差异也会造成公共文明行为评价的差异,究其原因,更多是由于所受家庭教育、社会群体期望的差异影响。此外,个体的户籍差异也会影响个体对城市的归属感,进而影响个体对公共文明行为评价的客观性。

家庭不仅是个体在社会上立足的最基本的单元,也是社会中最小的单位,文明家风的建设对社会公德建设有着重要作用。家庭教育与学校教育都是社会教育的一种,其目的都是教授个体在社会学习中获得的知识技能与社会规范,使其通过个体意识层面内化为行为准则与价值判断,更好地实现社会化过程。因此,微观层面、中观层面与宏观层面之间的影响具有相互性,个体行为的影响会受到其中某一因素的影响,而任何一个影响因素都不是孤立的,又同时受到其他因素的影响。

个体文明行为态度、自我效能感、主观规范与知觉行为控制等的差异,会对文明行为产生不同的影响。因此,在调查研究中,本书将影响个体公共文明行为的意识层面要素抽象为对公共文明的态度,其中也包含了对公共文明的认知,认知与态度都是意识层面的重要表现。意识是人的大脑对脑内外表象的觉察,即个体对自身、对外界环境事件以及自己与外界环境事件关系的知觉,例如感知到自身的记忆、晕眩或疲劳感,感知到外界的风、光、气味、音乐的环境事件,感知到的自己的亲人朋友与自己和环境事件的关联等。因此,在某种程度上,意识作为一种心理状态,会指导人的行为实践,并管理或调节个体的生理系统。意识的不同层面包括焦点意识、边缘意识、半意识、无意识、潜意识和前意识,除焦点意识,其他被称为非意识状态。个体在日常生活中许多心理活动是在非意识层次上完成的,例如走路、发呆等。因此当个体的文明认知与态度在意识层面内化为行动准则,便会习惯于实施文明行为,其内化的文明行为态度与意向可能会在个体不知情的情况下,产生非意识状态下惯性行为的延续,促使个体延续文明行为的实施。但同样的,当个体意识层面中秉持着不文明的行为认知与态度，也会在非意识状态下延续不文明的行为惯性。

个体在社会生活中因为生活的文化环境差异，所处的社会群体与阶层不同、扮演的社会角色期待不同，具有不同的个性特征、文化修养、文明认知与行为方式。这些差异对个体的文明行为产生了不同程度的影响。研究结果中我们可以看到，目前思明区公共文明行为指数的各项得分中依然存在很多不足。在作用机理部分也应侧重对可能导致个体不文明行为的影响机制进行描述，大致包括“去个性化”、“羊群效应”与“破窗效应”。

众多心理学家提出，去个性化的原因主要在于匿名因素与责任分散。一般而言，当个体身处公共空间时，会因为周边的陌生人而摆脱日常工作与生活中的唯唯诺诺与小心翼翼。在不同社会生活发生并共存的公共空间中，短期内社会成员不会相互进行过多的沟通、了解与干涉，个体秉持一种他人不认识自己的认知，因为“匿名”而免受压力与约束，促使精神状态相对亢奋，进而降低自身直觉的感受性，增大行为的随意性。因此，个体可能会出现不文明行为。

责任分散则表现为在特定的社会群体中，若个体成员的不文明行为没有受到任何形式的处罚，整体社会群体行为的约束力都会普遍削弱。正如“三个和尚没水吃”，个体需要为自己行为负责，而当形成群体时由于每个个体都认为自己只是群体的一员，没必要为整个群体的行为承担责任，也不需要为群体的不文明行为感到自责，完全可以将责任归咎于有同样行为的他人身上。① 这一现象在公共网络文明行为与公共旅游文明行为中表现更为突出。

羊群效应会对公共文明行为产生影响，它比喻人都有一种从众心理，这种心理容易导致依从大势，我国城市居民在公共文明行为上也具有较强的从众心理。在这种心理指导下，个体在行动中经常会采取模仿与从众的行为方式。若个体自信心不足，缺乏个体独立判断，则可能会导致个体采取从众行为方式。举例来说，社会个体正在等待绿灯通过马路，但在等待绿灯的这段时间内，看到身边大部分人都无视红绿灯通过马路，部分个体会对自己遵守的文明规则产生自我怀疑，在等待中逐渐失去主见，选择随大流不看红绿灯直接通过马路。但这一过程中，部分群体可能进行了理性的判断与选择，消极规避风险与责任，明确知道自己的行为是不当的，也知道会带来不良影响，

---

① 邹宇婷.旅游不文明行为的社会心理学分析[J].现代商贸工业，2018(28)：156-157.

但为了自身暂时的便利,以大部分人的行为作为借口,也参与实施不文明行为。

但其中也有部分个体从众是因为对文明行为的认知不足,他们相对缺乏理性与思考,良莠不分,没有意识到自己的行为后果,潜意识中认为不文明行为无关痛痒,对不文明行为的容忍程度也较高。对他们而言,在行动中采取从众的行为方式是一种感性上的选择,并没有对行动的周密计划或是精确的利益计算。特别是在外界控制因素施加作用较小的情况下,个体在行为选择时更加容易对他人的行为进行模仿。若个体的责任意识较强,则可以显著降低从众行为的发生频率;若个体的道德水平较高、行为原则性较强同样也会降低与不文明群体行为一致性的概率。

此外,其作用机制还包括心理学中典型的破窗效应,这是关于环境对人们心理造成暗示性或诱导性影响的一种认识。它指出,如果有人打坏了一幢建筑物的窗户玻璃,而窗户并没有得到及时的维修,他人就会受到某种示范性的纵容去打烂更多的窗户。由于个体不是无限理性的,其社会行为是对社会环境中无意识的相关反应,而社会环境也会对个体的心理形成与行为表现具有强烈的暗示与诱导性。具体表现为在一个环境脏乱的地方,人们不会对乱丢垃圾有任何羞愧的感觉,而在干净明亮的地方,人们会下意识地不好意思乱丢垃圾、破坏环境,这一现象在实证研究中也获得了检验。[①] 破窗效应应用于公共文明行为领域,可以解释个人行为与情境环境之间的相互影响与作用,说明了不良的社会环境会对个体的文明举止产生负面影响,[②]相应的,良好的社会环境会对个体行为产生正向影响。

在公共文明行为建设中,社会环境中的不良现象若被放任存在,会诱使人们仿效,"破窗"的出现会助长人们的负面心理,例如颓丧心理,弃旧心理与投机心理。颓丧心理会使个体丧失自信、对他人的信任甚至是对社会的信任,他们可能依旧保有道德与法律的底线,但平时的消极言行仍会为周边群体与社会环境带来负面影响;弃旧心理的思维模式是轻易放弃废旧或无人管理的物品,这一心理在制度管理领域中会使众多有修复价值的政策规定被废止,进而使社会管理缺乏秩序;投机心理会促使个体在窥到可乘之机时,为个人利益行动。

综上,思明区虽然在政府的积极创建下具有公共文明行为的环境,但不

---

① 李志高.建构理性与感性交融的公共文明[J].北京观察,2007(06):44-46.

② 黄炯华.深圳市罗湖区公共文明水平提升对策研究[D].哈尔滨工业大学,2016.

文明行为的影响路径依然存在着阻碍作用，所以微观层面的居民个人素养和文明认知，中观层面的社会群体压力与约束，以及政府规制型文明建设都具有相当的重要性。因此，应当在微观（个体）、中观（社会）和宏观（政策体系）三个重点领域基础上，合理选择政策工具，从民主化、法治化和科学化三方面探讨思明区公共文明指数的长效机制。

第五章　思明区公共文明行为指数提升的优化路径

一、公共文明行为指数提升的重点领域

(一)公共文明行为指数提升的微观领域

社会是由每个作为个体的居民有机组合而成的。居民个人文明素质是一个城市文明的内在表现和核心,也是社会风尚的重要指标,在一定程度上有助于现代化社会文明秩序的构建。特别是进入了新时代中国特色社会主义建设时期,更应培育具有公共精神和现代个人公共文明素质的居民。一方面,思明区正处于经济社会升级转型的关键期,居民的心理状态及其价值观受到意识形态的多重维度影响。另一方面,伴随着城市文明的迅速发展,公共领域在现代城市居民生活中扮演着越来越重要的地位。公共文明行为指数整体情况,是由每个居民的个人文明素质水平所决定的。居民个人公共文明素质是公共文明行为指数提升的首要落脚点和出发点。

第一,培育现代居民个人公共文明素质是公共文明行为指数提升的基础。公共文明行为指数的现实载体是公共领域的社会生活,外在表征为居民个人的行为素质。公共文明行为指数提升的微观领域首要的是引导居民个体的价值观念和具体行为。居民是公共文明行为指数提升的行为主体和受益主体。因此,提升公共文明行为指数,应该通过多种方式,着力引导和培育居民个人公共文明素质,针对居民个人公共文明素质不高以及公共精神薄弱等问题,使主体意识、法治意识和责任意识内化为居民个体价值,从而为提升公共文明行为指数提供内生驱动力。

第二,培育现代居民个人公共文明素质是公共文明行为指数提升的核心。现代居民个人公共文明素质包括公共精神、自我规范、社会意识以及博爱精神等,不仅属于意识领域的内容,即居民个人意识形态中的公共价值和

公共信念的部分，而且又是现代公共伦理构建的基本模块。现代公共秩序中，现代居民最基本和最核心的伦理标准，令居民在参与和处理公共事务的时候，能够由内至外表现出以公共利益为核心的思想观念和行为举止，由此推进公共文明建设，提升公共文明行为指数。

第三，培育现代居民个人公共文明素质是公共文明行为指数提升的目标。公共文明行为指数提升的切入点在于如何在实践层面发挥作用，因为不管使用何种政策手段和工具来培育现代居民个人公共文明素质，最终的落脚点都围绕于居民这一行为主体的个人实践。就思明区公共文明行为指数提升而言，培育现代居民个人公共文明素质的实质，便是要塑造现代公民意识和公共精神，引导和规范公共文明行为，建设良好的公共氛围，优化社会生活环境，由此推进全国文明城市创建工作。公共文明的概念，可理解为公共行动者之间、公共行动者与公共空间之间达到和谐相处的状态。公共文明行为是公共文明的外在表征。公共文明行为指数是衡量一个国家或地区公共文明情况的重要指标之一。公共文明行为指数提升，不仅仅是居民对于公共环境建设的要求，而且也是居民个人公共文明素质的自然产物，更是居民的现代公民意识及其利益诉求在公共领域中的持续探索和完善的过程。

从正义原则来审视现代居民个人公共文明素质，居民在公共领域中参与公共事务应当认同平等和正义等基本社会伦理价值，由此衍生出对社会责任和公共精神的理解，并以公平和正义来规范个人行为，从而不损害公共利益。就像罗尔斯在《正义论》一书中所表达的，社会的品质涵盖了自由、机会、尊严等内容，在一个充满正义的社会里，无论居民寻求什么样的价值或目的，应使二者呈现相互推进的状态。改革开放极大地丰富了思明区经济社会的物质文明，但随之而来的是公共空间的结构性变迁和社会阶层的功能性分化。现代居民被原子化，而个人生活亦被碎片化，接着便是价值理念的多元化，居民在公共生活中由于不同的价值理念会呈现出不同的文明行为，加之在现代社会中多种角色的扮演，居民的价值理念被割裂化，传统伦理体系面临巨大的冲击，而相替代的伦理体系还未来得及构建，由此导致社会伦理的失范，不文明行为层出不穷。面对这样的困境，必须要重塑社会伦理规范，大力提倡公共精神，塑造居民的公共意识，在兼顾社会变迁和社会公德的情况下培育现代居民个人公共文明素质。公共文明行为问题，在一定程度来看并不仅仅是靠强制性手段就能解决的，而是要更加依赖于教化和引导式的手段来改善社会氛围。公共文明行为指数提升，起始于微观领域的现代居民个人公共文明素质，关系到社会公德和公共领域，落脚于现代化的政策治理体系。

(二)公共文明行为指数提升的中观领域

道德是居民与经济社会生活的外在表现,涉及公共领域和私人领域的每一个部分。社会公德则是人们在社会生活中慢慢演变而成的,大家达成共识应当遵守的伦理规范,能够协调复杂世界中的各种关系。其中一个重要表征便是能够缓解和解决现实世界中的利益冲突,既涉及人、社会和自然三者的联系,也覆盖了公共事务中的各个领域。公共事务由公共空间承载,公共空间的有序安排需要正式的和非正式的规则来制约和规范。其中,政策法规属于外在的、正式的规则安排,社会公德则属于内在的、非正式的规则安排。社会公德的内在性,会引导和要求居民在公共生活中表现出遵守文明规则的行为,构建和协调公共空间中的文明秩序,促进人与人之间的和谐关系。社会公德作为一种非常规的道德,能够有效地形塑和规范居民的行为,提升公共文明行为指数。

第一,社会公德是思明区公共文明行为指数提升的外在表现。社会公德的作用对象是社会全体居民,并要求居民在达成对社会公德一致认知的基础上,规范居民在社会生活中的行为。由此可见,社会公德的实质效用在一定程度上依赖于居民的具体行为。如果居民能够在潜意识上认可并履行社会公德,社会公德才能发挥其应有的作用。社会公德要求居民具有良好的知识素养、心理素质、生理体格、思想追求、品德修养和法律意识,这样居民才会形成稳定的、健康的价值意识和思想观念,自觉遵守社会公德,主动维护文明秩序,在公共空间中能够表现出文明行为,以一个主人的身份促进城市文明的成长。

第二,社会公德是思明区公共文明行为指数提升的核心标准。衡量一个国家或地区的文明程度,社会公德是不可忽视的重要指标。一方面,社会公德在一定程度上能够反映出一个国家或地区的经济发展情况。公共文明行为指数提升的重要前提之一便是经济体系的成长,经济体系的成长也是社会公德的基础。在前现代社会当中,自然经济占据主导地位,自给自足和市场落后是基本特征,公共生活空间非常狭隘。在这种经济环境中,居民在公共层次上并没有产生较大的需求。由此社会秩序和文明行为等道德上的问题常常被人们所忽视。在现代社会中,市场经济占据主导地位,商品交换的普遍性和人际交往的宽泛性是基本特征,公共生活空间变得不再狭隘。居民多元化的生活方式打破了自然经济和前现代生活方式的狭隘性。多元性和开放性极大地促进了居民在公共层次上的需求。为了保证正常的市场活动,旨在社会秩序规范化的社会公德便成为一个不可忽视的因素。另一方面,社会公德在一定程度上可以代表着一个国家或地区的公共文明水平。一个国家或地区的公共文明成长,必然会带来公共空间的拓展。可以说,在一个高度发达的社会体中,除去个人空间,几乎所有物理上的空间皆属于公共空间。每个居民都不可避免地成为公共生活的一部分,特别是随着劳动分工和专业细化的深入,吃穿住行都离不开公共空间。这种物理空间为居民的公共精神的培育提供了前提,也产生了对社会公德的需求。在这个意义上,判断一个国家或地区的公共文明行为指数,不可忽视的标准即社会公德。

第三,社会公德是思明区公共文明行为指数提升的实践根基。社会公德属于社会规范的基础模块,并由此构建出中国特色社会主义道德伦理规范体系的思想框架和理论层级。它的基本功能在于维护社会文明秩序的规范化,体现着一个国家或地区的居民道德素养。可以讲,社会公德是公共文明行为指数的基础,支撑着现代文明的道德伦理体系。公共秩序的构建和维持,行为规范的认识和遵守,是一个现代文明社会最基础的要求。如果最基础的要求都难以实现,那么更高层次的道德要求便无从说起。因此,社会公德作为中国特色社会主义道德伦理规范体系的基础模块,是公共文明行为指数提升的着力点和实践根基。社会公德是一个居民在公共领域中行动的伦理基础,其塑造和培育需要一个长时间的过程。作为个体的居民,现代个人公共文明素质需要从身边微小的事情做起,从最基本的伦理要求做起。如果每个居民的道德伦理素养能得到持续提升,那么整个社会公德的氛围便会朝着一个正确的方向发展。由此可见,社会公德作为中国特色社会主义道德伦理规范体系的基础模块,能够在实践层面上有效地提升公共文明行为指数。

一个社会的成长,需要匹配一个稳定的外在环境。这一外在环境的重要方面之一便是公共领域中的社会生活规范化。公共领域中的社会生活规范化受社会公德的影响。社会公德的实践途径便是令居民对最基础的伦理规范体系达成共识,由此构建和维持良好的社会氛围,从而促进社会的成长。社会公德由于其本身的宽泛性和渗透性,能够在公共领域能产生多种效果。公共领域涉及居民个体与社会整体的方方面面。首先,居民个体在公共事务中的行为,都在与社会公德存在着这样或那样的联系。其次,社会层面上的公共秩序(交通)、公共礼仪、公共卫生和公共服务等依赖于社会公德的功能发挥。社会公德可以在政治、经济和文化等领域内产生积极效果。因此,培育社会公德的同时,也要促进公共领域的成长。

公共领域是社会多元参与国家生活的重要桥梁,是介于私人领域和公共权威之间的公共空间。公共领域是多元社会主体参与公共事务的核心载体,以公共空间、社会组织和大众传媒为媒介,促进广大居民能够针对公共事务公平而自由地发表个人看法,交流相互意见,在理性、对话和共识的基础上达成协商民主,构建共建共治共享的社会治理格局。公共领域中的对话和协商奠定了现代公共政策的合法性。随着技术的迅速发展,微博、微信等新自媒体的层出不穷,公共领域在我国得到了前所未有的拓展,在国家治理、经济治理和社会治理当中充当着重要角色。物质文明的极大发展,伴随而来的便是利益和权力的互动,新的社会阶层带来了新的价值观念,不断冲击着传统的价值观念。碎片化、原子化的社会关系需要现代居民的公共精神来修正。现代居民的公共精神支撑起整个社会的正常运转。在公共领域中,居民借助于各种媒介和途径,形成的现代政治民主的社会氛围,能够有效地塑造居民的现代政治意识,保障居民的政治权利,规范居民的公共行为,促进国家治理体系和治理能力的现代化,提升公共文明行为指数。

党中央对"社会建设"给予了极大的关注,并从国家战略层面上出台了一系列政策法规和行动部署,推动社会的整体发展。特别是在中国特色社会主义新时代中,必须深入落实习近平总书记关于社会建设系列重要讲话的重要精神,不断培育公共领域的成长,实现人的现代化。公共领域与现代居民和公共文明行为指数提升是相互影响的。具有现代公共精神的居民是公共文明行为指数的主体,人们围绕平等、自由、责任等核心价值观念,在公共事务参与中能够始终关注公共利益,每个居民都离不开公共领域,公共领域则为居民参与公共事务提供相关平台,由此促进居民的主人翁意识,让居民在对话和协商当中达成共识,提高责任感和归属感。公共领域是培育现代公共精神的实践基地,能够让居民在公共文明行为指数提升中发挥"主体性"功能。

(三)公共文明行为指数提升的宏观领域

宏观来看,公共文明行为指数提升涉及一个国家或地区的方方面面。地区的政策制度环境、政府行为以及历史文化传统对于公共文明行为指数具有显著影响力。三个变量涉及政府治理、社会治理以及文化治理等领域。构建现代化地方治理体系和治理能力能够在根本上提升公共文明行为指数。整体而言,治理着重关注的是治理目标的实现过程及其效果。就过程而言,是以共识、合作、信任和平等为核心的协商过程,强调多元主体共同治理。就效果而言，在治理过程中着力增强居民的参与感和归属感，规范居民的公共文明行为，提升公共文明行为指数。现代治理体系一般涵盖以下基本变量：一是具有现代公共文明素质的居民；二是高度发育的社会；三是具有科学化、民主化和法治化特征的政府。地方治理体系和治理能力水平决定着国家治理体系和治理能力现代化水平。基本含义可以理解为以党委领导核心，涵盖政治、经济、社会、文化、生态等多个领域，通过一系列的政策法规、体制设置、组织运作等各种方式实现对公共事务的治理。提升公共文明行为指数，其必要条件便是要构建一个现代化的治理体系，合理定位权力与权利、国家与社会等关系，通过价值更新、制度安排、组织重组、机制创新等基本方式来规范公共文明行为。由此可见，现代化地方治理体系既是城市治理现代化的着力点，也是提升公共文明行为指数的基本路径。

作为一套系统性的制度安排，地方治理体系能够有力支撑起公共文明行为指数的提升要求。就内容而言，地方治理体系包括了政府治理、社会治理以及文化治理等内容。政府治理实质上指以行政机构为主要核心，对公共文明行为进行治理。随着改革的不断深入，市场经济愈发繁荣，社会变迁带来的利益冲突演变成社会矛盾，加之居民的个人文明素养和公共精神不成熟，要求政府治理必须不断通过自身改革，重新定位国家、市场与社会三者关系，构建公共文明行为指数提升的“共建共治共享”的机制，以适应新的变化。一般而言，政府治理可以从内外两方面来入手：一是内部政策的更新，切入点在于通过简政放权和职能转变，重塑行政机构内部构造，构建现代化的服务型政府，以提高政府治理的合理性、民主性和合法性；二是外部政策的创新，切入点在于以政府作为公共文明行为指数提升的治理核心，在党委领导、政府负责、社会协同、公众参与和法治保障的基本格局下，规范和引导公共文明行为。社会治理可被理解为在党的领导下，以政府为主导，吸纳社会组织参与公共事务的治理，透过多元主体的治理功效，推动社会的有序化和和谐化发展，提升公共文明行为指数。

公共文明意义上的文化治理意味着多元治理以多种手段，通过发挥先进文化的积极作用，消除落后文化的消极作用，将文化视为提升公共文明行为指数的重要政策工具。党的十九大报告指出：“没有高度的文化自信，没有文化的繁荣兴盛，就没有中华民族伟大复兴。”从文化本身的特征来看，文化治理便是要通过文化的积极作用来提升公共文明行为指数。作为新时代提升公共文明行为指数政策工具、实践思路和创新手段，文化治理归属于治理体系和治理能力现代化，其具有的软性化和广泛化特征能够有效地提升新时代国家治理能力。文化治理的根基来源于中国传统文化思想。儒家、道家、法家等思想中的精华部分，能够有效为国家治理思维所吸取，并结合马克思列宁主义思想和现代西方优秀文化思想，构建新时代中国特色文化治理体系，从根本上提升公共文明行为指数。

二、公共文明行为指数提升的政策选择

(一)公共文明行为指数提升的政策目标

1. 全面提高居民个人公共文明素质

一个国家或地区的公共文明发展，包含着物质文明和精神文明两个层面。物质文明主要指城市环境、公共基础设施、经济发展等方面；精神文明可以理解为城市文化、历史沉淀和文化底蕴等方面；城市化作为文明发展和现代化的标志，每一座城市由于其自身环境的特殊性，具有不一样的城市精神文化。公共文明行为作为城市"软实力"的主要部分，能够成为城市品牌的一道亮丽风景线。居民个人公共文明素质是精神文明方面最直观的表现。居民个人公共文明素养直接关系到一座城市形象的好坏与否。在当前全面开展文明城市创建的时代背景下，全面提升居民个人公共文明素质是重中之重。

居民作为社会活动的核心主体，由于个人价值观念、成长经验、文化环境和经济基础的不同，而体现出个体之间的差异性。"人们自觉或不自觉地，归根到底是从他们阶级地位所依据的实际关系中——从他们进行生产和交换的经济关系中，获得自己的伦理观念。"①个体之间的差异性不仅存在于行为上，更在意识上。但是，在如今大力推动依法治国的新时代，居民个人公共文明素养是一个居民作为社会主体参与公共事务的基本要求。居民个人公共文明素质所呈现出来的功能既是公共领域生活所需要的，也是居民作为一个公民的必要部分，更是新时代构建"共建共治共享"社会治理格局的基本条件和实现目标。在培育公共领域生活中的居民个人公共文明素质时，居民的个体行为及其行为模式与其所处的历史、政治、文化和心理情境息息相关。在现象学的角度来看，当居民的个体行为及其行为模式能够对其身边的情境存在某一种积极的意义或价值时，反过来当时的情境便会强化这种行为和行为

① 马克思恩格斯选集：第3卷[M].北京：人民出版社，2012：470.

模式，由此形成一个良性的生态循环系统。就其内容而言，居民个人公共文明素质包括了主体意识、法治意识和责任意识多个方面。在新时代，要提升公共文明行为指数，必须在结合思明区发展现实状况，对居民的"主人翁"角色要给予必要的关注和重视，通过居民个人公共文明素质的主观能动性和客观关联性，塑造公民的主体意识、法治意识和责任意识。

一是主体意识。就其概念而言，主体意识可被理解为居民对于其自身"主人翁"角色的认知，在公共事务参与中通过对话、沟通和交流以展示自身价值观念和意识形态，由此通过该意识将自身视为公共文明行为指数提升的重要主体。就其地位而言，主体意识在居民个人公共文明素质中处于最为基础的地位，与其他意识密不可分，甚至决定了其他意识在居民个人公共文明素质培育中的成功与否。就其作用而言，主体意识在公共领域生活中通过对自身"主人翁"角色的深刻认知，能够促使居民在主观能动性层面上清楚认识到自身在公共事务参与中的权利、义务和责任，而且，居民在公共文明行为建设过程中，"主人翁"角色不仅能够进行"自我治理"，而且能够进行"他者治理"，这是由主体意识中的客观关联性所决定的。同时，居民个人公共文明素质的主体意识，对于一个国家或地区的政治民主建设、经济体制改革、社会治理创新和伦理体系构建等具有非常重要的战略地位。唯有不断提高居民个人公共文明素质的主体意识，才能提升公共文明行为指数，居民在公共领域中参与社会生活时，才能够促进公共文明建设。

二是法治意识。居民个人公共文明素质中的法治意识指居民身处现代社会当中，对法律这一制度安排所表现出来的一种价值判断。它具有工具化的一面，即居民既能够使用法律工具来维护自身利益和公共利益，也能够在公共领域中遵守法律规则。居民个人公共文明素质的法治意识是公共文明行为指数提升的必要目标和实践手段。法律能够有效规范和引导居民的公共文明行为。居民只有在敬畏和遵守法律的基础上才能实现和保障自身权利，而且要将居民个人公共文明素质中的法治意识内化为居民自身的价值观念，由此不断推进公共文明行为指数的提升。作为新时代我国社会主义核心价值观中不可或缺的核心部分，法治是一个国家或地区发展的有力保障和制度工具。一个国家或地区没有法治，便会失去发展的根基。居民没有法治意识，便难以构建起和谐的公共文明环境。因此，必须要通过多种方式培育居民个人公共文明素质中的法治意识，将法治意识深深植根于每个居民的价值观念当中，由此令法治有力地支撑起公共文明行为指数提升。

三是责任意识。包括居民个人公共文明素质中的责任意识，其中居民作为社会关系中的重要纽带,在法治基础上所具有的基本权利和义务,由此形成的居民个体从价值观上对自我、他者、朋友、家庭、工作、国家等方面的一种奉献精神和使命担当。具体而言,居民个人公共文明素质中的责任意识既是一种感性上的情感羁绊,也是一种理性上的行为认知。责任意识是居民个人公共文明素质的最主要的表现之一,是居民作为一个人所具有的道德伦理体系中的重要组成部分,在公共领域社会生活中和公共文明建设过程中所发挥的作用是决定性的。其不仅是能够有效约束和规范居民个人公共文明素质的主体意识和法治意识,而且也是公共文明行为指数提升的关键目标。公共文明建设从本质上来看,便是由公共领域中的每个具有强烈责任意识的居民所推动的,从而构建起一个城市文明的灵魂。

2. 重塑社会公德与公民社会的成长

作为道德在社会领域的表现,社会公德基于现代国家的公共领域和私人领域的区分。就其类型而言,社会公德具有消极的和积极的两种类型。消极的社会公德指“不应该做什么”的文明规范,而积极的社会公德则指“应该做什么”的文明规范。在现代国家建设中,消极的社会公德是居民在公共领域中所要遵循的首要规范和行为底线,也是构建和维持和谐社会秩序的基本原则。社会公德的思想渊源和理论基石在公共文明行为中是仁义精神和契约精神。目前思明区公共文明行为建设正处于关键时期,这样一个关键时期会促使社会呈现衰败和成长这两个不同轨迹并存的特征。这种社会的异质性来源于社会结构的变迁和传统伦理体系革新的滞后,由此造成居民原有的价值观念的解体。在重构缝隙中存在着社会公德缺失的问题。公共卫生、公共旅游、公共礼仪以及公共秩序(交通)等领域的不文明行为依旧层出不穷,这些都是社会公德缺失的直接后果和外在表征。一个国家没有伦理支撑,便难以发展和维持。一个社会没有伦理支撑,便会出现衰退和崩溃的现象。社会公德的重塑,一方面在于仁义精神和契约精神内化为人民的价值观念,另一方面在于主体意识、法治意识和责任意识成为居民行为的指导方针。因此,公共文明行为指数的提升,在战术上必须要进一步强化道德层面的教育和伦理体系的建设,在战略上将社会公德作为社会主义核心价值体系建设中的重要目标。

在社会公德建设中,个人道德是内在层面的,而社会氛围是外在层面的,二者相辅相成。社会公德建设需要建立在一个良好的舆论氛围基础上。和谐社会秩序的构建依赖于良好的舆论氛围,因为关系到社会公德的作用力的实质效果。特别是在大数据时代,舆论氛围在社会公德建设上具有强大的推动力。良好的舆论氛围具有监督作用，对于社会不道德行为，舆论氛围能够降低和缓解其负面效果，对于社会道德模范行为，舆论氛围能够宣扬和发挥其正面效果。而且，加之一定的物质奖励和精神激励，舆论氛围能够进一步塑造社会公德，推动公民社会的成长。作为一个舶来品，公民社会这一概念所内蕴的价值和意义是公共文明行为指数提升不可或缺的，公共文明行为指数提升的重要目标之一便是社会公德的塑造以及公共领域的成长。

公共领域最重要的表征之一便是公民社会。公民社会的成熟代表的是社会的健康发展。公民社会的不断成长，能够产生一种推动力，一方面抑制社会中各种负面问题和消极现象，另一方面能够促进社会良性发展。具体而言，主要表现在三个层面：首先，公民社会是由一个个平等、理性和自由的现代居民组成的。公民社会能够培育现代居民的公共精神，构建社会道德伦理体系，协调社会人际关系，促进社会资本积累，为和谐社会秩序提供最基本的动力源。其次，公民社会能够带来社会组织极大繁荣，构建起居民与居民之间的社会网络，是公共文明行为指数提升的社会根基。最后，公民社会内在的自治精神，能够承接政府部分的治理职能，并通过志愿行动和人文关爱，重塑社会公德，增进人与人之间的信任。自治是社会成长的一个核心目标，其实质上便是让居民能够自我管理、自我教育、自我约束和自我规范，在公共领域中抵制和监督不文明行为，鼓励和支持文明行为，从根本上为公共文明行为指数提升奠定现实的可能性。一方面，公民社会的积极作用，能够有效地提升公共文明行为指数。另一方面，我国公民社会的成长是公共文明行为指数提升的中观目标。道德教育是公民社会建设的重要手段之一，也是公共文明行为指数提升的基本政策。公共文明建设，最终依赖于每个居民由内至外的支持和鼓励，居民的道德教育在这一个意义上是非常重要的。健康的、积极的和成熟的公民社会，是新时代中国特色社会主义建设的必然道路。改革开放以来，经济体制和社会结构的极大变化，意味着我国公民社会成长面临着一个异常复杂的外在环境，其成长过程必定是漫长的和艰难的。由此，公共文明指数提升在重塑社会公德的同时，也要培育公民社会的成长。

3. 公共文明行为指数治理能力提升

公共文明行为指数的治理体系是涵盖政府治理、社会治理以及文化治理等各领域的一系列政策法规、体制设置、组织运作的一整套结构化的制度安排。公共文明行为指数的治理能力则是运用现有的制度安排以提升公共文明行为指数的能力。整体而言，公共文明行为指数的治理能力具有以下几个主要特征：第一特征是连贯性。公共文明行为指数的治理能力贯穿了目标确

认、资源配置、过程重组、政策输出、结果评估等治理过程中的各个链条。第二特征是结构性。传统的公共管理能力旨在韦伯式思维框架下,强调自上而下的、层级节制的指挥能力,带有明显的单一性特征。相对而言,公共文明行为指数的治理能力着重于生态化的思维框架,强调多元网络、共同参与的治理能力,带有明显的结构性特征。就治理能力的结构而言,治理能力依赖于国家权威之外的社会和居民等主体的共同参与,多个相互补充的能力主体,在处理公共事务过程中能够形成以党委为核心的多元主体共同参与的结构体系。就治理能力的作用路径而言,以网络化的结构,多个能力主体能够针对某一或多个公共事务进行合力治理,合理定位各能力主体的功能,科学配置各方资源,达成治理目标。第三特征是柔和性。相对于传统的公共管理的强制性手段(管制、禁止等)所表现的能力而言,公共文明行为指数的治理能力更加偏向于非强制性手段(协商、对话等)所表现出来的能力。公共文明行为指数的治理能力包含了共建能力(目标确认与资源配置)、共治能力(过程重组)、共享能力(政策输出和结果评估)等内容。

一是共建能力。多元主体之间的合作协商能力是共建能力最为直接的表现。公共文明行为指数提升关涉到政治、经济、社会、文化、历史等众多领域,这种系统性特点表明了其治理能力必须兼具全局性和协调性这两个基本要素,即多元主体之间的合作协商能力。这种能力表现在公共文明行为指数提升过程中,政府作为权力主体,通过多种方式和途径,与社会组织、企业和居民等多个能力主体针对公共秩序(交通)文明行为、公共卫生文明行为、公共礼仪文明行为和公共网络文明行为等方面,进行合作和协商,合理配置各方资源,由此形成一个相互补充、密切相关的治理系统。而且,共建能力还必须兼具监督性和科学性这两个基本要素。多元主体之间的合作协商过程是极为复杂的,其中关系到利益和资源的重新分配,保证治理过程的每一个步骤都必须要有问责机制设计,以降低制度性交易成本,充分发挥各主体的治理优势。

二是共治能力。制度设计和政策创新能力是共建能力最为直观的表现。在访谈中发现,政策冲突、制度不合理等规则层面上的要素制造了非常大的制度性交易成本,严重地制约了公共文明行为指数提升,由此如何提升制度设计和政策创新能力是公共文明行为建设的迫切要求。政府作为治理权力的核心主体,基于权威优势和资源优势,在制度设计和政策创新能力方面具有显著的影响力。

公共文明行为指数治理体系在制度设计和政策创新过程中要保证新的

制度和政策在目标、方式与作用途径上契合思明区实际情况。这要求政府必须充分发挥其天然的优势，构建多元化的对话平台，畅通专业知识流动的渠道，在达成共识的基础上，使制度设计和政策创新能够充分满足公共文明行为指数提升的治理需求。一方面，制度设计和政策创新涉及多个治理主体的利益和资源分配，必须考虑激励兼容这一重要变量，减少制度设计和政策创新的试错成本，以公共文明行为指数的提升降低制度性交易成本。另一方面，制度设计和政策创新通过各种方式收集问题信息，以准确把握公共文明行为指数提升过程中最为急迫的问题，正确认知各个治理主体的优势和劣势，契合全国文明城市创建的热潮，赋予制度设计和政策创新以时代特征。

三是共享能力。责任担当能力是共享能力最为直观的表现。公共文明行为指数提升的治理体系的共享能力，便是治理主体在公共文明行为指数提升过程中，共同承担治理过程中的责任并分享治理成果。这种责任担当能力要求治理主体在公共文明行为建设过程中，如果未能按照其自身职责去履行，或治理过程出现了结果偏差时，以制度化的方式确认责任承担者及相应的问责事项。这便需要治理主体在达成共识的基础上，出台相匹配的基础设施，以保障公共文明行为指数提升的持续性和长期性。政府作为责任担当的核心，必须要加强责任担当能力的建设，以增加公共文明行为指数提升的治理体系的合法性。因此，在公共文明行为指数提升的治理过程中，治理主体必须加强共享能力，提升责任担当能力，建立健全问责机制、评估过程和奖惩措施，增强公共文明行为指数提升的治理体系的风险承受能力。

(二)公共文明行为指数提升的内部政策

公共文明行为指数的提升涉及的领域极为广泛，对协调性具有强烈的需求，因此需要一整套健全的政策组合保证提升工作的有效性和延续性。要实现全区在公共文明行为指数提升工作中的协调性，便必须要坚持系统的思维，通过战略规划避免合作乏力的问题，因此公共文明行为指数提升的内部政策选择必须要在思想、战略、领导、组织、行动、制度和资源等层面上发挥作用。

1. 坚持以人民为中心的原则，是公共文明行为指数提升的思想保障

政府的治理理念决定着政府的行为。树立和坚持以人民为中心的原则是公共文明行为指数提升的思想条件和基本理念。以人民为中心，便是要求一切工作以人为本，从人民最为关心的、最为现实的和最切身的实际问题出发,将为民、靠民、惠民作为公共文明行为指数提升的出发点和落脚点。在此思想指导上,方能最大限度地让广大人民群众共同参与到公共文明行为指数提升工作中来,充分发挥人民群众合力办大事的优势,为文明城市创建提供最为深厚的和最为广泛的现实动力。以人民为中心,在实际工作中便需要着力打造与广大人民群众息息相关的公共基础设施,构建现代化的社区治理体系,提升公共服务的均等性,让群众充分享受到公共文明行为指数提升所带来的实惠。一方面,思明区委、区政府和各街道应着眼于广大人民群众最为紧迫的现实问题,通过典型性的和代表性的实事项目,带动其他惠民、利民和便民的政策,吸引广大人民群众积极参与公共文明行为指数提升活动中来。另一方面,还需通过搭建各类公共文明行为指数提升的工作平台,构建公共文明行为指数提升的居民讨论专区,建立健全群众动员机制,充分发挥先进党员、优秀企业家和志愿者等精英的模范功能,引领社会文明潮流,带动群众,让全民参与到提升工作中来。唯有坚持以人民为中心的原则,才能在思想上保证人民对美好生活的向往,推动城市治理水平和公共文明水平的提升,借助广大人民群众的积极性和创造力,在广泛的群众支持和参与中为公共文明行为指数提升的战略性胜利提供最为扎实的基础。

2. 充分发挥顶层设计的作用,是公共文明行为指数提升的战略保障

顶层设计指基于现实可行性和理论科学性,在核心领导下,对思明区公共文明行为指数提升做出系统性、整体性和框架性的战略安排和实施计划。公共文明行为指数提升是促进思明区经济社会转型、高质量和高颜值的城市建设的核心手段,是构建现代化城市治理体系的切入点,是推动思明区建设高水平公共文明的突破点,是充分满足市民对美好生活向往的重要举措。为保证公共文明行为指数提升的纵深开展,提升工作便必须要依赖顶层设计,以保证提升过程的完整性、协调性、合理性和高效性。公共文明行为指数提升的顶层设计,党委和政府是核心。党委和政府起着领导作用和组织作用,引领和保证公共文明行为指数提升工作能够持续开展。一方面,为了培育现代居民个人公共文明素质,塑造社会公德,进一步提升城市的公共文明水平,必须打造区委和区政府为领导核心的,区文明办作为协调者和组织者,各工作部门和单位全力参与,广泛动员居民全过程参与公共文明行为指数提升的顶层设计。具体而言,区委和区政府可以考虑将公共文明行为指数提升工作纳入每一年度的“经济社会发展规划”当中,把公共文明行为指数提升工作放在总体战略上来开展,并且列入各工作单位的年度考核目标。着力发挥区委和区政府的领导功能和组织功能,在统一指挥的基础上,调动社区的灵活性,形成公共文明行为指数提升工作中各工作部门和单位的目标明确、权责清晰、合力共治、搭配合理的战略格局。据此，顶层设计所涉及的工作部门和单位需依据指导思想，遵循相关制度安排，落实具体工作充分发挥各治理主体的创造性和灵活性，让更多的力量及时参与到公共文明行为指数提升工作中来，让政策规划、实施和评估等过程全面推进。区文明办的内在建设也要从目标、计划组织、编制和资源等层面进行改革和完善，全面发挥其在公共文明行为指数提升工作中引导、协调、规范、监督和评估等关键职能。另一方面，由于公共文明行为指数提升的实现路径还处在探索和完善当中，区文明办可向上一级即市文明办进行专题汇报，并率先提出公共文明行为指数提升的重要意义和核心项目，争取将提升公共文明行为指数纳入市文明办的工作重点，使思明区成为厦门市公共文明行为指数提升的典型实验区，并争取市文明办在组织协调、资源配置和制度安排等方面上的指导、支持和鼓励。

3. 加强完善统一领导体制，是公共文明行为指数提升的领导保障

公共文明行为指数提升离不开强有力的领导体制。统一领导体制，思明区可成立公共文明行为指数提升的领导小组，全程负责提升工作的主要事项，并实施公共文明行为指数提升的联合会议政策。一方面，在着力推动党政机关合并合署改革的同时，公共文明行为指数提升的领导小组在区一级由区委书记、区长担任，区委副书记作为实际工作的重要推手，整体协调和全面负责，然后相关具体工作事项由各工作部门和街道在实践中落实。关于重大事项的，由区委常委、副区长负责监督实施，领导小组负责主要决策，各工作单位小组以区域或关键点为抓手，将具体目标和措施，通过组织领导、多方协调和全程监督等重要举措落实在基层。另外，各级各部门的公共文明行为指数提升评估结果可以纳入每一年度的政府工作绩效考核的核心指标。另一方面，在公共文明行为指数提升的领导小组支持下，实施公共文明行为指数提升的联合会议政策，联合会议由区文明办协调和统筹开展，周期性召开会议，由相关领导人主持，各相关单位的负责人出席并报告，对于公共文明行为指数提升中存在的重大事项经联合会议商讨并决定解决方案。普遍性问题以“点评会”的形式开展，危机性问题以核心领导决定的形式开展，具体实施由各个相关单位负责，区委副书记和区文明办协调各方行动，确定工作路径、方式和方法，最终的联合会议的决议及其具体实施的评估结果通过多种方式向社会公开，并征求相关意见，保证决策的科学性、合理性和民主性。

4. 继续深化服务型政府建设，是公共文明行为指数提升的组织保障

建设服务型政府，是满足人民对美好生活日益增长的需求，应对各种治理难题,缓解社会矛盾,构建共建共治共享的社会治理格局的必然之路。服务型政府的内涵便是行政机构自身的改革,主要是通过结构层面的优化、权力层面的配置、职能层面的转变、过程层面的重组、组织层面的协调等措施和手段,构建现代化的公共治理体系,以提升行政机构的工作效率、效能和效益,为公共文明行为指数提升提供组织保障。具体而言,首先是优化内部的机构组合,完善权力清单,合理划分决策、执行和监督等职能部门的关系,解决机构臃肿的难题,并且强化治理体系的服务职能,继续培育和帮助社会公益组织的成长,将重要资源配置到社会治理和民生问题的重大事项上。其次是借助人工智慧和大数据等信息化手段进一步完善行政审批流程,构建更为简便、高效和合理的公共治理服务体系,为居民打造一个高效廉洁的政务环境。建设服务型政府,不仅涉及行政机构的内部层面,还涉及外部的治理主体之间的关系。服务型政府的外延可以从政府、市场和社会这三者关系的重塑来理解,即在复杂性社会当中,政府的理性有限决定了其与市场和社会之间不再单纯是统治和管理的关系,而是带有一种合作的属性。政府的角色更加偏向于公共服务的安排者和提供者,并借助市场和社会的力量,以满足人民对美好生活日益增长的需求。服务型政府建设是公共文明行为指数提升的治理体系的关键之处,在一定程度上决定了公共文明行为指数提升工作的成效。

5. 构建简约高效的基层管理体制,是公共文明行为指数提升的行动保障

《关于深化党和国家机构改革的决定》指出要构建简约高效的基层管理体制。社区文明是现代社会文明的根基,是基层管理体制的支柱。作为现代城市居民社会生活和工作最为基础的功能单元,社区是公共文明行为指数提升的实践空间和治理末端,关系到每个居民切身利益的公共文明行为指数提升工作需要社区治理强而有力的支持。居民作为公共领域中最为直接的参与主体,提供治理的公共空间和载体便是社区。社区治理,对于公共文明行为指数提升起着至关重要的作用。可以说,公共文明行为指数提升的成效如何,归根到底都会实践到社区治理这一末端。社区的核心功能之一在于提供高品质的公共服务和公共产品。唯有以人民为中心,深刻把握和满足广大人民群众对美好生活向往的需求,以公共利益为导向,才能在治理层面上为公共文明行为指数提升奠定最为深厚的群众基础和最为丰富的实践空间。说到底,便是要把"群众是否满意"作为公共文明行为指数提升的评估核心,以居民最为关注和最为紧急的现实问题作为切入点,不断增加公共服务和公共产品的提供效益,构建现代化的社区治理体系。社区综合服务中心的完善工作必须作为第一步，借助社会组织的服务提供功能，通过服务购买机制，针对社区老年人、儿童和残疾人等特殊对象提供无偿的公共服务，针对青少年、孕妇和家庭提供便民服务，为企业和社会组织打造优良的行政服务，通过多种活动方式调动居民自治的积极性和能动性，并针对辖区内居民提供普遍性的公共服务（教育、医疗、就业和住房等方面），扩大公共服务的覆盖面，让居民成为这个城市真正意义上的“主人翁”，提高居民的归属感，培育居民的社会责任感，养成公共文明行为的习惯，全面提升社区公共文明行为建设的水平。

构建以人民为中心的城市社区，公共文明扎根于社区治理当中，对于公共文明行为指数提升工作的意义非比寻常。但是通过实地调查和访谈发现，现有的体制约束和制度成本，严重阻碍了社区在公共文明行为指数提升工作上的进程。大量的、重复性的日常性工作任务严重挤占了社区一级的工作单位的时间和精力。在政治性任务和服务性任务的双重压力之下，社区工作单位难以全力投入公共文明行为指数提升工作中来。针对思明区公共文明行为指数提升过程中存在的社区治理机制问题，必须从多个层面来完善基层工作机制，为公共文明行为指数的提升提供保障。为此，必须在坚持“党建引领”的基础上，均衡社区治理的政治性任务和服务性任务，减少制度交易成本，让社区治理更加专注于服务功能上。另外，还需进一步深化简政放权的改革，将权力下放至社区治理中，提升社区治理的核心力量。公共文明行为指数提升，并非是一个领域的，或者是某一个工作单位的任务，本质上它是一种多元化的、结构性的和系统性的战略工程。行政执法权的缺失，令社区治理在公共文明行为指数提升工作上举步维艰。因此，社区治理要解决的关键问题在于如何实现基层单位的权责匹配。社区治埋能动用的资源和权力难以匹配基层治理中极其繁杂的工作任务。如何解决社区治理执法权的问题是核心。一方面，在完善权力清单和责任清单制度上，将部分合适的权力下放到基层当中；另一方面，社区在承接权力下放的同时，还面临着如何科学合理行使权力的问题。自由裁量权向来是执法领域当中最为核心的内容。社区治理执法队伍需增强，社区治理执法事项需明确，由此完善相关的基础配套措施，编制社区治理的工作手册和指南，将执法过程阳光化和透明化，发动居民行使监督权力，着力推进基层治理信息公开化。区一级和街道一级的党员干部可以通过基层调研的方式大面积展开进社区活动，以及时补充和提升社区治理的专业队伍水平。另外，现代社会文明发展的重要体现之一便是志愿服务的兴起和志愿队伍的繁荣。在社区提升公共文明行为指数过程中充分发挥志愿服务和志愿队伍的公益性功能，不断完善和拓展志愿者的参与途径,有效发动居民参与到社区治理中的志愿服务和志愿队伍中,全面提升公共文明行为指数。

6. 建立健全监督体系,是公共文明行为指数提升的制度保障

一是监督体系的构建。一方面,应该围绕党委为核心,建立公共文明行为指数提升的工作的问责机制,明确责任和义务,强化例行性工作的监察,严格执法,保证公共文明行为指数提升成果。对于在行政过程中出现的工作偏差和违法乱纪的行为,需追究其责任。另一方面,加大社会舆论的监督作用,通过各种媒介曝光不文明行为,引导居民正确认知文明行为,在社会层面形成一种全民监督的广泛舆论氛围,培养居民的公共文明行为意识。

二是监督体系的保障。监督体系的功效发挥,取决于该体系能否有效地被执行。监督体系的保障必须建立在及时性、科学性和有效性等基础上。在监督体系执行过程中,区委、区政府必须统一指挥和协调,鼓励和支持公共文明行为指数提升的相关部门支持监督工作,聘请专业机构进行第三方评估,并发动广大居民参与到监督过程中,通过不断商议和修正,完善公共文明行为指数提升的监督体系。

三是奖励制度的建立。奖励制度能起到激励作用,诱导、驱动和增强居民的自我约束力,并且能够强化居民的公共文明行为,为公共文明行为指数提升工作带来强烈的动力源。在政策执行过程中,奖励制度可以依据事项的不同特征,进行不同类型的激励。在公共文明行为指数提升的整个过程,确认公共文明行为指数提升的目标,通过目标管理,向各级工作部门依据其职能分配不同的任务目标。然后通过评估工作,将评估结果应用到实际当中来。对于超额、提前和积极完成任务目标的工作部门,结合精神奖励和物质奖励,进行表彰,并挑选典型性的工作部门作为宣扬的榜样,树立先锋,以营造良好的公共文明行为指数提升环境。

四是惩罚制度的建立。惩罚制度建立的目的,在于避免和遏制治理主体在公共文明行为指数提升过程中追求私利的行为,以保证提升工作的成果不被腐蚀。对于破坏公共文明行为指数提升工作过程和成果的行为,可以按照行为的后果选择不同的惩罚措施。如若由于工作怠慢,未能贯彻执行区委区政府工作部署的工作部门,可以给予警示性警告;如若已经造成非常严重的后果,并且影响到公共文明行为指数提升的战略布局的,可以依据情节轻重严肃处理。

7. 建立完善投入保障机制,是公共文明行为指数提升的资源保障

投入保障机制的建立和完善,可谓公共文明行为指数提升的生命线。因此，必须要从区一级增加对公共文明行为指数提升的资源投入，将公共文明行为指数提升的经费列入区一级的年度财政预算，设立公共文明行为指数提升工作的专项资金，保证公共文明行为指数提升工作的一些重大项目或活动经费需求。具体而言，区一级财政可以考虑为“公共文明行为指数提升专项资金”提供专款，针对文明城市创建工作和公共文明行为指数提升中做出杰出成就的街道、社区、单位和个人给予一定的奖励。并且，通过相应政策的完善，建立多元化渠道的公共文明行为指数提升的筹资制度，通过各种方式鼓励和支持社会各界对公共文明行为指数提升的资金和物资捐赠。对于大型的公益性项目和活动，可以通过政府作为主要资金投入方，借助社会各界的赞助和居民的捐款来筹集活动资金。另外，区一级财政还需将资金流向民生工程和社会事业等领域倾斜，保证基层公共基础设施的资金来源，并且设立专项经费保证社区治理的需求，不断满足人民群众日益增长的物质文化需求，为公共文明行为指数提升提供强有力的财政支持。

（三）公共文明行为指数提升的外部政策

1. 弘扬优秀文化传统，是公共文明行为指数提升的文化保障

现代城市居民存在一种原子化和碎片化的趋势，但是在公共领域中的公共关系里，居民作为个体存在受到各种正式制度和非正式制度的共同约束，通过自律和他律的方式表现出文明与不文明的举止，共同塑造着现代生活秩序。中国社会的急速变迁，导致中国传统文化中的集体价值理念难以起到原有的规范作用，加之法律制度的不完善，外在规范缺失和内在规范失效两重问题下，不文明行为难以得到有效遏制。在中国传统文化中的集体价值理念中，每一个体在家庭、学校、工作部门等场所中承担着不同的角色，个人价值镶嵌在集体价值之中。传统文化中个体价值理念的缺失，加剧了公共文明行为指数提升的艰巨性。从这一角度来看，中国传统文化在公共文明建设中存在着消极作用。但是作为中华民族的灵魂所在，中国传统文化亦有大量的文化宝矿急需进一步挖掘。任何全面否定和不假思索地继承传统文化都是不可取的，应在反思传统文化的基础上，取其精华，去其糟粕。任何一个国家或地区的公共文明建设都离不开传统文化的保留和弘扬，才能在发展过程中避免陷入历史虚无主义的陷阱。就群体关系而言，儒家思想中的仁、义、礼、智、信，能够有效契合国家治理体系和能力现代化的理论需求。这些优秀的传统文化思想还可以在居民日常生活中产生积极作用，辅以相关政策去引导和规

范,使其内化成为居民个体中的思想理念,成为自律的重要组成部分。中国传统文化中的“重民”思想与以人民为中心的原则相契合,能够成为公共文明行为指数提升的重要理念。在此意义上,中国传统文化的传统对于思明区公共文明行为指数具有实质上的提升意义和价值。传统文化中的德治思想与公共文明行为指数提升的法治思想相互补充,二者缺一不可。德治与法治的结合,切实发挥正式制度和非正式制度的引导和规范功能,实现居民个人行为的自律与他律的补充,在自我监督和外在约束的条件中表现出公共文明行为,引领积极的社会风尚,全面推进公共文明行为指数提升工作。

一是唤醒历史记忆,赋予文化传统新的生命力。传统文化的积极价值可以借助于传统节日的文化蕴意来发挥作用。传统节日是历史记忆的直接表现,在国家发展过程中具有传承文明的重要价值。国家层面对传统节日极为重视,先后印发了《关于利用传统节日弘扬民族文化的优秀传统的意见》《关于实施中华优秀传统文化传承发展工程的意见》等一系列相关的政策文件。中央文明办更是要求各地依据现实情况开展有关传统节日的主题教育活动。因此,要提升公共文明行为指数,首要的便是要强化对本土的优秀传统节日的理论研究。委托第三方专业机构,利用专业知识,查阅典型的历史文献资料和思明区地方志等,认真梳理和研究传统节日的基本知识,并将其中优秀部分作为历史记忆,通过专题研讨会和广告播放等方式,向居民宣扬,提升居民的归属感。

二是利用学校教育,增加传统文化的认可度。家庭是传统文化传承的基本载体,长辈能够利用言传身教的方式,将传统道德和伦理规范教育给作为子女和学生的居民,保证整个社会的稳定性。随着现代社会的转型,学校在这方面的作用日渐重要,家庭在文化教育的作用,大部分都转移到学校教育上。利用学校教育,增加传统文化的认可度,是公共文明行为指数提升的一个必要环节。学校方面应该坚持将传统文化和课堂教育结合起来,在教材中增加优秀传统文化价值观念的内容,并借助讲座的形式,让学生能够正确而充分地理解本地文化,提升学生的知识素养和思想品格。

三是营造良好的人文环境,扩大传统文化的覆盖面。人文环境的营造需落实到与居民生活息息相关的公共场所中,特别是社区应着力通过大力开展各种主题活动,宣扬传统文化的优秀思想,丰富居民的精神世界。首先,在地标建筑、公交车站、地铁站、商业广场、公共图书馆、公园、垃圾桶等公共基础设施上设立广告牌,建立“视觉”层面的宣传阵地。“视觉”层面的宣传阵地便是与居民生活密切相关的生活环境,让居民时时刻刻地沉浸在优秀传统文化的氛围中，以此增加居民对思明区的归属感和责任感。其次，坚持媒体宣传的思路，充分利用厦门日报、厦门晚报、海峡导报等新闻媒体，开展《论语》《大学》《中庸》《孟子》等中国文化经典书目讲座，组织专家学者在广播、报纸等媒体上进行传统文化教育宣讲，营造良好的人文环境，扩大传统文化的覆盖面。

2. 完善宣传保障体系，是公共文明行为指数提升的工具保障

居民个人公共文明素质不仅决定了一个国家或地区的公共文明程度，而且在公共文明行为指数提升中起着关键性的作用。因此，公共文明行为指数提升，必须要将居民个人公共文明素质的培育工作作为重中之重。近年来，思明区围绕全国文明城市创建的基本思路，开展了一系列文明创建活动和宣传教育活动，加大了居民个人公共文明素质培育工作的力度和强度，居民整体素质稳定提高，社会风气明显好转。作为一个旅游重点区域，思明区拥有非常繁荣的商业区和旅游景点，人流量极大，可以充分利用这一优势，围绕社会、生活和居民，发动全面而深入的舆论宣传运动，在全区形成公共文明行为指数的提升意识。为此，必须要完善宣传体系，为公共文明行为指数提升提供强而有力的工具。

一是利用思想政治工作的特点，为宣传奠定基调。通过各种宣传和教育方式来宣扬社会主义核心价值观，令广大居民能够清晰认识和深刻准确把握社会主义核心价值观的内涵及其意义，意识到社会主义核心价值观对公共文明行为指数提升的紧迫性和重要性，明确如何将社会主义核心价值观付诸居民个人的公共行为中，以强化全社会实践公共文明行为指数提升的主观能动性，引导、规范和纠正不符合新时代中国特色社会主义建设的不文明价值观和行为。

二是借助大众舆论传媒的力量，为宣传扩展阵地。大众舆论传媒具有把握和引导社会舆论导向的功能，为此可以借助这一功能宣扬社会主义核心价值观，在意识形态上引领公共文明行为指数提升。尤其在可以借助互联网的平台，利用大数据技术，引领社会风潮，占领新兴的大众舆论宣传阵地，以公共文明网络行为建设作为切入口，赋予公共文明行为指数提升的时代蕴意和创新思维。

三是挖掘广大居民行动的潜力，让宣传落地生根。以社会主义核心价值观和优秀传统文化为主题，着力打造符合大众居民对美好生活需求的公益品牌活动，通过各种各样的渠道和途径动员广大居民，积极参与到公共文明行为指数提升的社会实践活动中，居民能够在参与中潜移默化地理解社会主义核心价值观和优秀传统文化的时代意义，将社会主义核心价值观和优秀传统文化逐步成为广大居民内在的价值观念和行为模式,让宣传真正落实到具体实践中。

四是发挥先进文明榜样的作用,让宣传引领风尚。依据新时代中国特色社会主义建设的要求,制定和实施新的文明社区、文明家庭和文明市民评选指标和实施规则,借助“达标制”评选的方式,依据公开、公平和公正的基本理念,购买第三方评估机构的服务,依据标准,运用科学方法开展评选,并充分发挥先进文明榜样的作用。获得评选奖励的社区、家庭和居民,能够享受一定的物质奖励和精神奖励,并且通过多种方式宣传其典型事例,在社会中引领公共文明行为新风尚,夯实公共文明行为指数提升的基础。

3. 完善居民参与机制,是公共文明行为指数提升的主体保障

居民广泛参与公共文明建设是城市文明水平的外在表现,也是落实新时代中国特色社会主义中以人民为中心的本质要求,惠及广大居民是公共文明行为指数提升的出发点和落脚点。必须要通过解决居民的现实问题,从微小的实事抓起,将公共事务和居民的生活紧密联系起来,让居民充分享受到公共文明行为指数提升所带来的实惠,由此激起广大居民的创造性和主动性,引导居民积极参与到公共文明行为指数提升中来。因此,在公共文明行为指数提升的过程中,创新参与形式,提升参与的可行性和吸引力,使公共文明行为意识的思想在居民心中落地生根,内化为公共文明行为指数提升的意识推动力。

一是引导居民广泛参与公共领域的社会生活。活动的形式需兼具灵活性和兴趣性,将社区内部的重要事务放在公共媒体上,鼓励居民进行公平和理性的讨论对话,引导居民积极参与到公共事务生活中来。定期开展居民公共事务参与的满意度调查项目,了解居民的真实需求。对于居民对美好生活向往的需要,应邀请居民一同参与解决,构建一个共建共治共享的社区治理格局,让居民广泛参与到公共文明行为指数提升中来。

二是完善居民利益诉求的机制。利益诉求是居民参与公共文明行为指数提升的核心内容之一。利益诉求的反馈与居民参与的意愿具有相互影响的关系。当居民的利益诉求能够得到关注和妥善解决的时候,他们的参与积极性便会随之增加。区委、区政府具有组织领导的核心功能,应继续强化居民利益诉求热线、网络投诉平台等工具的完善,并积极协调和鼓励各街道和社区继续完善现有的利益诉求机制,拓宽更多具有创新性的居民利益表达渠道,让居民有话可说,说的话能够得到积极反馈。

三是制定《思明区居民公约》。公约的制定、修改和签约过程是居民自我约束和自我教育的有效工具。通过公约制定，发挥群策群力的功能，引导和规范居民的公共行为。区一级层面上，可以结合《厦门市民文明公约》，在征询广大居民的意见基础上，做好宣传普及工作，以引导和规范人们践行社会主义核心价值观和优秀传统文化为原则，制定《思明区居民公约》。社区一级层面上，参考《思明区居民公约》的工作，依据各社区自身实际情况，制定《社区居民文明公约》。在此基础上，由街道推动机关、学校和企业等各级单位的签约承诺活动，让每一个居民都成为思明区公共文明行为指数提升的参与主体和责任主体。

四是发挥重点群体的引领作用。重点群体在一定程度上作为精英这一社会身份的存在，其价值观念和行为方式能够发挥公共示范效应。首先，作为先锋队的党员干部群体，必须要从自身做起，以最高的文明标准要求来约束自我，以身作则，通过党建引领居民参与到公共文明行为指数提升工作中。其次，发挥道德模范群体的示范作用，通过宣扬其模范事迹，来培育居民的内在情感。最后，鼓励知识分子群体积极运用自身的知识优势，借助公共平台，宣传普及公共文明行为知识，提高居民的科学文化素养，塑造社会公德。

五是完善公共治理机制。公共文明行为指数提升是一项系统性的、长期性的社会工程，需要公共治理机制，完善综合治理的结构和过程，兼顾针对性和普遍性，令公共文明行为指数提升的实施有所保证。公共治理机制的完善关键在于让居民参与到治理的整个过程中来。在内部方面，进一步完善公共事务处理的协调联动机制，把公共文明行为指数提升与城市治理、市容环境和社会治安等紧密在一起，即要把公共文明行为指数提升作为工商、文体、民政、宣传、环保、交通和城管等一系列相关工作部门重要公共管理职能之一，并将提升工作的结果作为考核的指标。在外部方面，充分发挥各类公益性社会组织的公共服务作用，让居民通过社会组织这一媒介，参与到公共服务的提供、落实和评估过程中来，让公共文明行为指数提升不再单纯依赖政府单一的治理主体，而是变成以居民参与为治理核心的治理工作。

4. 改善公共服务基础设施，是公共文明行为指数提升的硬件保障

公共服务基础设施能够完善和提升城市的基本功能，塑造优美的城市环境。这种功能令公共服务基础设施的完善成为公共文明行为指数提升的现实目标和基本任务。一个国家或地区的公共服务基础设施最为核心的特征之一便是公共性，与居民在公共领域生活中的行为密切相关。公共服务基础设施能够大幅度拓展公共空间，随之而来的便是公共规则的制定，通过居民参与规则制定和执行的过程，潜移默化地培育居民的公共精神，从而提高居民个人公共文明素质。居民能够在公共空间中对身边的小事或者是一些重大事项进行公开讨论和交换意见,在此过程中居民能够触及公共生活中伦理表现和价值冲突的核心话题,有助于居民反思不文明行为的社会后果,从而推动公共文明行为指数的提升。

一是完善公共服务硬件设施,为公共文明行为奠定基础。作为社会关系中的行动主体,居民的行为在一定程度上受到公共服务硬件设施建设的影响。通过完善公共服务硬件设施,吸引居民主动进入公共空间中,并在设施上添加公共文明行为的标语,在潜移默化中熏陶居民的内在价值观念。可见,良好公共服务硬件设施建设能够为居民的公共文明行为提供充足的施展空间,也能够为社会主义核心价值观和传统文化塑造浓厚的学习氛围和条件。

二是着力推动老城区的改造更新工作,消除思明区公共文明行为指数提升的不利因素。老城区的改造更新工作是思明区公共文明行为指数提升中的最为艰难的问题之一,需综合考虑各社区的现实情况。首先,最为核心的问题便是涉及土地资源的拆迁难问题,为此必须要继续尝试各种创新工具,积极完善利益协调机制,以推动老城区的更新改造。其次,为了进一步更新改造老城区,必须坚持以人民为中心的原则,在规划阶段就公共服务基础设施的各种功能加以匹配和评估。再者,对于尚未进行城区改造的区域,必须要保证其老旧公共设施的及时更新,特别是针对曾厝垵等社区中的城中村老旧房区内的公共服务,继续完善服务外包和服务购买等政策,明确责任主体,加大监督力度。最后,必须考虑到老城区改造过程中的交通环境建设,应着力打造快捷方便的老城区慢行系统,引导居民参与到交通环境的优化工作中来。

三是进一步优化和拓展公共空间。公共空间是居民在公共领域中生活的重要平台,起着传播社会价值、形成社会舆论、培育社会公德、引领社会风尚和促进社会共识的重要作用,是实现公共文明行为指数提升的核心媒介。

首先是拓展和完善公共空间的现实平台,为居民社会生活提供充足的公共场所。现代公共空间是由社会经济发展演变而来的,主要包括了商业广场、公共图书馆、咖啡厅等。传统公共空间是传统社会文化遗留下来的产物,主要包括了宗族祠堂、村落巷道和公共集市等。传统的和现代的公共空间为居民提供了多元化、结构性的公共场所,但也要注意公共空间的治理,应鼓励和支持居民通过公平和理性的协作方式在公共空间中生活,共建和谐社会。其次是拓展和完善公共空间的虚拟平台,为居民社会生活提供更为丰富的公共场所。公共网络文明行为是公共文明行为指数的核心指标之一,特别随着大数据时代的到来,现代信息技术将互联网打造成为一种“网络公共领域”。“网络公共领域”能够成为新时代背景下公共文明行为指数提升的新方案与新渠道。“网络公共领域”在一定程度上削弱了政府在社会舆论导向的核心作用,居民对于公共事务的认知和处理不再是被动的主体,而是成为主动的、理性的主体。“网络公共领域”极强的公共性和便捷性,一方面令居民足不出户就能参与公共文明行为指数提升过程中来,另一方面大幅度减低了信息不对称,让居民能够更加理性和平等地发挥其“主人翁”的地位,从而有力推动了社会价值观念的传播,为社会共识提供了更为便捷的条件。但是,在利用网络公共领域过程中,除了鼓励居民广泛参与到“网络公共领域”中来,政府还需提升自身的电子行政能力,以一定的制度规范来引导居民的有序参与,维护公共网络文明。

三、公共文明行为指数提升的长效机制

(一)公共文明行为指数提升的民主化

公共文明行为指数提升的核心主体是全体居民,其参与程度和支持态度直接决定了整个提升工作的成败,因此必须要充分利用广大居民的智慧和力量,促进公共文明行为指数提升的民主化。所谓民主化,便是自始至终都将居民参与程度以及满意程度等作为指导公共文明行为指数提升的基本思想,让群众在参与中学习、受惠,把提升工作变为居民素养提高的过程,以增强居民的荣誉感、归属感和获得感。这一思想要求公共文明行为指数提升必须要坚持面向广大居民,以人民群众对美好生活向往的需求作为工作重心,扩大提升工作的覆盖面,以扎实的群众基础作为公共文明行为指数提升最终目标。

一是公共文明行为指数提升的民主化必须坚持以人为本的理念。以人为本的理念,便是要求公共文明行为指数提升在民生工作上有所贡献,从多个层面和多种方式来把握和认识居民在公共领域中的多元化需求。公共文明行为指数提升的政策制定、执行和评估过程必须站在居民的利益上来开展,从功能、文化和覆盖范围上全面考虑和确保民生工作的质量,坚持公共文明行为指数提升的民主氛围。实质上,便是要树立和坚持“提升为民、提升惠民、提升靠民”这三大原则,把是否满足广大人民群众对美好生活向往的需求作为公共文明行为指数提升的最终目标、基本依据和核心标准,充分挖掘居

民的智慧,激发居民的创造力,借助居民的力量共同推进公共文明行为指数提升工作,完善城市治理,构建共建共治共享的社会治理格局,打造优美的市容环境,全面提升居民的生活质量,让居民真正从让人民群众真正从公共文明行为指数提升中获益。

二是公共文明行为指数提升的民主化必须要准确把握居民的现实需求。必须要健全和完善居民利益诉求和意见表达机制,优化居民来信来访渠道,加强智慧政府的建设,让广大居民充分享受和使用知情权、监督权和发言权。还需要加强回应性的工作机制,建立健全快速反应机制,让居民的需求能够在第一时间得到受理,第一时间得到落实和第一时间得到反馈等。还需要通过各种方式,比如大规模投放公益广告、借助志愿者队伍和购买社会组织服务等,营造公共文明行为指数提升工作的全民参与氛围,提高居民对提升工作的认知度、参与度和支持度。

三是公共文明行为指数提升的民主化必须充分挖掘和利用广大居民的智慧。民主参与是公共文明行为指数提升的民主化的基本路径之一。居民唯有亲自参与到公共文明行为指数提升工作中的协商、决策、评估和监察决策过程,才能深刻地感受到权利的保障和实现,并建立起政府和居民之间的合作信任关系。这种合作信任关系,既能增强居民的责任心和使命感,还能提升政府公信力,使公共文明行为指数提升的科学内涵和现实意义深刻地印记在每个人心中。首先是建立完善提升工作的公开听证机制。公开听证可谓实现民主的一种较为直接的方式,是居民表达个人意见和利益的公开平台。该方式能够让居民有序参与到公共文明行为指数提升工作中来,并能够充分挖掘和利用广大居民的智慧,为提供工作提供广泛的群众基础。其次是进一步完善公共文明行为指数提升的信息公开机制,周期性地向社会公布全区提升工作的基本资料,能够让居民更便捷、更全面地获取提升工作的信息,以增加居民的认可度。最后是借助互联网的功能,设立居民参与提升工作的信息化平台,让居民能够随时随地对提升工作提出建议和利益诉求,并且在该平台上及时反馈和更新结果。

四是公共文明行为指数提升的民主化必须借助志愿服务扩大居民的参与感。志愿服务是城市公共文明的灵魂基础。首先是政府要大力培育社会组织的发展,为社会组织发展提供良好的制度环境,降低其制度性交易成本,为志愿服务奠定专业力量。其次是社区党组织要发挥引领作用,不断创新服务内容,持续优化服务载体,借助各类人民团体和社会组织的作用,吸引和鼓励居民更多地参与到社区志愿服务中,营造一个全民参与志愿服务的氛围。

最后是要充分利用社工队伍和义工队伍的积极功能，采用政府购买社会服务的形式，在各个社区设立公共文明行为指数提升的社工岗位。进一步将社工队伍和义工队伍结合起来，充分发挥二者的优势，打造社区公共文明行为指数提升的先锋队伍。

(二)公共文明行为指数提升的法治化

公共领域存在的一个最重要基础便是国家与社会二者之间的相对独立，即意味着国家和社会皆有其自身领地和特定功能。现实中常出现的现象是国家对社会的过度干预和管制，为此必须要推动政府的法治化建设，以法治规范政府行政行为，为公共领域的生长提供一个良好的制度环境。在此意义上，公共领域的成长与法治政府建设密不可分，二者具有相互补充的功能。在传统的政府管理中，公共管理机构通过法律这一工具实现对社会的管制。这种传统法治意识具有一定的片面性。实质上法律是基于国家共识的基础上，通过公平和理性的集体协商的方式而形成的，不仅能够保障公民权利的实现，而且也是一种能够有效地规范、监督和引导国家权力的手段。传统意义上的政府管理忽视了法治这一核心内涵。现代法治具有深厚的群众基础，能够为共建共治共享的社会治理格局构建提供正式的制度保障。与此同时，推动现代政府的法治化建设同样能够为公共文明行为指数提升营造公平公正的法治环境，在一定程度上也是一个国家或地区社会秩序和谐发展的核心要素。为此，公共文明行为指数提升可以借助法治对权力的规范性和对权利的保障性，约束包括政府公务人员在内的各个治理主体的行为，为提升工作保驾护航。当法治成为公共文明行为指数提升的一个常规武器，法治内在的公平正义价值理念能够在整个社会中营造出一种契约精神，让信任、公平和正义成为人们意识形态的重要部分，促使人们意识到自己是法治建设的主导者和监督者，从而扩大公共文明行为指数提升的参与度。

党的十九大报告指出，全面依法治国是中国特色社会主义的本质要求和重要保障，为此必须要坚持法治国家、法治政府、法治社会一体建设，坚持依法治国和以德治国相结合。法治与德治是公共文明行为指数提升中相互补充和密切相关的两种方式。法治能够保证公共文明行为指数提升过程中的居民有序参与，规范行政行为，并法律化那些能够促进公共文明行为指数提升的和业已在社会达成共识的伦理规范和价值理念，让法律与道德相辅相成，内在自律和外在约束共同发挥作用。以法治为核心，辅以德治，可通过守法、执法和司法三个层面来保证公共文明行为指数提升。

一是公共文明行为指数提升的守法层面。广大居民和执法者的守法行为,是公共文明行为指数提升的法治化建设的基本保障。一般而言,法律是以文本的方式呈现出来的,其实质的落实是由人这一主体来进行的。广大居民和执法者必须在公共文明行为指数提升过程中,树立和坚持法治意识,培育和提高个人的公共文明素养,让人们能够在价值观层面上反思公共行为,抵制和不认可公共不文明行为,通过随时随地的监督方式,每个人都是法律精神的恪守者,养成自觉守法的行为习惯和生活方式,让公共文明行为指数提升工作扎根于合法性和合理性之中。

二是公共文明行为指数提升的执法层面。执法是在公共事务处理中通过各种合法手段,令法律转化为具体实践的一种行为。具有一种教育和规范功能,能够对公共卫生、公共礼仪、公共网络和公共服务等领域的不文明行为进行警告和处罚,并以一种示范性的教导功能来规范公共领域中各活动主体的行为。一方面,法律执行的强制性力量能够有效促进公共文明行为指数的提升。严格执法能够保证法律的精神在公共文明行为指数提升中发挥应有的作用,其有效性、强制性和快速性能够遏制和改变公共不文明行为。具体而言,在宣传和借助《厦门经济特区促进社会文明若干规定》等公共文明行为领域的政策法规基础上,运用强制性的手段对公共不文明行为综合整治和专项治理,让居民在公共文明行为指数提升中理解法律、尊重法律和遵守法律。比如,在公共场所中大声喧哗,在禁烟区进行吸烟行为,不自觉遵守交通规则,在任意地方随地扔垃圾和吐痰,在网络上传播不良信息和虚假信息等行为必须要依据法律进行全面治理,提高公共不文明行为的实施成本,让法律在公共文明行为指数中发挥应有的功效和作用。可以借鉴新加坡对公共不文明行为的治理经验,来促进思明区公共文明行为指数提升的法治化建设。在新加坡,对于随地吐痰、闯红灯、破坏公共物品等行为皆要依据相关法律进行处罚,以落实法律在公共文明建设中的作用。另一方面,推进诚信建设,能够有效促进公共文明行为领域中的政策法规的执行和落实。诚信是居民个人文明素质和思想品质的外在表现,诚信建设是公共文明行为指数提升的法治化建设的重要工具之一。首先,要建立健全区一级的诚信信息机制,借助大数据技术,以数字驱动诚信信息在各级工作单位中自由流动和及时共享,为诚信建设铺垫制度平台。其次,要建立健全诚信行为的激励机制。对于在公共服务、公共旅游、公共秩序(交通)、公共礼仪、公共卫生和公共网络等领域中的守信者给予一定的政策优惠、物质奖励和精神鼓励。构建失信行为的惩罚机制，将公共不文明行为纳入居民个人的社会诚信信息系统中，对于在公共文明行为中的失信者，依据法律规定给予一定的惩罚，让失信者在法律的约束下遵守公共文明行为的原则。说到底，公共文明行为指数提升的执法建设，便是需要各治理主体能够理解法律、信任法律、依据法律和借助法律来引导和约束公共行为，培育居民的文明行为习惯，重塑社会风气。

三是公共文明行为指数提升的司法层面。司法机关特别是具有司法解释权的机关，在法律明确定规定下的职权内，运用自身的司法职能，能够有效地重塑社会公德，引领社会风尚，推动社会潮流，促进公共文明行为指数提升的法治化建设。例如，在公共网络文明行为中，在信息技术和互联网时代背景下，部分违法之徒将信息技术和互联网作为一种违法工具，往往在一些敏感度极高和广大居民关注的社会热点时事上添加、传播不良信息和虚假信息，并在网络上使用不文明语言，谩骂和攻击他人，严重地扭曲了社会正常舆论，破坏社会公共秩序，甚至危害到国家安全。其中，《最高人民法院、最高人民检察院关于办理利用信息网络实施诽谤等刑事案件适用法律若干问题的解释》便明确规定："编造虚假信息，或者明知是编造的虚假信息，在信息网络上散布，造成公共秩序严重混乱的，以寻衅滋事罪定罪处罚。"具有司法解释权的司法机关，在遵守宪法的基本原则上，对于政策法规的解释，能够迅速而有效地遏制和避免公共网络不文明行为，将公共网络不文明行为扼杀在源头之中。

（三）公共文明行为指数提升的科学化

文明城市创建的另外一个关键点就是要建立科学化的常态工作机制，这将为文明城市创建工作提供不竭动力和根本保障。公共文明行为指数是衡量文明城市创建的重要标准，提升公共文明行为指数是一项复杂的社会系统工程，必须要进行长期的、系统性规划，做到统筹兼顾，避免一蹴而就。就现实情况来看，有效提升公共文明行为指数目前在体制机制层面还存在一些障碍，如何破除这些体制机制障碍，真正建立起科学性、规范性和有效性的文明城市创建机制，是促进思明区公共文明行为指数提升工作的一项重要任务。

第一，纵观世界各大城市的发展历程，不难看出，城市的发展水平与文明城市建设、信息化建设是息息相关的，这"两大建设"也是提升公共文明行为指数的重要途径。当今时代，信息技术的触角正延伸向我们生活的各个方面。在这种大背景下，提升文明行为指数也应该结合时代发展潮流，利用信息时代为整个社会带来的巨大红利,通过信息化、大数据等手段,并以此作为技术支撑,促进公共文明行为指数提升。城市治理是文明城市建设的重要内容,优美的公共环境和井然的公共秩序在提升居民文明行为方面会起到潜移默化的作用,同时大幅度减少"破窗效应"。城市的治理应当覆盖整个城市,而不是某些重点区域、重点街道,甚至来说,背街小巷、城中村、"插花地"社区等区域更能体现出一个城市的真正治理水平。要具备"数字化大城管"思维,利用现代信息技术,建设一个包括城市管理、服务、综合执法等多方面功能的数字化城市管理系统。政府的各个职能部门都应该根据自身的业务范围参与数字化城市管理系统的开发和建设,在保证自身特色业务顺利开展的同时,实现统一指挥和监督管理,进而达到最终目的,即利用计算机和数据信息的优势,实现城市精细化管理的提升。还要建设统一的网络信息平台,整合城市治理的各种可利用资源,完善不同部门之间的信息共享和联动机制,利用网络信息平台,进一步监督和促进各职能部门及时有效地解决各类城市治理问题。通过整合优化和理顺权责,利用数字化管理系统的管理方式,将城市的市场经营、道路交通、市容市貌、环境卫生、市民素养和生态保护等突出问题进行妥善解决,使这种精确、高效的城市管理模式覆盖范围更广、持续时间更长。在公共文化服务领域,也要进一步加强数字信息和网络技术的结合,提升先进文化在互联网上传播的速率和频次,利用先进网络文化,引导思明区的社会文化形态建设。进一步推动具有思明区特色的先进文化发展,并将其利用网络进行传播,同时要加强网络监管,制定规章制度,规范各种网络文化传播行为,逐步建立网络文明的新风气。社区是城市的重要组成部分,其独有的社区特色文化也不应该被忽略,各个社区网站在建设时,要突出社区地方特色,使本社区居民对其产生亲切感和归属感,同时利用特色,吸引外社区居民,以达到传播先进网络文化的目的。对于居民的网络和计算机培训也应该随之加强,扫清居民接受网络文化的基本障碍,引导居民成为先进网络文化受众的一部分,进一步促进互联网文明的建设。政府要加强信息化建设的统筹管理,在总体上对思明区的信息系统进行规划和设计,改变以前各个地区各自为营、分散投入、多头管理的建设模式,从而建立一个集约的、整体的、完善的电子政府。同时,这样也更加有利于发挥资金的规模效应,实行重点投入和集中管理,提升资金使用效益。对于那些未纳入法律规范的不文明行为,要建立行之有效的惩戒机制,适时采用媒体曝光和社会谴责的手段,并将二者相结合,利用软约束的手段打击各种不文明行为。但软约束的约束能力毕竟有限,对于那些屡教不改、执迷不悟的不文明行为者,包括现实不文明行为和网络不文明行为，要坚决实行硬约束，利用社会征信系统，通过云计算和大数据等现代信息数据统计方式，将不文明行为者纳入“失信名单”，使其无法完全享受社会公共服务，从而对不文明行为者起到威慑和警示作用。

第二，进一步提升城区精细化治理水平。规划、建设、治理是城区发展的三大核心任务，也是实现公共文明行为指数提升的具体路径。思明区必须从规划源头抓起，规范城市建设，加强城市治理，促进公共文明行为指数进一步提升。一是在城区规划方面，必须做到时代和传统、自然和人文的有机统一，要使自然风景、历史遗存、特色文化融合到现代化城市建设中去，努力把思明区塑造成一个兼具现代人文气息和历史特色文化的明星城区。在对城区进行规划时，要本着科学、公开、民主的精神，在特定区域、特定时间和特定要求下征求居民的意见，努力做到广开言路、博采众长。开展城区规划的初心就是要对人民负责，不能目光狭隘，只看到短期利益，要以长远的眼光来对待城区规划，思考如何使城区的内涵更加丰富，城区的品质更加不凡、城区的灵魂更加厚重，只有这样才能使思明区公共文明行为指数在根本上得到提升。在城区建设和规划的过程阶段要以透明、公开、阳光为原则，设置一条畅通无阻的意见表达通道，例如通过对某些重点规划进行公开听证或者社会公示等方式，积极听取社会各界的不同意见和建议，做好城区建设和规划方面的政务公开，逐步减少甚至消灭城区规划中的不合理、不稳定因素。总体来说，就是要在规划的整体阶段保证民主性，在规划征求意见阶段保证广泛性，在规划的修改阶段保证科学性，在规划的公示阶段保证公开性，同时要保证城区发展规划具有权威性和合法性，不能随意更改或变动，否则会造成城区发展规划失去效力，成为空谈。二是改变以往的城区建设理念，要把城区建设和城区经营结合起来，培养城区经营的思维，避免只建设、不经营、只投入、不收益的现象，积极运用外资和民资等不同类型的资本，加强基础设施建设，具体来说，其一，要提升基础设施建设，完善交通道路网络，特别是要加强城区重点区域的主干道建设；其二，要加强配套设施建设，提升公共服务质量，使城区供水、污水排放、电力供应、电子通讯服务能够良好运转；其三，要注重公共设施建设，大力发展社会项目，为整个城区的科、教、文、卫、体提供发展保障。此外，要改变以往的粗放式治理模式，对城区进行精细化治理，例如结合每个区域的实际情况，将城区区域划分为规模相当的单元网格，每个单元网格作为一个独立的单位，指定专人负责单元网格内的文明创建工作，并将每个单元网格内的文明创建工作责任分配到各个街道、社区和相关单位，层层分解落实，最终形成合力，同时利用城市管理数字化系统，使各种城市治理资源实现共享,实现思明区公共文明行为指数的提升。要在城区街头或者人员密集场所设置文明城市劝导员、监督员,目的就是加强对不文明行为的监督管理力度,确保各种不文明行为能够及时、有效得到制止,以及各种城区治理问题能够迅速、妥善地被发现和解决。对于以上措施还要建立统一、完善的绩效考评机制,使文明创建工作与绩效考核挂钩,奖优罚劣,用绩效杠杆促进文明创建工作得到有效推进。

第三,建立、完善公共文明行为指数的自测自评制度。可与第三方测评机构展开合作,对于思明区的公共文明行为指数进行长时间、不间断的测评,目的就是要在不断的反馈中发现目前存在的问题和弊端,使文明创建工作的各项措施能够及时得到调整和改进,扎实做好文明创建的自查自纠工作。在我国进入新时代中国特色社会主义的新阶段,思明区必须大力践行社会主义核心价值观,保护和传承优秀传统文化,建立现代城区治理体系,切实增强城市治理能力,提升社会文明程度,提高居民思想道德素养,因此,要按照《全国文明城市测评体系》的标准和要求,对思明区的公共文明行为指数进行模拟测评,并按照核实、汇总、梳理、分责和跟踪的一系列程序,分别落实文明城市创建的主办、协办责任。要积极利用报纸、杂志、广播、电视等传统媒体,积极借助互联网、微博、微信等新兴媒体,对各个区域的公共文明行为指数进行报道和宣传,对于公共文明行为指数提升明显的区域要给予奖励,对于指数提升不明显甚至倒退的区域,要在一定范围内进行通报批评,甚至给予一定程度的处罚,并追究相关责任人,要求定期实施整改。要清楚认识开展测评工作的目的,主要还是服务于整个思明区的公共文明行为指数提升工作,进一步督促各区域、各相关单位更好地落实提升工作的职责,使思明区公共文明行为指数能够得到切实提升。公共文明指数测评机制也应该不断进行加强和完善,使各区域的文明城市创建工作能够得到更加科学、更加准确的测评和分析,最终以更加全面、科学、客观的方式为思明区公共文明行为指数提升工作提供反馈意见和决策分析。因此,要努力使思明区的政务环境更加便捷高效、法治环境更加公平公正、市场环境更加诚实守信、生活环境更加便利舒适、人文环境更加丰富多彩、社会环境更加和谐稳定、生态环境更加健康持续,使思明区的公共文明行为指数得到长效、持续、稳定提升。

第六章　结语

本书从五个部分对思明区公共文明行为指数进行了全面的阐释：一是公共文明行为指数调查的基础理论，该部分界定公共文明、公共文明行为和公共文明行为指数这三个核心概念，从公民社会理论、社会心理理论、公共治理理论和精神文明理论中为其寻找理论依据，并明确了公共文明行为指数调查的指导思想。二是公共文明行为指数调查的分析框架，该部分从研究方法、设计原则和评价主体三个层面论述了公共文明行为指数调查的设计思路，确定其测算方法，在借鉴其他地区指标体系建构的基础上，结合思明区的实际情况，力图兼顾普遍性和针对性，从公共文明礼仪行为、公共卫生文明行为、公共秩序（交通）文明行为、公共网络文明行为、公共服务文明行为和公共旅游文明行为六个方面建构了思明区公共文明行为指数调查的指标体系。三是思明区公共文明行为指数的实地调查，该部分运用实地观测、问卷调查和深度访谈等方法，对思明区公共文明行为指数现状进行了全面而客观的调研，在搜集和分析大量的一手资料和数据的基础上，调查发现思明区目前的公共文明建设步入良性可持续发展阶段，公共文明行为状况已经取得一定成效，但存在不少问题：公共卫生问题突出，环境意识亟需加强；公共服务面临困境，保障机制仍需加强；礼仪文明问题初显，文明意识有待加强。四是思明区公共文明行为指数的影响因素，该部分基于科学而严谨的调查工作，将思明区公共文明行为指数的影响因素研究置于社会生态系统的理论框架中，并从宏观、中观与微观系统层面进行了细致的研究：宏观制度政策层面奠定了城市公共文明行为建设的政策基石；中观社会层面把握好公共文明行为的培养、倡导与监督；微观个体行为层面夯实了个人公共文明行为意识与习惯。五是思明区公共文明行为指数提升的优化路径，该部分探讨了公共文明行为指数提升的重点领域及政策目标，从内外两个层面构建了思明区公共文明行为指数提升的政策体系，并从民主化、法治化和科学化三个角度为思明区公共文明行为指数提升的长效机制建设提供了基本思路。

全国文明城市创建是我国城市治理现代化建设的一项创新活动，能够极

大地提升一座城市的"硬实力"和"软实力"。文明城市依赖于每个居民的共同努力和奋斗。如今,在各个城市蓬勃开展的公共文明行为指数调查工作,既能让我们以一种更为直观的手段来量化一座城市或城区的社会文明水平,也为我们提升居民公共文明素养提供一条有效的路径。如何有效提升公共文明行为指数,是一个极具现实意义和急需进一步探究的问题。本质上来看,公共文明行为指数提升是一项涉及整个经济社会的结构性和系统性工作,必须要坚持共建共治共享的工作思路,把握好重点领域,合理选择和使用政策工具,建立健全长效机制,推动地方治理体系和治理能力现代化建设,不断满足人民对幸福、美好生活的向往。

附录一　思明区公共文明行为指数调查(国内居民问卷)

亲爱的居民朋友：

为深入了解思明区城市公共文明创建情况，推动思明区的公共精神和公共文明的改善，促进区域经济、社会的健康发展，我们设计、组织了这次问卷调查。

本调查问卷涉及公共礼仪、公共卫生、公共秩序(交通)和公共网络等公共文明行为调查。调查采用不记名方式，敬请您放心填答，感谢您的支持和参与！

课题研究小组

2018年10月

温馨提示：

1. 请您在所选答案的序号处打"√"，或将答案填写在相应的横线上。

2. 除特别说明，一般为单项选择。如您的答案不在所列选项中，请您在【其他】中注明。

基本信息

1. 您的性别：□男　□女

2. 您的年龄：□18岁及以下　□19—35岁　□36—55岁　□56岁以上

3. 您的户籍：□本市居民　□外地户籍且在本市居住一年以上
□外地户籍在本市居住一年及以内
□外地临时来此地　□其他

4. 您的学历：
□小学及以下　□初中　□高中　□普通专科
□大学本科　□硕士研究生　□博士研究生

5. 政治面貌：
□群众　□共青团员　□中共党员　□民主党派

□其他(请注明________)

6. 您的职业:

□党政机关人员 □事业单位人员 □军事武警人员
□企业单位人员 □专业技术人员 □进城务工人员
□离退休人员 □教师学生 □自由职业者
□个体工商户 □纯居民 □农牧民
□其他(请注明________________)

A卷 客评部分

A1 您所见他人在公共礼仪方面的行为表现是怎样的?

公共礼仪文明行为	非常满意←——→非常不满意				
	5	4	3	2	1
A1-1 低语交谈,交谈时不大声喧哗	5	4	3	2	1
A1-2 与人交流时面带微笑	5	4	3	2	1
A1-3 与人交往诚实守信	5	4	3	2	1
A1-4 公共场合举止端雅	5	4	3	2	1
A1-5 参加健康有益的文体活动	5	4	3	2	1
A1-6 在公共场所不拥挤	5	4	3	2	1
A1-7 公共场所保持安静不喧哗	5	4	3	2	1

A2 您所见他人在公共卫生方面的行为表现是怎样的?

公共卫生文明行为	非常满意←——→非常不满意				
	5	4	3	2	1
A2-1 不乱扔垃圾	5	4	3	2	1
A2-2 不随地吐痰	5	4	3	2	1
A2-3 主动清理宠物粪便	5	4	3	2	1
A2-4 不在设有禁烟标志的公共场所抽烟	5	4	3	2	1
A2-5 打喷嚏时,有所遮蔽	5	4	3	2	1

A3　您所见他人在公共秩序(交通)方面的行为表现是怎样的?

公共秩序(交通)文明行为	非常满意←——→非常不满意				
	5	4	3	2	1
A3-1　自觉遵守交通规则	5	4	3	2	1
A3-2　行人过马路时走人行道	5	4	3	2	1
A3-3　行人和车辆礼貌避让	5	4	3	2	1
A3-4　乘坐公交或地铁时有序排队	5	4	3	2	1
A3-5　为老弱病残孕及怀抱婴儿者主动让座	5	4	3	2	1
A3-6　车容车貌整洁	5	4	3	2	1
A3-7　车身标语按规使用文明用语	5	4	3	2	1
A3-8　车辆不违章驾驶	5	4	3	2	1
A3-9　安全防范措施到位	5	4	3	2	1
A3-10　在地面标示的规定区域有序停车	5	4	3	2	1
A3-11　不践踏草坪和花木	5	4	3	2	1

A4　您所见他人在公共网络方面的行为表现是怎样的?

公共网络文明行为	非常满意←——→非常不满意				
	5	4	3	2	1
A4-1　网络用语文明,不谩骂、攻击他人	5	4	3	2	1
A4-2　不浏览/传播不良信息	5	4	3	2	1
A4-3　不传播虚假信息	5	4	3	2	1

A5　您所见他人在公共服务方面的行为表现是怎样的?

公共服务文明行为	非常满意←——→非常不满意				
	5	4	3	2	1
A5-1　积极参加献血、捐款等公益活动	5	4	3	2	1
A5-2　热心参与社区公益活动	5	4	3	2	1
A5-3　积极参加志愿者活动	5	4	3	2	1
A5-4　有强烈的服务意识,向他人提供帮助	5	4	3	2	1
A5-5　遵守良好的职业道德	5	4	3	2	1
A5-6　鼓励身边的人参与公共服务和公益	5	4	3	2	1

A6　您所见他人在公共旅游方面的行为表现是怎样的?

公共旅游文明行为	非常满意←→非常不满意				
	5	4	3	2	1
A6-1　能按时入场、退场	5	4	3	2	1
A6-2　爱护公物,不乱涂乱画	5	4	3	2	1
A6-3　得到帮助或服务时表达谢意	5	4	3	2	1
A6-4　耐心热情回答陌生人的询问	5	4	3	2	1
A6-5　友善对待外来人员	5	4	3	2	1
A6-6　主动给予外地游客帮助	5	4	3	2	1

A7　对于以上公共文明行为,您认为他人最需要改进哪几项?【多选(至多三项)】

01　公共礼仪文明行为　　02　公共卫生文明行为
03　公共秩序(交通)文明行为　　04　公共网络文明行为
05　公共服务文明行为　　06　公共旅游文明行为
07　其他__________

B卷　主评部分

B1　请问您对自己在公共礼仪方面的行为表现如何评价?

公共礼仪文明行为	非常满意←→非常不满意				
	5	4	3	2	1
B1-1　低语交谈,交谈时不大声喧哗	5	4	3	2	1
B1-2　与人交流时面带微笑	5	4	3	2	1
B1-3　与人交往诚实守信	5	4	3	2	1
B1-4　公共场合举止端雅	5	4	3	2	1
B1-5　参加健康有益的文体活动	5	4	3	2	1
B1-6　在公共场所不拥挤	5	4	3	2	1
B1-7　公共场所保持安静不喧哗	5	4	3	2	1

B2　请问您对自己在公共卫生方面的行为表现如何评价?

公共卫生文明行为	非常满意←——→非常不满意				
	5	4	3	2	1
B2-1　不乱扔垃圾	5	4	3	2	1
B2-2　不随地吐痰	5	4	3	2	1
B2-3　主动清理宠物粪便	5	4	3	2	1
B2-4　不在设有禁烟标志的公共场所抽烟	5	4	3	2	1
B2-5　打喷嚏时,有所遮蔽	5	4	3	2	1

B3　请问您对自己在公共秩序(交通)方面的行为表现如何评价?

公共秩序(交通)文明行为	非常满意←——→非常不满意				
	5	4	3	2	1
B3-1　自觉遵守交通规则	5	4	3	2	1
B3-2　行人过马路时走人行道	5	4	3	2	1
B3-3　行人和车辆礼貌避让	5	4	3	2	1
B3-4　乘坐公交或地铁时有序排队	5	4	3	2	1
B3-5　为老弱病残孕及怀抱婴儿者主动让座	5	4	3	2	1
B3-6　车容车貌整洁	5	4	3	2	1
B3-7　车身标语按规使用文明用语	5	4	3	2	1
B3-8　车辆不违章驾驶	5	4	3	2	1
B3-9　安全防范措施到位	5	4	3	2	1
B3-10　在地面标示的规定区域有序停车	5	4	3	2	1
B3-11　不践踏草坪和花木	5	4	3	2	1

B4　请问您对自己在公共网络方面的行为表现如何评价?

公共网络文明行为	非常满意←——→非常不满意				
	5	4	3	2	1
B4-1　网络用语文明,不谩骂、攻击他人	5	4	3	2	1
B4-2　不浏览/传播不良信息	5	4	3	2	1
B4-3　不传播虚假信息	5	4	3	2	1

B5 请问您对自己在公共服务方面的行为表现如何评价？

公共服务文明行为	非常满意←→非常不满意				
	5	4	3	2	1
B5-1 积极参加献血、捐款等公益活动	5	4	3	2	1
B5-2 热心参与社区公益活动	5	4	3	2	1
B5-3 积极参加志愿者活动	5	4	3	2	1
B5-4 有强烈的服务意识，向他人提供帮助	5	4	3	2	1
B5-5 遵守良好的职业道德	5	4	3	2	1
B5-6 鼓励身边的人参与公共服务和公益	5	4	3	2	1

B6 请问您对自己在公共旅游方面的行为表现如何评价？

公共旅游文明行为	非常满意←→非常不满意				
	5	4	3	2	1
B6-1 能按时入场、退场	5	4	3	2	1
B6-2 爱护公物，不乱涂乱画	5	4	3	2	1
B6-3 得到帮助或服务时表达谢意	5	4	3	2	1
B6-4 耐心热情回答陌生人的询问	5	4	3	2	1
B6-5 友善对待外来人员	5	4	3	2	1
B6-6 主动给予外地游客帮助	5	4	3	2	1

B7 对于以上公共文明行为，您认为自己最需要改进哪几项？【多选（至多三项）】

01 公共礼仪文明行为
02 公共卫生文明行为
03 公共秩序（交通）文明行为
04 公共网络文明行为
05 公共服务文明行为
06 公共旅游文明行为
07 其他__________

C卷 认知部分

C1 您是否支持厦门思明区创建"全国公共文明行为典范城市"活动?

01 非常支持　02 支持　03 无所谓　04 不支持

C2 您认为当前思明区公共文明行为建设工作成效如何?

01 好　02 较好　03 一般　04 较差　05 差

C3 对于思明区公共文明行为建设工作,您认为主要优势体现在哪些方面?【多选(至多三项)】

01 公共礼仪文明行为　02 公共卫生文明行为
03 公共秩序(交通)文明行为　04 公共网络文明行为
05 公共服务文明行为　06 公共旅游文明行为
07 其他＿＿＿＿＿＿

C4 对于思明区公共文明行为建设工作,您认为主要劣势体现在哪些方面?【多选(至多三项)】

01 公共礼仪文明行为　02 公共卫生文明行为
03 公共秩序(交通)文明行为　04 公共网络文明行为
05 公共服务文明行为　06 公共旅游文明行为
07 其他＿＿＿＿＿＿

C5《厦门经济特区促进社会文明若干规定》和文明创建活动对厦门市思明区公共文明行为的影响,您认为是怎样的?

指标	很有影响←——→完全没有影响				
C1 公共礼仪文明行为	5	4	3	2	1
C2 公共卫生文明行为	5	4	3	2	1
C3 公共秩序(交通)文明行为	5	4	3	2	1
C4 公共网络文明行为	5	4	3	2	1
C5 公共服务文明行为	5	4	3	2	1
C6 公共旅游文明行为	5	4	3	2	1

C6 您认为未来思明区在文明城市创建活动中最需要改进哪些方面?【多选(至多三项)】

01 理想信念教育　　02 社会主义核心价值观建设
03 文明道德风尚培育　　04 廉洁高效的政务环境
05 公平正义的法治环境　　06 诚信守法的市场环境
07 健康向上的人文环境　　08 舒适便利的生活环境
09 安全稳定的社会环境　　10 可持续发展的生态环境
11 有利于青少年健康成长的社会文化环境
12 长效常态的创建工作机制
13 其他____________

C7 您对厦门市思明区公共文明行为建设工作有什么好的建议或点子:

____

____

问卷回答至此结束,再次感谢您的配合与支持!
【温馨提示:请检查填写是否有遗漏】

附录二　思明区公共文明行为指数调查(境外居民问卷)

亲爱的朋友：

为深入了解思明区城市公共文明创建情况，推动思明区的公共精神和公共文明的改善，促进区域经济、社会的健康发展，我们设计、组织了这次问卷调查。

本调查问卷涉及公共礼仪、公共卫生、文明秩序(交通)和公共网络等公共文明行为调查。调查采用不记名方式，敬请您放心填答，感谢您的支持和参与！

课题研究小组

2018 年 10 月

温馨提示：

1. 请您在所选答案的序号处打“√”，或将答案填写在相应的横线上。

2. 除特别说明，一般为单项选择。如您的答案不在所列选项中，请您在【其他】中注明。

基本信息

1. 您的性别：□男　□女

2. 您的年龄：□18 岁及以下　□19—35 岁　□36—55 岁　□56 岁以上

3. 您来自哪个国家或地区？____________

4. 您的学历：

□小学及以下　□初中　□高中　□普通专科

□大学本科　□硕士研究生　□博士研究生

5. 您现在的职业

□留学生　□商务人员　□公职人员

□宗教人士　□离退休人员　□教育工作者(外教)

□其他：____________________________

6. 您在厦门思明区居住年限

□半年(6个月)及以下　□半年—3年　□4—10年　□10年及以上

□其他:______________________

A卷　客评部分

A1　您所见他人在公共礼仪方面的行为表现是怎样的?

公共礼仪文明行为	非常满意←→非常不满意				
	5	4	3	2	1
A1-1　低语交谈,交谈时不大声喧哗	5	4	3	2	1
A1-2　与人交流时面带微笑	5	4	3	2	1
A1-3　与人交往诚实守信	5	4	3	2	1
A1-4　公共场合举止端雅	5	4	3	2	1
A1-5　参加健康有益的文体活动	5	4	3	2	1
A1-6　在公共场所不拥挤	5	4	3	2	1
A1-7　公共场所保持安静不喧哗	5	4	3	2	1

A2　您所见他人在公共卫生方面的行为表现是怎样的?

公共卫生文明行为	非常满意←→非常不满意				
	5	4	3	2	1
A2-1　不乱扔垃圾	5	4	3	2	1
A2-2　不随地吐痰	5	4	3	2	1
A2-3　主动清理宠物粪便	5	4	3	2	1
A2-4　不在设有禁烟标志的公共场所抽烟	5	4	3	2	1
A2-5　打喷嚏时,有所遮蔽	5	4	3	2	1

A3　您所见他人在公共秩序(交通)方面的行为表现是怎样的?

公共秩序(交通)文明行为	非常满意←→非常不满意				
	5	4	3	2	1
A3-1　自觉遵守交通规则	5	4	3	2	1
A3-2　行人过马路时走人行道	5	4	3	2	1
A3-3　行人和车辆礼貌避让	5	4	3	2	1
A3-4　乘坐公交或地铁时有序排队	5	4	3	2	1
A3-5　为老弱病残孕及怀抱婴儿者主动让座	5	4	3	2	1
A3-6　车容车貌整洁	5	4	3	2	1
A3-7　车身标语按规使用文明用语	5	4	3	2	1
A3-8　车辆不违章驾驶	5	4	3	2	1
A3-9　安全防范措施到位	5	4	3	2	1
A3-10　在地面标示的规定区域有序停车	5	4	3	2	1
A3-11　不践踏草坪和花木	5	4	3	2	1

A4　您所见他人在公共网络方面的行为表现是怎样的?

公共网络文明行为	非常满意←→非常不满意				
	5	4	3	2	1
A4-1　网络用语文明,不谩骂、攻击他人	5	4	3	2	1
A4-2　不浏览/传播不良信息	5	4	3	2	1
A4-3　不传播虚假信息	5	4	3	2	1

A5　您所见他人在公共服务方面的行为表现是怎样的?

公共服务文明行为	非常满意←→非常不满意				
	5	4	3	2	1
A5-1　积极参加献血、捐款等公益活动	5	4	3	2	1
A5-2　热心参与社区公益活动	5	4	3	2	1
A5-3　积极参加志愿者活动	5	4	3	2	1
A5-4　有强烈的服务意识,向他人提供帮助	5	4	3	2	1
A5-5　遵守良好的职业道德	5	4	3	2	1
A5-6　鼓励身边的人参与公共服务和公益	5	4	3	2	1

A6　您所见他人在公共旅游方面的行为表现是怎样的?

公共旅游文明行为	非常满意←→非常不满意				
	5	4	3	2	1
A6-1　能按时入场、退场	5	4	3	2	1
A6-2　爱护公物,不乱涂乱画	5	4	3	2	1
A6-3　得到帮助或服务时表达谢意	5	4	3	2	1
A6-4　耐心热情回答陌生人的询问	5	4	3	2	1
A6-5　友善对待外来人员	5	4	3	2	1
A6-6　主动给予外地游客帮助	5	4	3	2	1

A7　对于以上公共文明行为,您认为他人最需要改进哪几项?【多选(至多三项)】

01　公共礼仪文明行为　　02　公共卫生文明行为
03　公共秩序(交通)文明行为　　04　公共网络文明行为
05　公共服务文明行为　　06　公共旅游文明行为
07　其他__________

B卷　主评部分

B1　请问您对自己在公共礼仪方面的行为表现如何评价?

公共礼仪文明行为	非常满意←→非常不满意				
	5	4	3	2	1
B1-1　低语交谈,交谈时不大声喧哗	5	4	3	2	1
B1-2　与人交流时面带微笑	5	4	3	2	1
B1-3　与人交往诚实守信	5	4	3	2	1
B1-4　公共场合举止端雅	5	4	3	2	1
B1-5　参加健康有益的文体活动	5	4	3	2	1
B1-6　在公共场所不拥挤	5	4	3	2	1
B1-7　公共场所保持安静不喧哗	5	4	3	2	1

B2　请问您对自己在公共卫生方面的行为表现如何评价?

公共卫生文明行为	非常满意←——→非常不满意				
	5	4	3	2	1
B2-1　不乱扔垃圾	5	4	3	2	1
B2-2　不随地吐痰	5	4	3	2	1
B2-3　主动清理宠物粪便	5	4	3	2	1
B2-4　不在设有禁烟标志的公共场所抽烟	5	4	3	2	1
B2-5　打喷嚏时,有所遮蔽	5	4	3	2	1

B3　请问您对自己在公共秩序(交通)方面的行为表现如何评价?

公共秩序(交通)文明行为	非常满意←——→非常不满意				
	5	4	3	2	1
B3-1　自觉遵守交通规则	5	4	3	2	1
B3-2　行人过马路时走人行道	5	4	3	2	1
B3-3　行人和车辆礼貌避让	5	4	3	2	1
B3-4　乘坐公交或地铁时有序排队	5	4	3	2	1
B3-5　为老弱病残孕及怀抱婴儿者主动让座	5	4	3	2	1
B3-6　车容车貌整洁	5	4	3	2	1
B3-7　车身标语按规使用文明用语	5	4	3	2	1
B3-8　车辆不违章驾驶	5	4	3	2	1
B3-9　安全防范措施到位	5	4	3	2	1
B3-10　在地面标示的规定区域有序停车	5	4	3	2	1
B3-11　不践踏草坪和花木	5	4	3	2	1

B4　请问您对自己在公共网络方面的行为表现如何评价?

公共网络文明行为	非常满意←——→非常不满意				
	5	4	3	2	1
B4-1　网络用语文明,不谩骂、攻击他人	5	4	3	2	1
B4-2　不浏览/传播不良信息	5	4	3	2	1
B4-3　不传播虚假信息	5	4	3	2	1

B5 请问您对自己在公共服务方面的行为表现如何评价?

公共服务文明行为	非常满意←——→非常不满意				
	5	4	3	2	1
B5-1 积极参加献血、捐款等公益活动	5	4	3	2	1
B5-2 热心参与社区公益活动	5	4	3	2	1
B5-3 积极参加志愿者活动	5	4	3	2	1
B5-4 有强烈的服务意识,向他人提供帮助	5	4	3	2	1
B5-5 遵守良好的职业道德	5	4	3	2	1
B5-6 鼓励身边的人参与公共服务和公益	5	4	3	2	1

B6 请问您对自己在公共旅游方面的行为表现如何评价?

公共旅游文明行为	非常满意←——→非常不满意				
	5	4	3	2	1
B6-1 能按时入场、退场	5	4	3	2	1
B6-2 爱护公物,不乱涂乱画	5	4	3	2	1
B6-3 得到帮助或服务时表达谢意	5	4	3	2	1
B6-4 耐心热情回答陌生人的询问	5	4	3	2	1
B6-5 友善对待外来人员	5	4	3	2	1
B6-6 主动给予外地游客帮助	5	4	3	2	1

B7 对于以上公共文明行为,您认为自己最需要改进哪几项?【多选(至多三项)】

01 公共礼仪文明行为
02 公共卫生文明行为
03 公共秩序(交通)文明行为
04 公共网络文明行为
05 公共服务文明行为
06 公共旅游文明行为
07 其他__________

C卷　认知部分

C1　您是否支持厦门思明区创建“全国公共文明行为典范城市”活动?

01 非常支持　　02 支持　　03 无所谓　　04 不支持

C2　您认为当前思明区公共文明行为建设工作成效如何?

01 好　　02 较好　　03 一般　　04 较差　　05 差

C3　对于思明区公共文明行为建设工作,您认为主要优势体现在哪些方面?【多选(至多三项)】

01　公共礼仪文明行为　　02　公共卫生文明行为
03　公共秩序(交通)文明行为　　04　公共网络文明行为
05　公共服务文明行为　　06　公共旅游文明行为
07　其他____________

C4　对于思明区公共文明行为建设工作,您认为主要劣势体现在哪些方面?【多选(至多三项)】

01　公共礼仪文明行为　　02　公共卫生文明行为
03　公共秩序(交通)文明行为　　04　公共网络文明行为
05　公共服务文明行为　　06　公共旅游文明行为
07　其他____________

C5　《厦门经济特区促进社会文明若干规定》和文明创建活动对厦门市思明区公共文明行为的影响,您认为是怎样的?

指标	很有影响←→完全没影响				
C1　公共礼仪文明行为	5	4	3	2	1
C2　公共卫生文明行为	5	4	3	2	1
C3　公共秩序(交通)文明行为	5	4	3	2	1
C4　公共网络文明行为	5	4	3	2	1
C5　公共服务文明行为	5	4	3	2	1
C6　公共旅游文明行为	5	4	3	2	1

C6　您认为未来思明区在文明城市创建活动中最需要改进哪些方面?【多选(至多三项)】

01　理想信念教育　　02　社会主义核心价值观建设
03　文明道德风尚培育　　04　廉洁高效的政务环境
05　公平正义的法治环境　　06　诚信守法的市场环境
07　健康向上的人文环境　　08　舒适便利的生活环境
09　安全稳定的社会环境　　10　可持续发展的生态环境
11　有利于青少年健康成长的社会文化环境
12　长效常态的创建工作机制
13　其他__________

C7　您对厦门市思明区文明城市创建活动有什么好的建议或点子:

____

____

问卷回答至此结束,再次感谢您的配合与支持!

【温馨提示:请检查填写是否有遗漏】

附录三　2018 年厦门市思明区公共文明指数调查(现场观测)记录表

公共礼仪行为现场观测记录表

观测人员：________________　　　　记录时间：2018 年____月____日，星期__________

时段	相互之间大声交谈不顾及他人	在公共场所做出不雅行为	在公共场所推攘拥挤	在公共场所大声喧哗	观测点代码
07:00～07:30					
07:30～08:00					
08:00～08:30					
08:30～09:00					
09:00～09:30					
09:30～10:00					
10:00～10:30					
10:30～11:00					
11:00～11:30					
11:30～12:00					
12:00～12:30					
12:30～13:00					
13:00～13:30					
13:30～14:00					
14:00～14:30					
14:30～15:00					
15:00～15:30					
15:30～16:00					
16:00～16:30					
16:30～17:00					
17:00～17:30					
17:30～18:00					
18:00～18:30					
18:30～19:00					

公共卫生行为现场观测记录表

观测人员:________________　　　　记录时间:2018 年____月____日,星期____________

时段	扔垃圾时没有扔进垃圾箱	随地吐痰	遛宠物时不主动清理其排泄物	在禁烟公共场所抽烟	打喷嚏时没有遮掩	观测点代码
07:00～07:30						
07:30～08:00						
08:00～08:30						
08:30～09:00						
09:00～09:30						
09:30～10:00						
10:00～10:30						
10:30～11:00						
11:00～11:30						
11:30～12:00						
12:00～12:30						
12:30～13:00						
13:00～13:30						
13:30～14:00						
14:00～14:30						
14:30～15:00						
15:00～15:30						
15:30～16:00						
16:00～16:30						
16:30～17:00						
17:00～17:30						
17:30～18:00						
18:00～18:30						
18:30～19:00						

公共秩序(交通)行为现场观测记录表

观测人员：________________　　　　记录时间：2018 年____月____日，星期__________

时段	行人乱穿马路、闯红灯、翻越栏杆	机动车与行人没有礼貌避让	乘坐公交或地铁时没有做到有序上下车	没有为老弱病残孕及怀抱婴儿者主动让座	车身标语没有按规使用文明用语	机动车有违章变道或加塞等违章驾驶行为	机动车不在地面标示的规定区域内停车	随意践踏草坪和花木	观测点代码
07:00～07:30									
07:30～08:00									
08:00～08:30									
08:30～09:00									
09:00～09:30									
09:30～10:00									
10:00～10:30									
10:30～11:00									
11:00～11:30									
11:30～12:00									
12:00～12:30									
12:30～13:00									
13:00～13:30									
13:30～14:00									
14:00～14:30									
14:30～15:00									
15:00～15:30									
15:30～16:00									
16:00～16:30									
16:30～17:00									
17:00～17:30									
17:30～18:00									
18:00～18:30									
18:30～19:00									

公共旅游行为现场观测记录表

观测人员:________ 记录时间:2018 年____月____日,星期________

时段	公交车站与社区楼道等公物有乱涂写现象	没有在得到他人帮助时礼貌表达谢意	在陌生人问询时没有礼貌回应并帮助	观测点代码
07:00～07:30				
07:30～08:00				
08:00～08:30				
08:30～09:00				
09:00～09:30				
09:30～10:00				
10:00～10:30				
10:30～11:00				
11:00～11:30				
11:30～12:00				
12:00～12:30				
12:30～13:00				
13:00～13:30				
13:30～14:00				
14:00～14:30				
14:30～15:00				
15:00～15:30				
15:30～16:00				
16:00～16:30				
16:30～17:00				
17:00～17:30				
17:30～18:00				
18:00～18:30				
18:30～19:00				

附录四　2018 年厦门市思明区公共文明指数调查(现场观测)选点情况

序号	类型	具体位置	负责教师	安排学生	备注
1	广场	鹭城广场			
2	医院	厦门大学附属第一医院			
3	医院	厦门大学附属中山医院			
4	市场	第八海鲜市场			
5	学校	科技中学			
6	学校	双十中学			
7	社区	坑内社区			
8	博物馆	华侨博物馆			
9	公交站	前田公交站			
10	公交站	厦大西村公交站			
11	公交线路	135 路(厦大学生公寓—中山路)			
12	公交线路	123 路(思明区政府—古楼公交场站)			
13	地铁站	镇海路地铁站			
14	交叉路口	环岛南路—曾厝垵西路交叉路口			
15	交叉路口	镇海路—鹭江道交叉路口			
16	电影院	星美国际影城			

附录五　2018 年厦门市思明区公共文明指数调查(现场观测)记录汇总表

汇总人:　　　　　　　　　　　观测点代码:　　　　　　　　　　　审核人:

指标		07:00～09:00		10:00～12:00		13:00～15:00		16:00～18:00		各时间段汇总	
		数据	占比	数据	占比	数据	占比	数据	占比	数据	占比
公共礼仪	相互之间大声交谈不顾及他人										
	在公共场所做出不雅行为										
	在公共场所推攘拥挤										
	在公共场所大声喧哗										
公共卫生	扔垃圾时没有扔进垃圾箱										
	随地吐痰										
	遛宠物时不主动清理其排泄物										
	在禁烟公共场所抽烟										
	打喷嚏时,没有遮掩										

续表

指标		07:00～09:00		10:00～12:00		13:00～15:00		16:00～18:00		各时间段汇总	
		数据	占比	数据	占比	数据	占比	数据	占比	数据	占比
公共秩序（交通）	行人乱穿马路、闯红灯、翻越栏杆										
	机动车与行人没有礼貌避让										
	乘坐公交或地铁时没有做到有序上下车										
	没有为老弱病残孕及怀抱婴儿者主动让座										
	车身标语没有按规使用文明用语										
	机动车有违章变道或加塞等违章驾驶行为										
	机动车不在地面标示的规定区域内停车										
	随意践踏草坪和花木										
公共旅游	公交车站与社区楼道等公物有乱涂写现象										
	没有在得到他人帮助时礼貌表达谢意										
	在陌生人问询时没有礼貌回应并帮助										

参考文献

理查德·伊斯比.文明的起源[M].陈华明,高淑芳,译.北京:外语教学与研究出版社,2006.

塞缪尔·亨廷顿.文明的冲突与世界秩序的重建[M].周琪,等译.北京:新华出版社,2002.

托马斯·霍布斯.利维坦[M].黎思复,黎廷弼,译.北京:商务印书馆,1995.

塔尔科特·帕森斯.社会行动的结构[M].张明德,夏翼南,彭刚,译.南京:译林出版社,2003.

弗朗索瓦·皮埃尔·吉尧姆·基佐.欧洲文明史[M].程洪逵,沅芷,译.北京:商务印书馆,1998.

福泽谕吉.文明论概略[M].北京编译社,译.北京:商务印书馆,1959.

奥古斯特·孔德.实证政治体系[M]//圣西门.圣西门选集:第2卷.董果良,译.北京:商务印书馆,1982.

理查德·桑内特.公共人的衰落[M].李继宏,译.上海:上海译文出版社,2008.

汉娜·阿伦特.人的境况[M].王寅丽,译.上海:上海人民出版社,2009.

尤根·哈贝马斯.公共领域的结构转型[M].曹卫东,王晓珏,刘北城,宋伟杰,译.上海:学林出版社,1999.

阿诺德·约瑟夫·汤因比.历史研究:下卷[M].曹未风,译.上海:上海人民出版社,1986.

克莱夫·贝尔.文明[M].张静清,姚晓玲,译.北京:商务印书馆,1990.

哈贝马斯.交往行动理论[M].洪佩郁,蔺青,译.重庆:重庆出版社,1994.

哈贝马斯.交往与社会进化[M].张博树,译.重庆:重庆出版社,1989.

珍妮特·V.登哈特,罗伯特·B.登哈特.新公共服务:服务,而不是掌舵[M].丁煌,译.北京:中国人民大学出版社,2010.

马克·H.穆尔.创造公共价值:政府战略管理[M].伍满桂,译.北京:商务印书馆,2016.

莱昂·狄骥.公法的变迁·法律与国家[M].沈阳:辽海出版社,1999.

马克思恩格斯全集:第 44 卷[M].北京:人民出版社,2001.

马克思恩格斯选集:第 3 卷[M].北京:人民出版社,2012.

毛泽东.毛泽东书信选集[M].北京:人民出版社,1983.

毛泽东.毛泽东文集:第 7 卷[M].北京:人民出版社,1999.

邓小平.邓小平文选:第 3 卷[M].北京:人民出版社,1993.

邓小平.邓小平文选:第 2 卷[M].北京:人民出版社,1994.

习近平.习近平谈治国理政[M].北京:外文出版社,2014.

中共中央宣传部.习近平总书记系列重要讲话读本[M].北京:学习出版社,人民出版社,2016.

蒋冰海.精神文明引论[M].上海:上海人民出版社,1993.

张华金.文明与社会进步[M].上海:上海社会科学院出版社,1998.

李德华.城市规划原理[M].北京:中国建筑工业出版社,2001.

周进.城市公共空间建设的规划控制与引导[M].北京:中国建筑工业出版社,2005.

王鹏.城市公共空间的系统化建设[M].南京:东南大学出版社,2002.

刘汉良.统计学教程[M].上海:上海财经大学出版社,1983.

徐国祥.统计指数理论及应用[M].北京:中国统计出版社,2009.

李静.民族心理学教程[M].北京:民族出版社,2006.

郑雪.人格心理学[M].广州:暨南大学出版社,2007.

黄志秋.走向文明的中国:精神文明建设引论[M].北京:中央编译出版社,1997.

周向军,王凤才,孟宪霞,等.精神文明发展规律论[M].济南:山东大学出版社,2005.

张涛光,杜焕强,余方海,等.精神文明建设方法论[M].广州:广州出版社,1997.

宁克强,魏茹芳.人类文明的呼唤[M].石家庄:河北人民出版社,2009.

韩庆祥,亢安毅.马克思开辟的道路:人的全面发展研究[M].北京:人民出版社,2005.

赵兴良,社会主义社会的全面发展与人的全面发展研究[M].南昌:江西人民出版社,2008.

风笑天.社会学研究方法[M].北京:中国人民大学出版社,2009.

沈忱.中国电视新闻现场直播:导演手记[M].北京:中国广播电视出版社,2004.

段亚兵.文明纵横谈[M].北京:社会科学文献出版社,2006.

许德明,朱匡宇.文明与文明城市:《全国文明城市测评体系》研究[M].上海:上海人民出版社,2005.

厦门经济特区年鉴[EB/OL].[2018-01-15].http://www.xm.gov.cn/zwgk/tqjj/xmjjtqnj/.

中央文明办.迎奥运 讲文明 树新风:礼仪知识简明读本[M].北京:学习出版社,2007.

思明区经济社会年鉴[M].北京:中国社会出版社,2018.

费孝通.乡土中国[M].北京:人民出版社,2008.

沙莲香."北京市民公共行为"的理论核心和研究思路[J].北京社会科学,2010(04).

许启贤.《世界文明论研究》导言(上)[J].山西高等学校社会科学学报,2001(02).

杨伟清.公共文明的四个基本向度[J].中国人民大学学报,2008(06).

谢军.伦理意义上的"公共文明"浅探[J].道德与文明,2008(03).

周威锋.公共领域的概念:从阿伦特到哈贝马斯[J].浙江学刊,2002(03).

华薇.国际化城市建设视野下公共文明的内涵与维度:以深圳为例[J].特区经济,2015(10).

赵爱玲.从公民意识到公共文明:基于社会公德建设视角的分析[J].学校党建与思想教育(上半月),2008(02).

沙莲香.北京市民公共行为文明指数研究的主导观念:兼说民族性建设[J].中国农业大学学报(社会科学版),2007(01).

陈桂蓉.公共文明建设价值新议[J].道德与文明,2008(03).

陈竹,叶珉.什么是真正的公共空间?——西方城市公共空间理论与空间公共性的判定[J].国际城市规划,2009(03).

佟庆才.帕森斯及其社会行动理论[J].国外社会科学,1980(10).

李超.帕森斯社会行动理论探索研究[J].中国商界(上半月),2010(07).

宋敏.哈贝马斯社会交往理论合理性与公共领域的建构[J].求索,2015(01).

王继军,马晓云.哈贝马斯交往行动理论及其现代政治价值导向[J].求索,2013(07).

欧阳英.关于交往概念的综合理解:由哈贝马斯交往理论引发的深入思考[J].世界哲学,2018(02).

胡翼青,解佳.哈贝马斯批判:基于交往行动理论的反思[J].中国地质大学学报(社会科学版),2013(05).

李静,杨须爱.弗洛伊德民族心理学思想述论[J].广西民族研究,2006(03).

葛鲁嘉.民族心理学研究的基本方式[J].苏州大学学报(教育科学版),2017(04).

杨莉萍.从跨文化心理学到文化建构主义心理学[J].心理科学进展,2003(02).

丁道群.文化心理学的兴起[J].心理学探新,2002(01).

葛鲁嘉,陈若莉.当代心理学发展的文化学转向[J].吉林大学社会科学学报,1999(05).

李炳全,叶浩生.文化心理学的基本内涵辨析[J].心理科学,2004(01).

郭永玉,张钊.人格心理学的学科架构初探[J].心理科学进展,2007(02).

彭未名,王乐夫.新公共服务理论对构建和谐社会的启示[J].中国行政管理,2007(03).

董礼胜,王少泉.穆尔的公共价值管理理论述评[J].青海社会科学,2014(03).

尹文嘉.公共价值管理理论及其民主意蕴[J].学术论坛,2009,32(10).

吴春梅,翟军亮.公共价值管理理论中的政府职能创新与启示[J].行政论坛,2014,21(01).

张康之,程倩.网络治理理论及其实践[J].新视野,2010(06).

刘小敏.论精神文明学的学科价值[J].广东社会科学,2004(04).

梁晶晶.论马克思主义人的全面发展理论在我国的实践和创新[J].改革与开放,2018(14).

刘立杜.马克思人的全面发展思想的历史之维与时代之思[J].改革与战略,2018(09).

周远成.和谐关系:毛泽东德育境界论[J].毛泽东思想研究,2007(02).

赵兴良.习近平系列讲话对精神文明建设理论的新发展[J].求实,2015(10).

曹玉蓉."三个代表"重要思想坚持和发展了马克思主义认识论[J].毛泽东思想研究,2003(03).

王瑞娟."三个代表"重要思想与人的全面发展[J].理论探索,2003(05).

罗健.科学发展观与马克思社会有机体理论[J].广西师范大学学报(哲学社会科学版),2014(04).

傅如良,张丰盛,李进兵.社会发展观的嬗变与科学发展观的价值革命[J].河南社会科学,2013(12).

吴辰旭,汪庆军.习近平社会主义精神文明建设思想初探[J].西华师范大学学报(哲学社会科学版),2016(04).

李仁武.关于构建广州市精神文明创建工作测评体系的若干思考[J].探求,2005(04).

何增科.治理评价体系的国内文献述评[J].经济社会体制比较,2008(06).

亓圣华,李繁荣.大型运动会对举办城市公共文明指数的影响研究[J].吉林体育学院学报,2013(03).

张禾.体育赛事举办对市民公共文明行为与综合满意度指数影响的研究[J].体育与科学,2010(06).

金家厚.城市文明的衡量维度与发展取向:以上海市为例[J].城市问题,2010(10).

上海质量管理科学研究院课题组.上海城市文明进步指数测评指标体系构建[J].上海质量,2015(02).

课题组.关于市民文明素质综合指标测评:以青岛市为例[J].东岳论丛,2009(12).

张顶浩,沈志荣,钱琳萍.文明创建视域下公共文明指数测评的实证研究:以苏州市相城区为例[J].中共四川省委党校学报,2012(02).

马艳.文化视域下城市居民公共行为文明研究:以北京、首尔、东京为例[J].中国名城,2014(08).

袁征.礼仪是不是道德:礼仪教育最重要的基础理论问题[J].教育发展研究,2012(12).

张小平.传统美德与现代礼仪[J].船山学刊,2001(01).

栾扶桂.谈西方礼仪的基本特色[J].北京联合大学学报(自然科学版),1994(03).

冯显威,陈曼莉.现代公共卫生的概念特征及发展方向研究[J].医学与哲学,2005(08).

周小犊.公共场所、公开场合与隐私权[J].青年记者,2013(08).

公共场所卫生管理条例[J].中华人民共和国国务院公报,1987(10).

顾世群.城市化进程中应加强市容市貌的管理[J].城乡建设,1996(07).

郭鸿懋.城市市容的建设与管理[J].城市问题,2000(04).

刘建荣.公共秩序:人类德性与理性之维[J].道德与文明,2008(03).

亓凤香.公德缺失与建构分析:基于社会治理的视角[J].理论学刊,2017(03).

李亚慈.论高校师德建设的制度保障[J].三门峡职业技术学院学报,2007(02).

厦门公交志愿者携手广大市民营造城市交通文明景观[J].城市公共交通,2018(07).

匡亚林,马健.网络公共空间的“净化”与秩序建构[J].科学社会主义,2016(06).

何明升.网络文化建设的两个视点与多主体协同发展[J].兰州大学学报(社会科学版),2013(01).

陈曙光.网络乱象的伦理拷问[J].伦理学研究,2014(03).

陈华栋,于朝阳,胡薇薇.国内外网络文化建设管理模式比较分析与借鉴思考[J].思想理论教育,2010(17).

冯建军.在公共生活中培育公共精神[J].中国德育,2018(17).

吴楠.实现有效公共服务的情感动员[J/OL].行政论坛,2018(05).

张慧娟.培养“公共精神” 摆脱“精神贫困”[J].人民论坛,2018(11).

袁国宏.旅游与精神文明建设[J].桂林旅游高等专科学校学报,1998(04).

姚丽芬,龙如银,李庆辰,等.美丽旅游评价指标构建及实证研究:以河北省为例[J].城市发展研究,2016(05).

亓凤香.公德缺失与建构分析:基于社会治理的视角[J].理论学刊,2017(03).

拓倩,李创新.国内文明旅游的研究进展、理论述评与学术批判[J].旅游学刊,2018(04).

彭远春.国外环境行为影响因素研究述评[J].中国人口·资源与环境,2013(08).

牛江永.社会认知理论在思想政治教育中的应用[J].法制与社会,2011(33).

沈煜峰,吴清.班杜拉的社会学习理论述评[J].教育研究与实验,1989(03).

中国人民大学课题组.跨层次实证研究中的理论基础:以三份国际期刊的

最新论文为例[J].经济管理，2017(05).

王俊秀.社会心态：转型社会的社会心理研究[J].社会学研究，2014(01).

师海玲，范燕宁.社会生态系统理论阐释下的人类行为与社会环境：2004年查尔斯·扎斯特罗关于人类行为与社会环境的新探讨[J].首都师范大学学报(社会科学版)，2005(04).

屈朝霞，齐秀强.新媒体时代大学生生态文明行为培育实证研究[J].华北电力大学学报(社会科学版)，2017(04).

廖菲.对公共文明建设与管理的思考：基于北京市民公共行为文明现场观察的研究[J].江西青年职业学院学报，2014(01).

石书臣.提高全社会文明程度与实现民族复兴[J].中国特色社会主义研究，2018(04).

方慧.从重大公共卫生事件透析“90后”的现代健康观念[J].当代青年研究，2012(03).

秦志英.中国旅游者“不文明行为”的根源与矫治[J].重庆第二师范学院学报，2007(06).

滕盛萍.建立公共文明行为规范体系：北京市践行社会主义核心价值观的有益尝试[J].道德与文明，2014(05).

俞可平.中国公民社会：概念、分类与制度环境[J].中国社会科学，2006(01).

徐春妹.大学生网络不文明行为形成的原因及对策探析[J].湖北经济学院学报(人文社会科学版)，2010(04).

刘淑兰.论先进文化引领社会风尚[J].科学社会主义，2013(03).

方巍，耿依娜.关于浙江省公共文明发展现状的研究与思考：基于2014—2016年浙江省公众电话访谈数据的分析[J].观察与思考，2017(09).

周秀平.北京市民公共文明：中国民族性研究行动化[J].中国农业大学学报(社会科学版)，2013(03).

邹宇婷.旅游不文明行为的社会心理学分析[J].现代商贸工业，2018(28).

李志高.建构理性与感性交融的公共文明[J].北京观察，2007(06).

Ajzen I.The theory of planned behavior[J].Organizational Behavior & Human Decision Processes，1991(02).

Bandura A.Social Cognitive Theory：An Agentic Perspective[J].Asian Journal of Social Psychology，1999，(01).

沙莲香.走出文明的模糊地带[N].人民日报，2013-12-26(005).

向张海迪同志学习的决定[N].人民日报,1983-05-04.

罗文斌.中国文明旅游的演化历程与多视角解读[N].中国旅游报,2016-11-22(003).

夏铭泽.邓小平的国民素质思想研究[D].郑州大学,2016.

黄炯华.深圳市罗湖区公共文明水平提升对策研究[D].哈尔滨工业大学,2016.

蔡耀杰.论思想政治教育知行转化的困境与对策[D].复旦大学,2011.

蒋玲玲.城市公共文明指数调查研究[D].南京师范大学,2011.

唐点权.青少年文明心理结构及其特征研究[D].西南大学,2007.

后　记

城市治理现代化离不开文明建设,深化文明城市建设不能不关注最具基础性的公民公共文明行为,公共文明行为的提升有助于促进城市居民生活的满意程度,公共文明行为指数测评因此是衡量一个城市或城区文明程度的重要标尺。本书聚焦于思明区公共文明行为指数测评,通过构建公共文明行为指数的评价体系和框架,基于问卷调查、现场观测和深度访谈等方式,从总体上评价和分析思明区公共文明行为指数,厘清思明区公共文明行为存在的问题及其影响因素,在此基础上提出有针对性的政策建议,希望借此可以推动思明区公共文明建设的常态化发展,建构公共文明行为规范的长效机制。

为实现上述目的,本书围绕五个方面进行分析:一是公共文明行为指数调查的基础理论。通过文献收集整理和分析、党和政府相关文件资料的梳理,厘清公共文明行为的概念,解析其构成及其指导思想。二是公共文明行为指数调查的分析框架。基于公共文明行为的层级性及其理论依据,兼顾地域的针对性和指标的普适性,构建科学有效的公共文明行为指数调查的指标体系,在学理上保证调查的客观性和合理性,在实践上对公共文明行为建设的进展形成一个全面的认识。三是思明区公共文明行为指数的实地调查。基于思明区公共文明行为指数的评价体系,通过多种调查维度,运用统计学手段分析调查数据及材料,以求全面真实地把握公共卫生文明行为、公共旅游文明行为、公共礼仪文明行为以及公共秩序(交通)行为等指数情况,对思明区公共文明行为指数形成一个总体的认知。四是思明区公共文明行为指数调查的影响因素。通过微观层面变量、中观层面变量、宏观层面变量建构的模型,对公共文明行为指数调查影响因素进行实证分析,厘清公共文明行为指数影响因素的作用机理。五是思明区公共文明行为指数提升的优化路径。通过阐明思明区公共文明行为指数提升的重点领域和政策选择,提出思明区公共文明行为指数提升的长效机制。

本书在调研过程中,得到中共思明区委宣传部、思明区精神文明建设办公室的大力支持，尤其要感谢林俐平同志在具体调研过程中提供的帮助，也要感谢每一个接受调研的街道办事处和社区及居民。本书是集体智慧的结晶，主编提出并确定了本书的框架结构，何冰清（第一章），石鑫（第二章），赵晓雯（第三章），曾昭腾、李一萱（第四章），马万里（第五章）参与了具体的调研并撰写了各章的内容，主编逐章修改、审定和完善了本书的内容与结构。

黄新华

2018 年 12 月 30 日

厦门大学诚智楼 203 室